网联驾驶安全势场动力学建模及稳态控制

曲大义　张晓靖　贾彦峰　王　韬　宋　慧　著

科学出版社

北 京

内 容 简 介

本书从混合车辆簇稳态机理及其响应控制优化角度展示智能网联环境交通流理论及其控制优化方法，系统地阐述了智能网联、车路协同、自动驾驶等技术，重塑新技术环境下微观车车交互关系与宏观车流运行特性。通过分析网联自主汽车的行为状态，挖掘混合车辆簇稳态特性和振荡机理，并通过系统关联、循序演化形成混行车辆簇的宏观态势特性，包括车车交互作用、车路协同关系、车辆簇运行态势与加速度波动的关系等。本书的特色是建立了智能网联驾驶系统，实现了人-车-路-环境各要素之间的多维度融合，重塑多要素约束下的复杂道路场景交通系统模型。

本书可作为高等院校交通运输工程、系统科学与工程、控制科学与工程、车辆工程、机械电子工程等专业高年级本科生和研究生教材，也可供有关科研人员参考。

图书在版编目(CIP)数据

网联驾驶安全势场动力学建模及稳态控制 / 曲大义等著. -- 北京：科学出版社，2024.6

ISBN 978-7-03-078227-4

Ⅰ. ①网… Ⅱ. ①曲… Ⅲ. ①汽车-智能通信网-协调控制-研究 Ⅳ. ①U463.67

中国国家版本馆CIP数据核字(2024)第058178号

责任编辑：周 炜 乔丽维 / 责任校对：何艳萍
责任印制：肖 兴 / 封面设计：陈 敬

科学出版社 出版

北京东黄城根北街 16 号
邮政编码：100717
http://www.sciencep.com

涿州市般润文化传播有限公司印刷
科学出版社发行 各地新华书店经销

*

2024 年 6 月第 一 版 开本：720×1000 1/16
2024 年 6 月第一次印刷 印张：16
字数：323 000

定价：**138.00 元**
(如有印装质量问题，我社负责调换)

前　　言

　　智能网联交通系统迎来自动驾驶技术、道路条件、交通环境和管控技术等变化，呈现出网联自主汽车和人工驾驶车辆混行共存的状况，并在整体上涌现出新的道路服务功能和交通行为特性。伴随车路协同自动驾驶技术的应用推广，网联驾驶系统实现了人-车-路-环境各要素之间的多维度融合，网联交通场景中，车辆与车辆、车辆与道路之间的耦合关系发生了根本性转变，从驾驶人、车辆、车群等多个维度研究智能网联驾驶安全运行特性及混合车辆簇态势规律等关键科学问题迫在眉睫，因此提出"网联驾驶安全势场的分子动力学建模及车辆簇纵横二维稳态响应机理"研究课题。从分子动力学角度建立驾驶安全势场模型，运用驾驶安全势场模型研究智能网联驾驶拟人化自主决策行为，从纵横二维和稳定域角度解析混合车辆簇的稳定性和振荡特性，并设计对应的网联驾驶速度控制优化策略，开辟智能网联车车交互作用、混合车辆簇稳态机理及其响应控制优化研究的新思路。

　　智能网联、车路协同、自动驾驶等技术条件重塑微观车车交互关系与宏观车流运行特性，新技术环境下混合车辆簇稳态特性和振荡机理发生了根本性变化。车流中单一车辆的行为状态，通过系统关联、循序演化形成宏观特性；混行车辆簇的宏观态势特性包括车车交互作用、车路协同关系、车辆簇运行态势与加速度波动的关系。交通领域学者从交通建模的早期就开始进行车流的稳定性分析和振荡分析，但通常将其作为不同的对象进行研究，分析结果更多适用于有诸多假设的传统车流，且其实际意义在很大程度上被忽略。研究分析新型混合车辆簇稳态机理，一方面是交通流稳定性研究发展的理论需要；另一方面是稳定性分析与交通振荡的密切关系尚未解开，且未被充分利用来优化交通运行和控制策略，稳定性分析的研究需要更加面向应用，即利用稳定性分析结果开发智能网联环境下有效的控制优化策略，以增加稳定性分析结果与现实世界交通运行和控制的相关性。

　　本书是作者及研究团队近五年来在智能网联生态驾驶、智能车路协同与安全控制方面学术成果的总结，主要包括驾驶行为和风格识别、网联驾驶安全势场、车辆运行动态特性及其动力学建模、车辆簇稳态控制、车流运行控制优化方法及其系统仿真分析；同时包含了在交通流理论和交通控制优化研究方向的理论方法和技术应用，撰写中尽力突出研究的系统性、创新性和前瞻性。

　　在本书的撰写过程中，"自主式交通运载装备数字化及孪生系统计算技术"研究团队的张晓靖女士和博士研究生贾彦峰、王韬、宋慧等参与了学术成果的梳理工作，在此表示感谢。

感谢国家自然科学基金面上项目(51678320、51178231、52272311)的资助。本书科研成果的技术案例和方法应用得到国家智能交通系统工程技术研究中心和青岛海信网络科技股份有限公司等单位的大力支持，在此表示深深的感谢。

网联自主汽车与交通领域的定量分析方法涉及多学科、多领域的相关知识，新理论、新技术和新方法不断涌现与发展，由于作者水平有限，书中难免存在疏漏和不妥之处，敬请各位专家学者和读者批评指正。

曲大义

2023 年 6 月于青岛

目 录

第1章 绪 论

1.1 研究背景、目的及意义

1.1.1 问题的提出

伴随车路协同自动驾驶技术的应用推广，网联驾驶系统实现了人-车-路-环境各要素之间的多维度融合，网联交通场景中，车辆与车辆、车辆与道路之间的耦合关系发生根本性转变。因此，需要从驾驶人、车辆、车群等多个维度研究智能网联驾驶安全运行特性及混合车辆簇态势规律等关键科学问题。从分子动力学角度建立驾驶安全势场模型，运用驾驶安全势场模型研究智能网联驾驶拟人化自主决策行为，从纵横二维和稳定域角度解析混合车辆簇的稳定性和振荡特性，并设计对应的网联驾驶速度控制优化策略，开辟智能网联车车交互作用、混合车辆簇稳态机理及其响应控制优化研究的新思路。

道路上向某一方向运动的具有紧密交互耦合关系的一股车流，其中以网联自主汽车(connected autonomous vehicle，CAV)或人工驾驶车辆(human-driven vehicle，HV)为中心交互渗透的集聚车群，称为混合车辆簇(图1.1)。新型混合车辆簇中：①CAV与HV的驾驶决策行为大相径庭甚至互不相容，混合车辆簇的HV难以较为准确地判断CAV的行为，会使驾驶人对决策产生疑虑，从而更易引起公众对自动驾驶技术的抵触心理；②在自动驾驶相关技术、政策法规高度成熟和普及之前，CAV可能需要驾驶人在某些情况下接管车辆的控制，而若自动驾驶系统与人工驾驶方式差距较大，则会增加驾驶人对车辆的接管难度；③驾驶人在行车环境中会产生不同的心理压力，呈现出不同的驾驶风格，将个性化驾驶风格及其驾驶规律与复杂交通场景中人、车、路等要素存在的相互作用关系定义为驾驶行为动力学特性。在驾驶过程中的加速或者减速等行为决策很大程度上依赖于当前驾驶人风格和驾驶行为习惯等因素，如图1.2所示。行驶车辆间存在着交互耦合关系，车辆的跟随行驶和变道行为均是车辆动态交互关系的行为表现。自动驾驶算法的设计除要保证行驶安全的基本要求外，还应尽可能满足不同风格驾驶人的个性化需求，提高不同驾驶人对CAV的适应性。驾驶人的驾驶风格在不同交通场景下会有差别，对驾驶风格进行实时的动态识别，有效模拟不同驾驶风格风险响应，进而设计拟人化的驾驶算法是智能网联驾驶技术发展的现实需求。

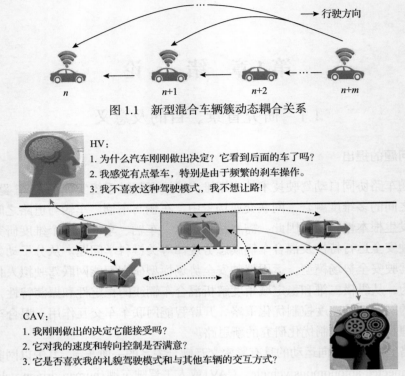

图 1.1　新型混合车辆簇动态耦合关系

HV：
1. 为什么汽车刚刚做出决定？它看到后面的车了吗？
2. 我感觉有点晕车，特别是由于频繁的刹车操作。
3. 我不喜欢这种驾驶模式，我不想让路！

CAV：
1. 我刚刚做出的决定它接受吗？
2. 它对我的速度和转向控制是否满意？
3. 它是否喜欢我的礼貌驾驶模式和与其他车辆的交互方式？

图 1.2　拟人化智能网联驾驶行为决策

　　智能网联交通系统中，车辆与车辆、车辆与智能设施之间可以通过先进的通信技术实现多种车辆运动信息(位置、速度、加速度)的实时传输与共享。智能自动驾驶、网联通信等技术使网联汽车具备高精度感知、高速度通信和超快速反应的特性，相较于传统人工驾驶，其感知和反应时间均大幅缩减，车辆根据自身得到的交通信息做出不同的驾驶行为反应，CAV 之间将以更小的跟驰安全车距进行编队行驶，最终将实现交通系统的智能化、网联化和一体化。与此同时，CAV 将面对更加复杂多变的道路交通环境，虽然已有不少学者针对 CAV 的跟驰和换道决策行为展开深入研究，但是现有 CAV 决策模型无法满足个性化驾驶需求，CAV 行驶风险在多交通要素约束条件下尚无法精确量化，无法动态表征车辆在不同速度和加速度变化下的驾驶风险程度，且不同位置的前导车对跟随车影响的权重分配尚缺乏深入研究。在道路信息能够被获取并实时传输的智能网联环境下，需要规避对跟驰和换道行为进行复杂的仿真建模，且需量化 CAV 跟驰和换道时的行驶风险，确定安全阈值，正确判断车辆的跟驰和换道决策行为。此外，与驾驶人驾驶行为决策过程相比较，CAV 决策目标应该从单一车辆上升到交通流整体的态势优化，驾驶决策行为应更加多样、合理。拟人化自动驾驶行为决策与传统车辆驾驶人行为决策的关系和区别如图 1.3 所示。

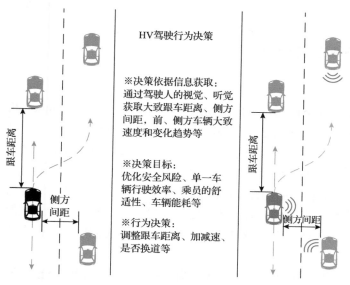

图 1.3 拟人化驾驶行为决策优化

  行驶车辆之间既不远离也不过近的耦合关系类似于分子间力的关系。力是改变物体运动状态的原因，虽然物理意义中的分子运动具有无序性，但道路行驶车辆间的交互耦合关系与分子间的力学关系存在相似性，运行中个体的相对变化可能会引起其他个体的相应变化，这种动态关联性变化是一种交互行为，可视为一种耦合关系。车车交互行为的动态特性与分子间的力学关系异曲同工，称这种交互耦合行为特性为车辆间的分子动力学特性(图 1.4)。作者提出了车辆跟驰的分子动力学理论，首次运用分子动力学建立了车辆分子跟驰模型，解析了驾驶人的跟驰决策行为，并对跟驰模型多个刺激项的反应权重进行了赋值，模型验证结果表

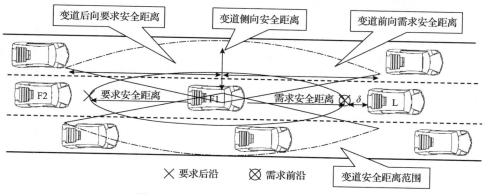

图 1.4 车车交互作用的分子动力学关系

明，分子跟驰模型能够有效弥补速度跟驰的不足，对跟驰状态的描述更加真实。本书拟深入运用分子动力学的相互作用势理论，探讨驾驶安全势场的复杂特性，独辟网联环境车车交互作用的分子动力学关系、混合车辆簇稳态响应机理研究的新思路，并拓展该学术领域的创新性研究方向。

1.1.2　研究意义

（1）基于 Transformer 建立个性化驾驶风格动态谱聚类体系，考虑 Attention 机制，采用双向长短期记忆（long short-term memory，LSTM）神经网络实时识别驾驶人风格；引入驾驶行为场，运用分子动力学动态模拟不同驾驶风格形成的驾驶风险，为未来自动驾驶个性化辅助系统设计提供技术和理论支撑。

（2）运用相互作用势场理论研究 CAV 与 HV 混合车辆簇动力学特性，结合驾驶行为场建立多交通要素约束下的驾驶安全势场定量模型，系统解析智能网联驾驶拟人化决策行为机理，为人-车-路-环境复杂交通场景中的智能网联驾驶行为决策与控制提供理论基础。

（3）剖析网联驾驶安全势场的演化规律，从纵横二维稳态特性和时空稳定域层面解析混合车辆簇稳定性和振荡机理，揭示混合车辆簇宏观特性的结构性变化，为 CAV 与 HV 混合共存的智能网联驾驶系统提供宏观车流特性和道路场景应用的理论支撑。

（4）基于混合车辆簇的稳态特性，提出面向混合队列稳态响应的控制优化方法，建立基于分布式拓扑结构的网联车间距自适应优化模型和混合车辆簇 CAV 速度协调优化模型，为提升车流安全稳定性和运行效率提供方法依据。

1.2　国内外研究现状及发展动态分析

1.2.1　驾驶风格分类与识别研究

驾驶人在面对道路交通环境时不同的心理、性格、习惯和意图等是驾驶风格的直接表现，也是最直接的驾驶风格的研究依据，因此在驾驶风格概念刚提出的早期研究中，部分学者从心理学的角度出发，对驾驶风格展开了一些研究。1993 年，Elander 等[1]首次提出了驾驶风格的概念，学界对驾驶风格的研究就此展开；Ishibashi 等[2]阐述了驾驶风格的具体含义，即日常行驶中驾驶人表现的一种习惯性的风格，同时建立了初始的多维度驾驶风格量表，为之后驾驶风格的分类和识别奠定了基础；Chung 等[3]在多维度驾驶风格量表的基础上进行改进，设计了一种新型的驾驶风格量表；孙龙等[4,5]在对驾驶风格的研究现状进行了系统的论述之后，提出了驾驶风格量表本土化的建议，后续也对新的驾驶风格量表提出了初步的修订和运用。

驾驶心理具有非常强的可隐藏性，上述基于交通心理学的驾驶风格的研究方法都具有很强的主观性，而驾驶人对车辆的驾驶操作行为控制了车辆动力学状态，因此不同驾驶风格驾驶人控制的车辆在动力学特性上也会表现出相关的差异，后来学者通过不同驾驶人操控的车辆表现出的动力学特性来判断其驾驶风格。Hirose 等[6]将车头时距、加速时间点、方向盘转角等数据作为驾驶风格的判定指标，聚类分析将驾驶人划分为两类，同时得到每一类驾驶人不同驾驶行为数据的典型值。Dörr 等[7]利用汽车控制器局域网(controller area network，CAN)总线上的具体数据分析车辆的纵向加速度、横向加速度、速度差、车头时距等，运用模糊逻辑评判方法在线识别驾驶人的驾驶风格类型。通过仿真测试，发现分类正确率可以达到 68%。王畅等[8]基于实车数据，选用跟车时距、换道时距、超速频次等作为驾驶风格的评价指标，采用模糊综合评价法建立驾驶风格分类模型，应用此模型将驾驶人分为冒进、比较冒进、比较谨慎和谨慎四个类型，并利用换道行为的相关参数检验了该分类模型的准确性。

近年来，随着一些数学方法在工程实践中的有效应用，以及相关计算机算法的发展，许多学者将机器学习、神经网络算法应用到驾驶风格的研究中，产生了诸多成果。万豫等[9]设计了具有噪声的基于密度的聚类方法(density-based spatial clustering of applications with noise，DBSCAN)进行驾驶风格识别，通过聚类点分布得到驾驶风格的评分，然后根据评分将驾驶风格分为冷静型、谨慎型、一般型、鲁莽型和激进型五类。董昊旻等[10]在对驾驶风格进行分类时，利用驾驶人真实的驾驶数据，通过专家系统进行标记并使用 Tri-training 算法进行训练，建立了驾驶风格识别模型。在对比传统机器学习模型之后，发现该方法的识别准确率更高。张一恒[11]使用下一代交通仿真(next generation simulation，NGSIM)数据集提取车辆换道轨迹和跟车轨迹，进行驾驶风格的聚类和分类，并运用到驾驶意图的预测和换道决策模型中。刘洁莹[12]从换道行为出发，通过对不同驾驶风格的驾驶人换道行为进行分析，建立个性化的换道辅助模型，提高了换道的安全性。毛锦[13]通过模糊数学统计法进行驾驶风格的分类，并将其应用到换道预警系统中。王鑫鹏等[14]为了提升智能车拟人驾驶水平，改进了深度确定性策略梯度(deep deterministic policy gradient，DDPG)算法并设计了智能车驾驶决策系统，其在基础 DDPG 算法的输出部分加入线性变换过程，形成改进的个性化驾驶决策学习算法，进而构建了个性化自主驾驶系统。赵祥模等[15]针对现有自动驾驶模型输入数据类型单一导致预测精确度低的问题，选取 RGB 图像、深度图像和车辆历史连续运动状态序列作为多模态输入，并利用语义信息构建了一种基于时空卷积的多模态多任务自动驾驶行为决策模型，通过速度和转向多任务预测变量实现对车辆的行为预测。Sun 等[16]

基于建立的模糊推理系统，将跟车行为归类为两种代表风格：非攻击性和攻击性，并对不同的跟驰模型对应的驾驶风格组进行了校准和验证，发现模型参数值与驾驶风格有关。

驾驶人的性别、年龄、心理等因素导致驾驶风格和驾驶行为的差异性，在同样的交通环境情况下，个性化驾驶风格呈现出不同的车辆行驶状态。首先，现有研究成果主要是在典型场景下采用静态聚类方式对驾驶风格进行分类，即设定在某种场景下驾驶风格是固定不变的，但真实情况是同一驾驶人受交通环境的影响，其驾驶风格也会随之改变；其次，尚缺乏对不同风格驾驶人所面临行驶风险的有效量化和模拟。

1.2.2　势场理论在车路协同关系中的研究

人工势场的概念出现在 20 世纪末，最先被应用于机器人路径规划[17]，受此启发，Sattel 等[18]将机器人弹性带的概念扩展到自主车辆运动规划中，并基于势场理论提出了运动规划算法；Ni[19]从宏观和微观角度证明了人工势场在交通领域的客观性和普遍性，并使用 NGSIM 项目数据标定了跟驰模型的参数；Hsu 等[20]基于引力场的概念，提出了一种新的重力跟驰模型，该模型通过与车辆及其前方空间有关的一系列吸引力和斥力来描述车辆跟驰行为；Wolf 等[21]也基于人工势场理论将车辆势场构建成楔形，分析了不同速度下的车辆具有不同的速度势，以此作为驾驶人辅助设备中的附加输入；曲大义等[22]分析了车辆交互作用的分子动力学特性，建立了车辆跟驰的分子动力学理论模型，并仿真验证了模型的有效性和精确度；Li 等[23]从刺激响应的角度提出了一种简化的人工势场跟驰模型，但模型中考虑的因素相对简单；Yang 等[24]考虑到横向距离对跟驰车辆的影响，将单个车辆表示为电场中的单位点电荷，通过车辆之间的吸引势能和排斥势能简化了实际跟驰行为中对目标车辆的各种影响因素。影响车辆上的交通因素可以简化为车辆之间的相互吸引力和斥力，从而可以从一个新的角度研究车辆的跟驰行为。在前人研究的基础上，Wang 等[25]建立了人车道路闭环系统的"车辆安全场"统一模型，并用实车验证了模型的正确性。结果表明，该模型为复杂交通环境下的驾驶风险评估提供了一种有效的方法。Liu 等[26]引入势场理论来模拟交通因素，如道路边界、车道标线和行驶的车辆，使用整体势函数作为约束，建立了基于模型预测控制的控制方法。仿真结果表明，该方法可以为未来不同交通环境下的自主车辆提供决策控制依据。Li 等[27-29]提出了一种基于势场模型的风险感知和警告策略的新方法，以最小化网联环境中的 CAV 驾驶风险为目标并开发了一个基于驾驶风险势场的跟车模型。随后，开发了一种基于模型预测控制框架和势场模型的 CAV 队列动态控制方法，通过实验验证了队列控制策略的有效性。

现有交通研究领域的"场"理论更多的是从逻辑上和概念上对物体运动的系统描述，较少涉及数学上的严格推导与证明，且在车辆间交互作用势函数的选取上存在较大差别，引力和斥力函数的选用独立分割。此外，以往文献所考虑的交通环境更多是传统的或半智能化的交通环境，所建立的基于势场理论的交通流模型不能很好地贴合未来智能网联环境，无法满足驾驶人的个性化驾驶需求。智能网联环境下，车辆运行状态的多维参数可以实时获取，并实现数据共享，为CAV行驶风险在多约束条件下的精确量化提供了条件。

1.2.3 混合车流的振荡及稳定性分析研究

交通振荡是指在连续的交通流中，车辆受外部因素影响造成的加速或减速操作，从而造成交通流时走时停的宏观表现。在传统车流环境下，交通学者从微观轨迹对交通振荡产生机理进行深入研究。Zheng 等[30]通过小波变换，分析实测交通振荡轨迹数据，得出换道或不稳定的跟驰行为是交通振荡产生的原因。Chen 等[31]发现交通振荡中交通迟滞的类型与驾驶人的驾驶行为以及对减速波开始反应的时间有关，研究发现驾驶行为与驾驶人在交通振荡中的位置有关。Laval 等[32]认为驾驶人随机加速特性可解释交通振荡的产生和传播机制，其认为道路的几何线形导致驾驶人操作误差的产生，决定了交通瓶颈的平均车速、交通振荡的周期与振幅等。Treiber 等[33]研究交通流不稳定性、无差异区域(驾驶人反应阈值)和加速度噪声对交通振荡产生的影响，发现高速交通情况下交通振荡的产生主要受交通流不稳定性影响。Sun 等[34]全面回顾了跟驰模型的局部稳定性和渐进稳定性分析的方法，并将其中一些方法获得的稳定性标准的一致性和适用性与一系列数值实验的模拟结果进行了比较。Saifuzzaman 等[35]利用车辆速度、间距等信息定义驾驶任务难度，并从驾驶任务难度角度分析交通振荡中驾驶行为的变化，通过分析交通振荡数据，认为驾驶任务难度的分布与交通振荡的演变存在密切联系。Chen 等[36]认为驾驶人对交通振荡的反应由驾驶人特性决定，激进型驾驶人通常出现上三角应对模式，保守型驾驶人通常出现下三角应对模式，普通型驾驶人出现3种应对模式的可能性均等，其认为应对模式与交通振荡的产生与传播有关。鲁斌[37]提出了考虑驾驶行为约束的支持向量回归车辆跟驰模型，使用该模型进行交通仿真重现了交通振荡现象，验证了随机干扰会产生交通振荡现象。郁远征[38]分析快速路合流区交通振荡现象与诱因，基于实测轨迹数据并结合非对称驾驶行为分析了交通振荡产生、增长与消散的循环过程。Sun 等[39]将交通振荡划分为4种类型，并通过放宽稳定性分析中使用的两个不切实际的假设完成了对不同类型振荡的识别；对于振荡的演化，Li 等[40,41]进行了大量的研究，他们通过频谱分析来识别交通振荡及其周期，将频谱分析的方法用于提高测量交通振荡属性的精度，研究表明交通振荡传播时周期不变；后来提出一种可以准确量化非线性车辆跟驰规律振荡特性的数学框架，以准确预测现实物理约束和复杂驾驶行为下的交通振荡特性，也为设计和校准能够再现交通振荡特性的非线性跟驰模型奠定了坚实的基础；在对策层面，通过自适应描述函数方法分析预测交通振荡的传播，将该方法与现有的燃料消耗和排放估计模型相结合，以分析预测交通振荡对环境的影响并提出新的跟驰控制策略，该策略可以有效抑制振荡幅度的发展，从而降低油耗和排放。刘聪聪[42]基于改进的二维智能驾驶人跟驰模型，研究单车道情景下移动瓶颈诱发的交通振荡主频率与速度标准差的演化特性。黄永现[43]通过大量实验开展交通振荡的演化特性研究，分析车队行驶速度与交通流稳定性的关系，并观察到了速度内生振荡的自发形成、传播与发展，研究了内生振荡与外生振荡的演化特性，利用改进的二维智能驾驶员模型(enhanced 2D intelligent driver model，E2D-IDM)进行仿真验证，模拟结果与实验数据基本吻合。随着自动驾驶车辆的出现，新型混合交通流的运行机制将呈现多样性与复杂性特征。Sun 等[44]使用二阶差分法研究了网联环境下的交通振荡特征，并对单车道上行驶的异质车辆通过模拟进行了重现，提出了无通信连接的响应控制、车辆与车辆(vehicle-to-vehicle，V2V)连接的主动控制和车辆与基础设施(vehicle-to-infrastructure，V2I)连接的交通波抑制方法。陈广宇等[45]基于元胞自动机建立了自动驾驶车辆纵向控制模型，仿真表明混合交通流仍然存在自由流、同步流与宽幅运动阻塞现象。秦严严等[46]基于混合交通流基本图的切线斜率，建立了混合交通流 LWR(Light hill, Whitham and Richards)模型，定量描述了交通波在混合车队中的传播速度，研究结果为混行车流宏观状态演化提供了理论参考。

交通学者在交通流稳定性分析和振荡分析等单独问题上取得了重大进展，并为许多跟驰模型推导出了稳定性标准。然而，相较于传统交通流，网联混合交通流发生了质的结构性变化，传统的稳定性分析中采用的许多假设在实际交通情况下是不现实的。一方面，在设计交通运营和控制策略时，通常很难直接使用这些稳定性标准，稳定性分析和振荡分析之间的密切关系尚未解开；另一方面，目前的稳定性分析仍停留在一维纵向层面，从纵横二维层面同时进行稳定性分析的方法尚未得到实质性突破。

1.2.4　网联驾驶混合编队控制及速度引导

网联驾驶车辆编队问题的研究来源于多智能体系统(multi-agent system，MAS)任务规划及协作问题的研究。车辆编队的队列控制研究主要集中于队列形成、队列保持和队列控制 3 个方面。在队列形成方面，Bang 等[47]将一个队列内的 CAV 之间的连接描述为一个弹簧-质量阻尼器系统，通过这个系统完成了对一个队列概念的描述。Heinovski 等[48]以队列速度和空间距离为优化对象，构建了队列形成优化算法，并通过仿真进行了验证。Jing 等[49]研究发现，在实践中，对队列内车辆数量和车辆速度进行合理的优化，可以大幅提高交通效率，降低油耗。

在队列保持和控制方面，Zheng 等[50]基于车联网设计了多种队列通信拓扑结构，并采用图论的分析方法总结了不同拓扑结构对队列控制的影响，进行了稳定性设计研究。Liu 等[51]利用车联网通信的优势，构建基于前车和后车信息的队列跟随控制策略，并通过系统稳定性设计实现出色的控制效果。Gao 等[52]面对车辆编队控制系统在实际应用过程中所面临的通信干扰和车辆状态摄动影响，从理论和硬件在环层面分析验证队列控制的稳定性。Wang[53]最先在编队控制方面提出使用领航跟随者的方法。Hogg 等[54]则在领航跟随算法的基础上使用比例积分微分(proportional-integral-derivative，PID)控制算法来进行改进。Mastellone 等[55]在领航跟随算法的基础上，结合李雅普诺夫的稳定性原理进行实验与研究，取得了良好的成效。Xiao 等[56]设计了一个基于神经动态优化的非线性模型预测控制器实现移动机器人的跟随领航者编队控制系统。Yang 等[57]考虑了惯性、摩擦模型和未建模的有界扰动等车辆的动力学问题，提出了一种基于径向基函数(radial basis function，RBF)神经网络一致性的分布式编队控制方案。

在速度引导方面，传统上，可变限速(variable speed limits，VSL)和速度建议值的方法可应用于速度协调使车辆速度变化最小化。Piao 等[58]通过模拟法对 VSL 方法进行了大量研究，Han 等[59]运用理论解析法以及 Soriguera 等[60]采用经验实证法也对其进行了研究。Xu 等[61]研究了轨迹优化问题，比较了快速启发式算法和精确优化模型之间的性能，以车辆位置和速度为决策变量引导网联自动驾驶汽车在高速公路上的运动，以解决不同到达和离开速度的轨迹平滑问题。在城市道路，荆彬彬等[62]利用车路协同环境下车-车、车-路实时双向通信的特点提出了一种基于加减速引导的双周期干道绿波协调控制方法，有效降低了车辆的平均停车次数。庞明宝等[63]研究车路协同城市快速路与邻接交叉口主线分散换道和速度引导自适应控制方法，依据主线上游车辆目的地来确定速度引导策略，从而使区域的流量得以明显提升。

大部分现有研究成果侧重于建议或强迫驾驶人调整速度，而驾驶人行为的不可预测性可能会使这些方法失败，使用传统的速度引导控制策略亦无法有效获得平滑的最优速度。此外，在未来较长时期内将是 CAV 与 HV 混合行驶的状态，针对这种新型网联混合交通流，通过速度引导来抑制交通振荡的研究相对较少。

1.3 研究目标与本书主要内容

1.3.1 研究目标

瞄准智能网联驾驶汽车与人工驾驶车辆混行共存发展态势，聚焦"网联驾驶安全势场的分子动力学建模及车辆簇纵横二维稳态响应机理"的关键科学问题，研究CAV与HV交互渗透的网联驾驶系统及集群车辆簇，为其构建微观交通行为、宏观车流特性及控制优化的交通系统模型。基于深度学习建立个性化驾驶风格实时识别方法，动态量化不同风格驾驶人的驾驶行为风险；运用分子动力学及其相互作用势场理论探讨智能网联车辆拟人化自主决策行为机理，构建智能网联驾驶安全势场模型；从纵横二维稳态特性和时空稳定域层面，剖析HV-CAV混合车辆簇稳态响应机理，提出面向混合车辆簇稳态响应的控制优化方法。重塑网联环境多要素约束下的交通系统模型，独辟网联驾驶系统多要素约束的拟人化自动驾驶技术、车车交互作用的分子动力学关系、混合车辆簇稳态机理及响应控制优化的新思路，并拓展该学术领域的创新性研究方向。研究内容共分为四部分，它们之间的逻辑关系如图1.5所示。

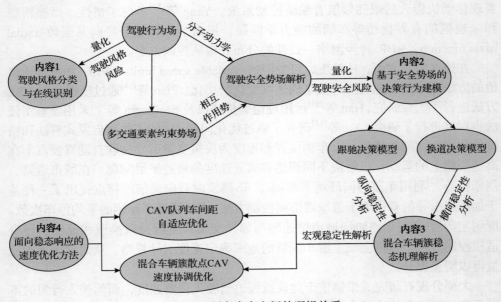

图1.5 研究内容之间的逻辑关系

1.3.2 技术路线

系统梳理智能网联驾驶系统的最新研究成果→识别驾驶人驾驶风格→研究智能网联驾驶安全势场→混合车辆簇跟驰与换道行为特性→分析网联混合车辆簇波动特性→解析车流稳态机理→优化设计编队与散点稳态响应方法→实验检验及可靠性分析。研究技术路线如图1.6所示。

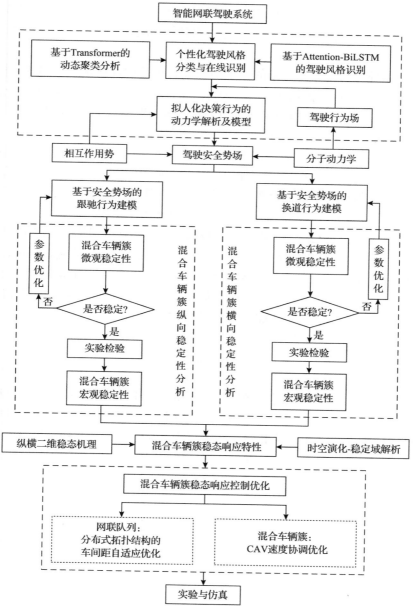

图 1.6 研究技术路线

1.3.3 本书主要内容

（1）基于深度学习的个性化驾驶风格识别技术与驾驶风险动态模拟技术。研究基于 Transformer 的个性化驾驶风格动态谱聚类体系，建立考虑 Attention 机制的

BiLSTM 神经网络个性化驾驶人风格实时识别技术；基于分子动力学解析考虑驾驶风格因素的驾驶行为动力学特性，运用驾驶行为场动态模拟不同风格的驾驶风险响应。

(2) 网联环境驾驶安全势场的分子动力学解析及仿真技术。采用驾驶模拟器和数值仿真实验定量分析驾驶人的驾驶行为特性；基于分子动力学的相互作用势理论科学表述车车交互作用和车路协同关系，运用驾驶安全势场物理表征智能网联驾驶拟人化决策行为的动态特性，系统仿真驾驶风险的变化趋势。

(3) 网联混合车辆簇动态特性的数理推演技术。精准阐释网联混合车辆簇波动产生、演化及扩散规律，基于"加速度波"传递函数建立车流波扩散效应函数，推导不同 CAV 渗透率下的混合车流稳定性判别条件及稳定域；从纵横二维稳态特性和时空稳定域层面，揭示车辆簇振荡特性及其稳定性机理。

(4) 混合车辆簇的稳态响应控制优化技术。基于视觉识别技术、雷达地图信息匹配技术、车辆全球定位系统(global positioning system, GPS)轨迹数据融合技术，实现 CAV 队列编序和定位，建立驾驶安全势场拟人化决策行为模型，计算扰动稳定性边界条件所对应的车间距，自适应优化基于分布式拓扑结构的网联车间距，实现混合车辆簇稳态响应的 CAV 速度协调优化。

1.4　本 章 小 结

本章提出了"网联驾驶安全势场的分子动力学建模及车辆簇纵横二维稳态响应机理"研究内容，从分子动力学角度建立驾驶安全势场模型，运用驾驶安全势场模型研究智能网联驾驶拟人化自主决策行为，从纵横二维和稳定域角度解析混合车辆簇的稳定性和振荡特性，并设计对应的网联驾驶速度控制优化策略。

第 2 章　网联驾驶拟人化决策行为建模

2.1　驾驶人心理分析

2.1.1　纵向驾驶行为分析

正在道路中驱车行驶的驾驶人，为节省交通出行的时间成本，具有主动追求本车更高行驶效率的心理 F_e，表现在驾驶人尽可能在道路限速范围内提高车速，使车辆行驶在交通流中尽可能靠前的位置。例如，在交通流密度很低的自由流状态下，大部分车辆会以道路的最大限速行驶，且遭遇前方行驶较慢的车辆时一般会主动超车或换道行驶。

另一方面，车辆驾驶人具有确保本车行驶安全的心理 F_s，并在该心理影响下主动驱车远离交通流中的其他车辆，以预留足够的反应时间来应对交通环境中的意外状况。

在跟驰交互行为中，两种心理对驾驶人在跟驰交互行为产生的影响是矛盾的。当交通流密度达到一定水平后，前方车辆速度随交通流整体速度降低且与本车距离过短，此时本车为追求行驶效率产生的高速、靠前的行驶行为会受到不同程度约束。在前后车的跟驰关系中，主要的安全风险是前后车发生追尾事故，所以足够的跟车距离是确保后车预留充分响应和制动时间的关键，即前后车辆间距越短，驾驶人心理上受到的安全风险压力越大。驾驶人在两种心理的共同驱使下，最终使本车以确保安全行驶的某个跟车距离与前车建立跟驰关系，如图 2.1 所示。

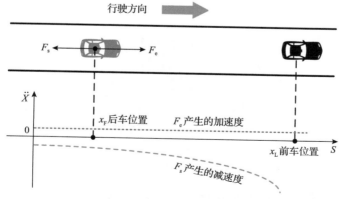

图 2.1　驾驶人跟车心理示意图

驾驶人的驾驶心理还包括对较好的车辆乘员舒适性、较低的车辆能耗和寿命折损等更为复杂多样的需求，其中对跟驰交互行为有明显影响的还有车辆的冲击度(加速度变化率)。冲击度是影响乘员舒适性和车辆传动系统寿命的重要因素，驾驶人在主动靠近前车直至达到某个目标跟车距离的过程中，驾驶车辆的加速度会从某个数值平滑过渡至 0。

选择美国政府公开的 NGSIM 项目 I-80 数据集作为研究分析的依据，该数据集采集自美国加利福尼亚州爱莫利维尔的 80 号州际高速公路(Interstate 80)，以 0.1s 为间隔的时间帧逐行记录了车辆编号、坐标、速度、加速度、跟车关系和所处车道等信息，具有简单易用、数据量庞大的特点，被广泛应用于国内外的车辆跟驰、换道行为研究中。

在 NGSIM 项目 I-80 数据集中，提取 48 组有明显跟驰行为(跟车时间超过 60s，且后车随前车行驶状态改变做出及时响应)的跟驰车辆对的加速度值，共 26576 帧数据。由于该数据集的采集精度较高，在实际的非理想状态下，车辆几乎不可能在加速度值绝对等于 0 的情况下匀速行驶，认为–0.05～0.05m/s^2 的加速度是匀速跟驰状态下正常的波动范围，因此剔除加速度值介于–0.05～0.05m/s^2 的帧，将剩余的 21788 个有效帧作为研究分析后车跟驰交互响应的依据。对筛出数据的加速度值进行分析，标准差为 0.9960m/s^2，均值为 0.0492m/s^2；在步长为 0.2m/s^2、–4～4m/s^2 区间内的频数分布可视为符合正态分布，车辆加速度频数及正态分布曲线如图 2.2 所示。

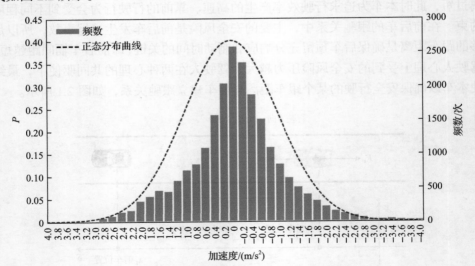

图 2.2　车辆加速度频数及其正态分布曲线

利用筛出数据中的瞬时加速度和与其对应的瞬时跟车距离，绘制散点图(图 2.3)，分析二者的相关关系。

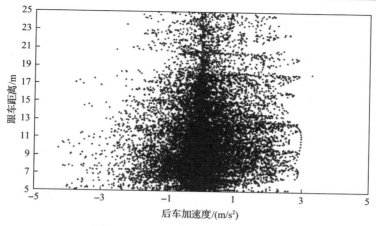

图 2.3 瞬时加速度-跟车距离散点图

不难看出，在实际的跟车交互行为中，跟车距离越短，后车的加速度值波动区间越大，即后车较大程度的加、减速行为更易发生在两车间距较短的情况下；另外，减速的制动加速度极小值的绝对值(最左端 100 个数据平均值为 -3.457m/s^2)比加速的加速度极大值(最右端 100 个数据平均值为 2.7942m/s^2)更大，即后车在跟车过近时的减速程度一般大于跟车过远时的加速程度。

综上所述，后车在跟驰关系中，其加速度响应与实际跟车距离的关系可概括为：

(1)跟车距离很大时，后车以较低的加速度靠近前车。

(2)两车间距较小，但仍大于后车的目标跟车距离时，后车以稍大的加速度靠近前车。

(3)两车间距较小，且已小于后车的目标跟车距离时，后车以较大的减速度远离前车。

(4)两车间距达到后车的目标跟车距离时，后车不改变车速。

后车加速度与跟车距离的关系如图 2.4 所示。

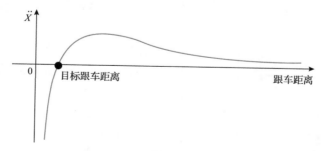

图 2.4 后车加速度与跟车距离的关系

2.1.2　车辆横向分布分析

在 NGSIM 项目 I-80 数据集中，随机抽取 10 万个在 1、2、3 车道行驶车辆的帧，统计这些帧在道路横向上的位置分布，结果如图 2.5 所示。

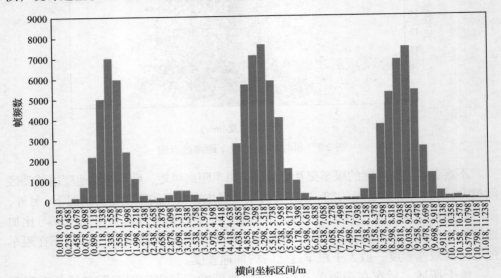

图 2.5　车道横向分布区间频数直方图

从图 2.5 可以看出，在 3 个车道中央及其附近的车辆帧频数最高，越靠近车道边界的位置，车辆帧频数越低。因此，可认为驾驶人在驾驶车辆时一般会主动避免接近车道边界，尤其在稳定的跟驰关系中，车辆不发生换道行为，驾驶人会尽可能在车道中央驾驶车辆。

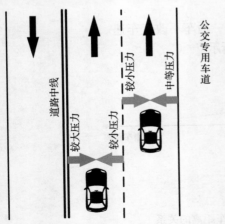

图 2.6　车道边界对驾驶人产生的心理压力

不难理解，车道边界对驾驶人意味着多种行车风险。例如，长时间在车道边界行驶，车辆与相邻车道车辆或路缘石、行道树、护栏等物体发生碰撞的风险显著提高；如果车道边界是道路中心实线、公交专用车道线等，驾驶人还会面临因违规行驶而受到交管部门处罚的风险。

不同属性的车道边界给驾驶人带来的心理压力也不相同，如图 2.6 所示。例如，在某些情况下，驾驶人可能被迫进入相邻机动车道或公交专用车道，但一般不会首先选择跨过道路中线逆向行驶。

2.2　跟驰行为建模

2.2.1　惰性气体分子相互作用方式及模型

1）惰性气体分子相互作用

微观粒子之间存在多种力学关系，如库仑力（Coulomb force）、化学键（chemical bond）、范德瓦耳斯力（van der Waals force）等。惰性气体一般由惰性元素单原子分子构成，表现出不带电、非极性等特点，故其体系内的微观粒子之间的力学关系主要由范德瓦耳斯力决定。

惰性气体体系内的分子在相互作用下，彼此靠近的分子之间呈现出一种既不会无限远离也不会无限靠近的状态，如图 2.7 所示。

（1）当两分子之间的距离很长时，分子之间几乎不存在相互作用力。

（2）当两分子之间的距离较短时，分子间相互作用力表现为相互吸引。

（3）当两分子之间的距离很短时，分子间相互作用力表现为相互排斥。

（4）当两分子之间的距离达到某个特定值时，分子间相互作用力为零。

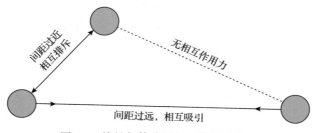

图 2.7　惰性气体分子相互作用示意图

因此，在惰性气体体系中，靠近的惰性气体分子最终与彼此处于某个固定的间距附近达到平衡状态，并在受到其他外力影响后能够再次回归平衡状态。在该平衡状态时，分子间距离称为平衡距离 r_0。

惰性气体分子间相互作用力与分子间距的关系如图 2.8 所示。

2）Lennard-Jones 势模型

为研究微观物理体系下粒子之间的相互作用关系，学者们构建了多种数学模型，其中 Lennard-Jones 势模型具有结构形式简单、应用广泛的特点，且用以近似模拟惰性气体分子这类电中性、非极性粒子的准确性尤为精确。

Lennard-Jones 势模型的构造原理是将粒子间相互作用视为斥力作用与引力作用的组合，由于引力作用与斥力作用皆与粒子间距的多次幂的倒数有关，根据模型构造原理，其数学表达式为

$$\varphi(r) = \varphi(r)_{斥力} + \varphi(r)_{引力} = \frac{A}{r^n} - \frac{B}{r^m} \tag{2.1}$$

式中，φ 为势能大小；r 为两粒子的间距；n、m 分别为斥力作用项与引力作用项的幂次；A、B 为势函数关于 r 的中介变量。该模型基本框架由 Mie 首次提出，后由 Lennard-Jones 进行了深入研究[64]。

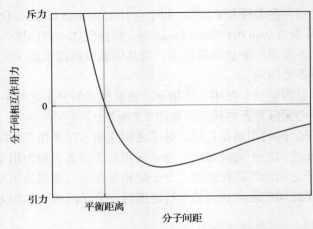

图 2.8　惰性气体分子间相互作用力与分子间距的关系

势场概念是广泛应用于物理现象解释和研究的重要工具，常见的物理场有重力场、磁场、电场等。场源是产生物理场空间的根本条件，被该场作用的其他物体表现出受到力的影响。势描述的是被场作用的物体因存在于这个场中而被赋予的能量。物体在场中受到来自较高势能位置指向较低势能位置的作用力，大小等于势能在空间上的变化率，物体在该力的作用下改变运动状态，由于能量守恒，在这个过程中物体的势能转化为动能。当物体处于场中的势阱（势能低于所有相邻区域势能的位置）附近，且自身没有足够的动能和其他力的作用时，它将无法逃逸出该区域；当物体恰好处于势阱中心时，其受到场的作用力为 0。惰性气体分子间相互作用势场分布示意图如图 2.9 所示。

在 Lennard-Jones 势模型中，两个粒子彼此是对方受相互作用力的场源，当粒子处于势阱中心时，根据上述受力与势能在空间变化率的关系，势能函数对 r 的一阶导数值为 0，其数学表达式为

$$\varphi(r_e) = -\varepsilon \tag{2.2}$$

$$\left(\frac{\mathrm{d}\varphi}{\mathrm{d}r}\right)_{r=r_e} = 0 \tag{2.3}$$

式中，ε 为势阱的深度；r_e 为处于势阱中心时的粒子间距。

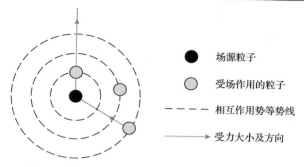

場源粒子

受场作用的粒子

相互作用势等势线

受力大小及方向

图 2.9　惰性气体分子间相互作用势场分布示意图

将式(2.1)代入式(2.3)，可得

$$r_{\mathrm{e}}^{n-m} = \frac{nA}{mB} \tag{2.4}$$

将式(2.4)代入式(2.2)，得到当粒子处于最低势能状态时与中介变量 A、B 的关系，即

$$-\varepsilon = \frac{A}{r_{\mathrm{e}}^{n}}\left(1 - \frac{n}{m}\right) = \frac{B}{r_{\mathrm{e}}^{m}}\left(\frac{m}{n} - 1\right) \tag{2.5}$$

将式(2.5)中的 A、B 代入式(2.1)，即得到 Lennard-Jones 势函数表达式：

$$\varphi(r) = \frac{\varepsilon}{n-m}\left[m\left(\frac{r_{\mathrm{e}}}{r}\right)^{n} - n\left(\frac{r_{\mathrm{e}}}{r}\right)^{m}\right] \tag{2.6}$$

当粒子处于势能为 0 的位置时，即当 $r = \sigma$ 时，有

$$\sigma = r_{\mathrm{e}}\left(\frac{m}{n}\right)^{\frac{1}{n-m}} \tag{2.7}$$

得到 Lennard-Jones 势函数的另一种表示形式：

$$\varphi(r) = \frac{\varepsilon}{n-m}\left(\frac{n^{n}}{m^{m}}\right)^{\frac{1}{n-m}}\left[\left(\frac{\sigma}{r}\right)^{n} - \left(\frac{\sigma}{r}\right)^{m}\right] \tag{2.8}$$

式(2.6)与式(2.8)两种形式的 Lennard-Jones 势函数是完全等价的，都描述了分子势能 φ 与分子间距 r 的关系，二者的不同之处在于采用了不同的参数，前者使用的是处于势阱底部时的分子间距 r_{e}，后者使用的是势能为 0 时的分子间距 σ。

使用 Lennard-Jones 势模型计算并绘制微观粒子之间相互作用力与分子间距的关系曲线，如图 2.10 所示。

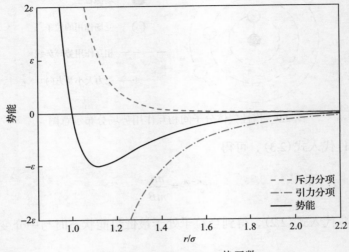

图 2.10　Lennard-Jones 势函数

根据上述粒子受力与势场分布的关系，粒子受力等于势能在空间上的微分，即

$$F(r) = -\frac{\mathrm{d}\varphi}{\mathrm{d}r} \tag{2.9}$$

由式 (2.6) 与式 (2.8) 两种形式的 Lennard-Jones 势函数得出两种对应的粒子受力表达式：

$$F(r) = \frac{nm \cdot \varepsilon}{n-m} \left(\frac{r_{\mathrm{e}}^{m}}{r^{m+1}} - \frac{r_{\mathrm{e}}^{n}}{r^{n+1}} \right) \tag{2.10}$$

$$F(r) = \frac{\varepsilon}{n-m} \left(\frac{n^{n}}{m^{m}} \right)^{\frac{1}{n-m}} \left(m \frac{\sigma^{m}}{r^{m+1}} - n \frac{\sigma^{n}}{r^{n+1}} \right) \tag{2.11}$$

使用式 (2.11) 计算并绘制 Lennard-Jones 势模型下分子间相互作用力与分子间距的关系曲线，如图 2.11 所示。

使用 Lennard-Jones 势模型描述的惰性气体分子间的相互关系，分子间的平衡距离即场源分子至势阱位置的距离，其他分子受其作用力情况与图 2.8 所示的实际情况基本相同，证明 Lennard-Jones 势模型对惰性气体分子间相互作用具有十分精确的模拟效果。

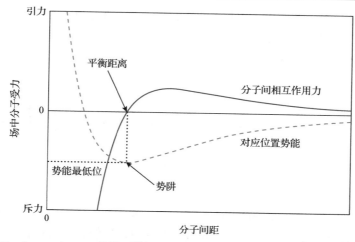

图 2.11　Lennard-Jones 势模型模拟的分子间相互作用力与分子间距的关系曲线

2.2.2　系统相似性分析

由 2.1.1 节与 2.2.1 节分析发现，具有跟驰关系的前后车辆与惰性气体体系中间距在一定范围内的两分子在动力学上有诸多相似之处：

（1）驾驶人具有两种相互矛盾的驾驶心理驱使车辆加速接近或减速远离前车，而分子间相互作用力可认为是分子间引力与斥力的合力。

（2）后车与前车跟车距离小于/大于目标跟车距离时主动减速远离/加速接近前车，分子间距小于/大于平衡距离时的相互作用表现为相互排斥/吸引。

（3）在驾驶人跟驰心理驱使下，后车最终与前车保持目标跟车距离行驶，分子在相互作用力作用下间距趋近于平衡距离。

（4）图 2.4 所示后车加速度与跟车距离的关系与图 2.11 所示的分子间相互作用力与分子间距的关系高度相似。

根据牛顿第二定律，匀速运动或静止的物体产生加速度是受到外力作用的结果，而在空间上不直接接触的两物体之间可通过场对彼此产生力的作用。若将处于跟驰关系中后车加减速的原因视为受到了来自前车"跟驰作用力"的影响，如图 2.12 所示，将前车视为产生该作用力的场源，根据上述两个系统相似性，可

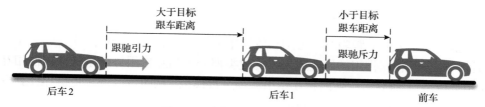

图 2.12　车辆跟驰作用力示意图

认为前车产生"车辆相互作用势场"的分布特点与分子的相互作用势场十分相似。

为了更直观地进行系统相似性分析，引入分子管道模型将道路中保持跟驰关系的车辆类比为细长管道中的惰性气体分子，如图 2.13 所示。

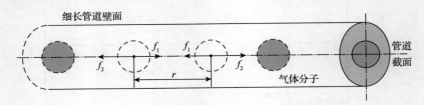

图 2.13　细长分子管道模型

分子管道模型，即纵向排列的多个惰性气体分子，在细长的笔直刚性管道内沿固定方向运动，管道内径小于 2 倍的分子直径，迫使管道横截面同时仅容许一个分子通过。其中 r 为相邻两分子质心的间距，f_1 与 f_2 分别是相邻分子间的引力与斥力，二者的合力即分子间相互作用力。

细长管道中的分子运动状态主要受到管道壁面约束作用和相邻分子间相互作用的影响：

（1）径向上的管道壁面作用。管道壁面的影响不仅对分子运动范围产生空间上的约束，还会通过壁面势场使分子趋近管道横截面的几何中心位置，壁面势场的分布、强弱等特性与管道材料、微观形状等因素有关。这与单车道中的车辆一般尽可能行驶在车道中央的情形类似，不同类型的车道边界对驾驶人驾驶行为的影响也不同。

（2）轴向上的相邻分子间相互作用。相邻分子在相互作用力下趋向于彼此保持平衡距离运动，其具体机理前面已有详细阐述。这与跟驰关系中的后车在"跟驰作用力"下趋向于以目标跟车距离跟随前车行驶类似。

综上所述，单车道中具有跟驰关系的车辆与细长管道中惰性气体分子的运动方式高度相似。纵向上，可仿照惰性气体分子相互作用的建模思路，构建车辆相互作用势模型，进而解析车辆在跟驰行为中的纵向动力学状态；横向上，可仿照管道内壁对分子的约束作用方式，构建车道边界势模型，进而解析车辆在车道横向上的动力学状态。

2.2.3　车辆相互作用势模型

基于单车道中的跟驰车辆与细长管道中分子在动力学上的相似性，借鉴相关惰性气体分子相互作用的研究成果，构建类似分子相互作用势模型的"车辆相互作用势模型"，对后车所处的相互作用势场进行模拟，从而可以进一步推导计算得到车辆受跟驰作用力和加速度情况。

　　2.2.1 节介绍了 Lennard-Jones 势模型对惰性气体分子相互作用精确的模拟效果，并具体阐述了该模型的建模原理和建模过程，对车辆相互作用势模型的构建具有重要参考意义。

　　根据上述系统相似性分析，跟驰关系中后车的目标跟车距离对应的是分子的平衡距离，故选择将分子平衡距离（即场源至势阱中心距离 r_e）作为自变量的 Lennard-Jones 势函数式 (2.6) 作为主要参考对象，构建车辆相互作用势模型函数：

$$\psi(X,L) = \frac{\varepsilon}{n-m}\left[m\left(\frac{X_G}{L}\right)^n - n\left(\frac{X_G}{L}\right)^m \right] \tag{2.12}$$

式中，L 为当前时刻的实际跟车距离，与分子实际间距对应；X_G 为后车的目标跟车距离，与分子体系的平衡距离对应。

　　在该势模型模拟的车辆相互作用势场中，唯一的势阱位于前车后方距离 X_G 处。当后车处于势阱位置时势能最低，加速度为 0；当后车在其他位置时，其受到的跟驰作用力（势能在空间上的微分）方向均指向势阱位置。车辆相互作用势场分布与跟驰作用力如图 2.14 所示。

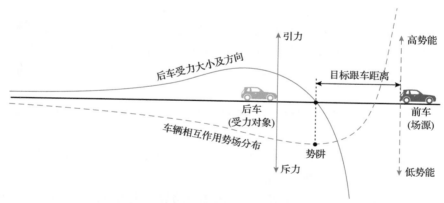

图 2.14　车辆相互作用势场分布与跟驰作用力

　　在 Lennard-Jones 势模型的经典应用领域中，依据微观粒子的色散作用，引力对势能的贡献与分子间距的 6 次幂成反比，故 Lennard-Jones 势函数中吸引作用项幂次 m 通常取值为 6，排斥作用项幂次 n 通常取值为 12。采用 $m=6$、$n=12$ 的 Lennard-Jones 势模型又称为 Lennard-Jones 6-12 势模型（简称 6-12 势模型），是该模型最常见的应用形式，其势函数 $\varphi_{6\text{-}12}(r)$ 的表达式为

$$\varphi_{6\text{-}12}(r) = \varepsilon\left[\left(\frac{r_e}{r}\right)^{12} - 2\left(\frac{r_e}{r}\right)^6 \right] \tag{2.13}$$

或

$$\varphi_{6\text{-}12}(r) = 4\varepsilon\left[\left(\frac{\sigma}{r}\right)^{12} - \left(\frac{\sigma}{r}\right)^{6}\right] \tag{2.14}$$

6-12 势模型的取值仅适用于某些常见条件下微观粒子的相互作用简化模拟，但 Lennard-Jones 势模型的 m 与 n 取值并不固定，可视模拟势场的具体情况而定。例如，将 Lennard-Jones 势模型应用于第二维里系数与黏度数据拟合时，m 和 n 取值分别为 9 和 12 的 9-12 势模型更符合实际实验结果。

宏观车辆与微观粒子在质量、几何尺寸的量级等方面相差甚远，二者的相互作用形式表现虽然大致相似，但内在原因有根本性的差异。因此，在车辆相互作用势模型中，m 与 n 不应直接采取 6-12 势模型、9-12 势模型等经典 Lennard-Jones 势模型的取值方式，而应该在 $m<n$ 的约束条件下根据车辆行驶的实际情况灵活取值。

2.2.4　车道边界势模型

根据 2.1 节和 2.2 节的相关分析，与细长分子管道中的惰性气体分子相似，后车在保持当前跟驰关系的过程中（不发生换道行为），驾驶人会因为受到来自车道边界的心理压力而尽可能在车道横向中心位置驾驶车辆。认为车辆在道路横向上处于以车道边界为场源的车道边界势场的影响下，受到"车道边界约束力"的作用。

根据车辆在车道横向上的实际表现情况和驾驶人的心理分析，推测车道边界势场的分布应具有以下特点：

(1) 车辆在车道中央时，受到来自两侧的边界约束力的合力为 0，说明车道中央位置是车道边界势场的势阱位置。

(2) 车辆靠近一侧的车道边界，受到的车道边界约束力方向指向另一侧，说明该势场越靠近车道边界，势能越高，即在车道中央到边界方向上，势场强度关于距离的一次导数值越大。

(3) 车辆距离车道边界线越近时受到的约束力越大，说明距离车道边界越近，势能在距离上的变化率越高，即在车道中央到边界方向上，势场强度关于距离的二次导数值越大。

(4) 不同类型的车道边界对驾驶人的心理压力不同，即对车辆的约束效果不同，说明在车道边界出现的势能峰值也因车道边界类型不同而不同。

以单向单车道和单向 3 车道道路为例，车道边界势场分布如图 2.15 所示。

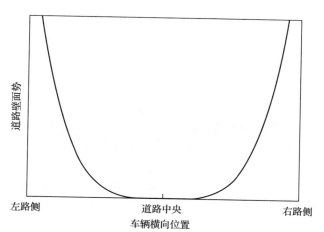

(a) 单车道的车道边界势场横向分布

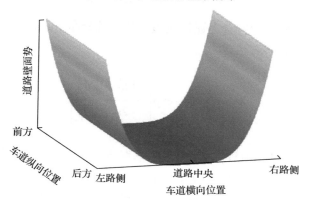

(b) 单车道的车道边界势场示意图

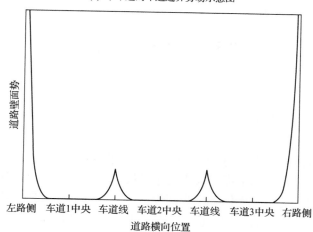

(c) 3车道的车道边界势场横向分布

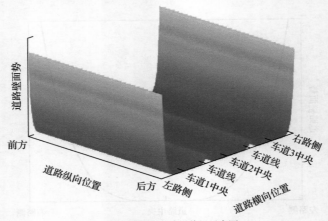

(d) 3车道的车道边界势场示意图

图 2.15　车道边界势场分布

高斯函数能够较好地符合上述道路边界势场的分布特点，基于该函数构建车道边界势模型，其数学表达式为

$$\psi_{\mathrm{b}} = \sum_{i,j} B_{\psi} \cdot \exp\left(-\frac{\left| d_{V_j}^L \right|^2}{2s^2} \right) \frac{d_{V_j}^L}{\left| d_{V_j}^L \right|} \tag{2.15}$$

式中，ψ_{b} 为车道边界势函数；$d_{V_j}^L$ 为车辆垂直指向车道边界的空间矢量；s 为车辆对车道边界的敏感参数，该值越高表示势能在沿边界到中心垂直方向上衰减越快；B_{ψ} 为车道边界类型的场强系数，该值越高表示此类边界的势能峰值越高，如 $B_{\psi\text{-车道线}} < B_{\psi\text{-双实线}} < B_{\psi\text{-护栏}}$。

2.3　换道行为建模

2.3.1　换道行为分析

自动驾驶车辆在多车道道路上行驶时，通过一系列操作从当前车道变更到目标车道的决策行为即为自动驾驶换道行为。与跟驰过程相比，换道过程较为复杂且易增加交通事故的发生率。换道行为的成功与否主要受时间及空间因素的影响，若换道时间充足且目标车道提供较为安全的换道间距，则换道过程可成功进行。一般车辆进行换道的情况大体上分为两种：一是外部的交通环境使得车辆运行受阻而必须进行换道，称为强制换道；二是主观上为了满足速度期望以高效地完成驾驶过程而进行换道，称为自由换道。自由换道具有一定的自主性与非必要性，有时也会受到客观情况及主观因素的影响而最终放弃换道。如图 2.16 所示，在一条单向双车道的交通场景中，存在目标车道自动驾驶前车（front vehicle，FV）、当前车道自动驾驶前车（preceding vehicle，PV）、目标车道自动驾驶后车（rear vehicle，RV）以及当前车道自动驾驶换道车辆（lane-changing vehicle，LV）。LV 在当前车道上行驶时速度受到前方 PV 的约束，没有达到行驶的期望速度，随即产生了换道意图，而在换道过程中可能与目标车道 RV 存在冲突引发碰撞，最终放弃换道。此次自动驾驶车辆的换道过程为自由换道，具有非必要性。本节亦对自动驾驶车辆的自由换道行为进行研究。

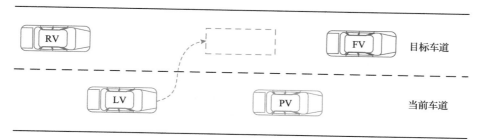

图 2.16　自由换道场景

智能网联环境下，自动驾驶车辆在换道过程中满足安全性的同时，也应保证一定的交互性与动态性。本节将考虑车辆与分子的相似性，基于分子动力学理论及动态影响因素建立自动驾驶车辆的分子动力学换道模型，从而使得自动驾驶车辆更加稳定且高效地行驶。

2.3.2　系统相似性分析

对于分子系统，引力与斥力皆存在于分子间，二者的大小受分子间距的影响且会使得分子间合力也随之变化。如图 2.17 所示，当分子间距 r 与零点距离 r_0 相比过小（$r < r_0$）时，合力呈现为斥力；当分子间距过大（$r > r_0$）时，合力呈现为引力；当分子间距适宜（$r = r_0$）时，合力呈现为零。分子间合力为零的距离为零点距离，又称平衡距离。在一定的相互作用下，分子间距会试图保持在平衡距离周围，不过大亦不过小。对于交通系统，车辆间的距离与分子间距有诸多相似之处。车辆在行驶时总试图使其与周围车辆的距离不过远亦不过近，即车辆趋向于保持一个动态的需求安全距离，使得自身不滞后亦不紧随，从而安全且高效地行驶。

尽管分子的运动具有一定的无序性，但其运动状态还是会呈现出以下 3 种情况。如图 2.18 所示，当分子呈现紧致的运动状态时，其充斥在所处的环境中动态运行，此种情况类似于交通中的同步流状态，车流量较大，交通运行效率也较高；当分子在运动过程中出现较大间隙时，其遵循趋低密度而避高密度的扩散原

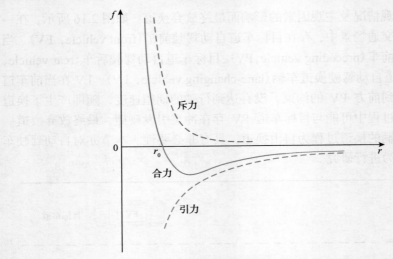

图 2.17　分子间作用力

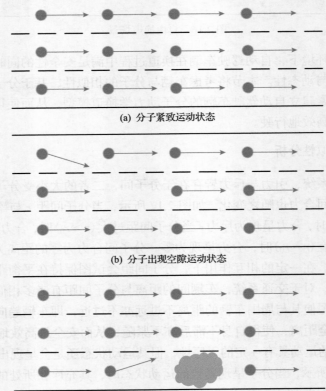

(a) 分子紧致运动状态

(b) 分子出现空隙运动状态

(c) 分子受阻运动状态

图 2.18　一般分子运动状态

则,最终使得整体环境的状态平衡化,此种情况类似于车辆在当前车道行驶而相邻车道前后车存在较大间距,车辆为满足速度期望以及较好的驾驶状态而进行换道;当分子沿着当前方向运动受阻时,其会改变运动方向以进行避障,此种情况类似于车辆在当前车道行驶而前方存在施工或事故等障碍性条件,为实现驾驶目的而向相邻车道进行强制换道。交通环境会作用于个体车辆以使其进行一系列驾驶行为的更换,而个体车辆的驾驶行为又会反作用于交通环境致使其重新到达新的状态。

2.3.3　基于分子动力学的换道决策行为模型建立

车辆的换道过程一般较为复杂,故从微观的角度基于分子动力学思想对自动驾驶车辆换道行为过程进行建模。自动驾驶车辆通常在等级上进行划分,且自动驾驶的等级越高,其智能化与自动化的程度就越高。结合自动驾驶的发展阶段,对自动驾驶车辆做如下说明,从而更好地对自动驾驶车辆换道决策行为进行建模。

(1)自动驾驶车辆的自动化级别较高,车辆能够自行完成驾驶操作。

(2)自动驾驶车辆能够实时获取自身与周围车辆的位置与速度等信息。

(3)自动驾驶车辆为统一的标准小汽车,且能实现互相通信。

1. 换道意图产生

通常,目标车道前车的速度及当前车道前车的速度对换道意图的产生与否起到了极其重要的作用。基于自动驾驶车辆对周围车辆速度信息的获取,其换道意图可进行客观性量化表示:

$$k = \frac{v_{\mathrm{F}}}{v_{\mathrm{P}}} \tag{2.16}$$

式中,k 为当前车道自动驾驶换道车辆的换道意图;v_{F} 为目标车道自动驾驶前车的速度;v_{P} 为当前车道自动驾驶前车的速度。

在式(2.16)中,自动驾驶车辆的换道意图主要通过目标车道自动驾驶前车速度与当前车道自动驾驶前车速度的比值来加以确定,换道意图的产生与否通过 k 值来体现。当 $k > 1$ 时,目标车道的速度条件更好,随即产生换道意图,自动驾驶车辆可以通过换道来实现速度上的收益,从而便于高效地完成驾驶过程;当 $k < 1$ 时,当前车道的速度条件仍较好,因此无换道意图,车辆保持跟驰的行驶状态。

2. 分子动力学换道模型

在产生换道意图后,车辆需要对周围的交通条件加以分析,判断当下的环境是否便于车辆安全且成功地进行换道。一般来说，目标车道前后车对车辆的换道过程影响很大。如图 2.19 所示，将当前车道换道车辆与目标车道前后车比拟为分子，假定车辆分子在单向双车道上均沿着车道中心线运行，基于此对换道车辆分子进行受力分析，从而为换道条件的确定奠定基础。f_1 为目标车道前车分子施加给当前车道换道车辆分子的力，f_2 为目标车道后车分子施加给当前车道换道车辆分子的力，f_3 为当前车道换道车辆分子受到的合力，且受力方向未定。α 和 β 分别为目标车道前后车分子与当前车道换道车辆分子连线的水平夹角，r_1 和 r_2 分别为目标车道前后车分子与当前车道换道车辆分子在纵向上的车间距。

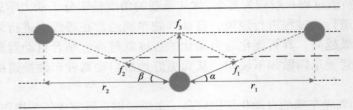

图 2.19　换道车辆分子受力分析

对于空间距离，车辆在换道时需要合适的换道距离以确保整个换道过程的安全性，其横向与纵向在空间上皆应满足换道需求。如图 2.20 所示，在纵向上由目标车道的前后车间距提供合适的换道距离，在横向上因为车辆的换道距离一般都满足大于一个车道的换道条件，所以本节只考虑纵向上目标车道前后车所给予的换道需求安全距离。

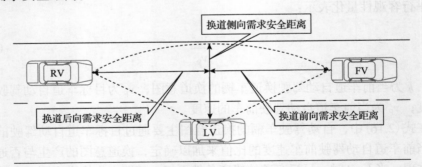

图 2.20　车辆换道需求安全距离

基于动力学关系对换道过程中的当前车道自动驾驶换道车辆 LV 以及目标车道自动驾驶前车 FV 进行分析，可得

$$S_1(T) = S_1(0) + \left[x_F(T) - x_F(0) \right] - \left[x_L(T) - x_L(0) \right] \tag{2.17}$$

式中，$x_F(0)$、$x_F(T)$ 分别为 FV 的初始纵向位置和换道完成时纵向位置；$x_L(0)$、$x_L(T)$ 分别为 LV 的初始纵向位置和换道完成时纵向位置；$S_1(0)$、$S_1(T)$ 分别为 LV 与 FV 的初始纵向距离和换道完成时纵向距离。

LV 与 FV 的位置关系如图 2.21 所示。

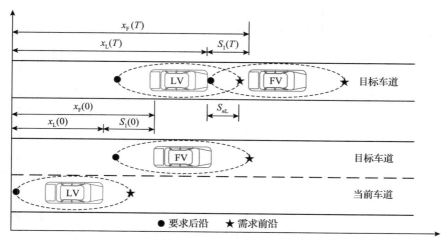

图 2.21　当前车道自动驾驶换道车辆与目标车道自动驾驶前车的位置关系

由车头间距与速度的关系，可得

$$S_n = \eta v + \gamma v^2 \tag{2.18}$$

式中，S_n 为车辆跟驰需求安全距离；v 为车辆速度；η 为车辆反应时间；γ 为车辆最大减速度倒数的二分之一，一般取 0.07m/s^2。

由式 (2.18) 可知，车辆的需求安全距离随着速度的提高而增大，反之，也随着速度的降低而减小，这种现象类似于分子运动引起的"热胀冷缩"，同时这种距离随速度的动态变化状态也符合现实情况。不同速度车辆的需求安全距离如图 2.22 所示。

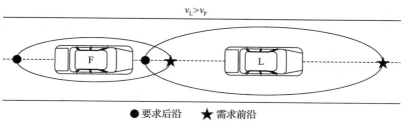

图 2.22　不同速度车辆的需求安全距离

在需求安全距离的基础上，进一步引入需求距离饱和系数，可得

$$C_n = \frac{S_n}{L} \tag{2.19}$$

式中，C_n 为需求距离饱和系数；L 为实际车间距。

需求距离饱和系数可以反映出车辆在运行时存在的一些不足之处，与此同时，车辆可以针对自身的问题加以改善，从而使得自身更加安全高效地行驶。当 $C_n < 1$ 时，车辆需求安全距离与实际车间距相比较小，后车的"需求前沿"未碰及前车，此时不存在发生碰撞的危险，但从车道利用率及交通运行效率的角度考虑，可使跟驰车提高行驶速度至 $C_n = 1$ 跟驰行驶，即保持后车"需求前沿"碰及前车的状态高效跟驰行驶；当 $C_n > 1$ 时，车辆需求安全距离与实际车间距相比较大，后车"需求前沿"超过前车车尾边界，此时后车存在发生追尾事故的危险，因此跟驰车应降低行驶速度至 $C_n = 1$ 跟驰行驶，即保持后车"需求前沿"碰及前车的状态安全跟驰行驶。

由上述分析可知，若要 LV 在换道完成时可以在 FV 后进行安全跟驰，则需满足 LV 的需求距离饱和系数 $C_{nL} \leqslant 1$。结合式（2.17）和式（2.19），可得

$$S_1(0) \geqslant S_{nL} + \left[x_L(T) - x_L(0) \right] - \left[x_F(T) - x_F(0) \right] \tag{2.20}$$

基于式（2.20），可以获得 LV 与 FV 的初始期望安全距离：

$$S_E(L,F) = S_{nL} + \int_0^t \int_0^\tau \left[a_L(\tau) - a_F(\tau) \right] d\tau d\lambda - \left[v_L(0) - v_F(0) \right] t \tag{2.21}$$

分析式（2.20）和式（2.21）可以看出，初始期望安全距离 $S_E(L,F)$ 主要由 LV 跟驰需求安全距离 S_{nL} 和最小换道安全距离 $[x_L(T) - x_L(0)] - [x_F(T) - x_F(0)]$ 两部分构成。此外，初始期望安全距离 $S_E(L,F)$ 是动态变化距离，主要受换道车辆以及目标车道前车的速度、加速度和换道时间的动态影响。

当前车道自动驾驶换道车辆在换道过程中除要考虑与目标车道自动驾驶前车的位置关系外，还应分析其与目标车道自动驾驶后车的位置关系。LV 与 RV 的位置关系如图 2.23 所示。

基于 LV 与 FV 的初始期望安全距离推理过程，对 LV 与 RV 的换道过程进行相似化分析，可推导出 LV 与 RV 的初始期望安全距离：

$$S_E(L,R) = S_{nR} + \int_0^t \int_0^\tau \left[a_R(\tau) - a_L(\tau) \right] d\tau d\lambda - \left[v_R(0) - v_L(0) \right] t \tag{2.22}$$

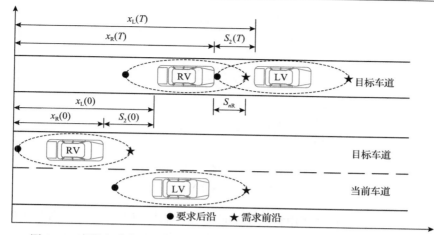

图 2.23　当前车道自动驾驶换道车辆与目标车道自动驾驶后车的位置关系

基于跟驰过程中车辆分子的相互作用势，可以类比得出当前车道自动驾驶换道车辆分子 LV 与目标车道自动驾驶前车分子 FV 的相互作用势函数：

$$\varphi_1(\mathrm{L}) = 4\varepsilon\left[\left(\frac{S_\mathrm{E}(\mathrm{L},\mathrm{F})}{S_1(0)}\right)^{12} - \left(\frac{S_\mathrm{E}(\mathrm{L},\mathrm{F})}{S_1(0)}\right)^6\right] \tag{2.23}$$

式中，ε 为势阱深度。

将相互作用势函数 $\varphi_1(\mathrm{L})$ 对距离 $S_1(0)$ 求导，可得目标车道前车分子给予当前车道换道车辆分子的受力：

$$f_1(\mathrm{L}) = -24\varepsilon\left[2\times\frac{S_\mathrm{E}^6(\mathrm{L},\mathrm{F})}{S_1^7(0)} - \frac{1}{S_1(0)}\right]\left(\frac{S_\mathrm{E}(\mathrm{L},\mathrm{F})}{S_1(0)}\right)^6 \tag{2.24}$$

基于力与加速度的关系，可得目标车道前车分子促使当前车道换道车辆分子获取的加速度：

$$a_1(\mathrm{L}) = \frac{-24\varepsilon}{m}\left[2\times\frac{S_\mathrm{E}^6(\mathrm{L},\mathrm{F})}{S_1^7(0)} - \frac{1}{S_1(0)}\right]\left(\frac{S_\mathrm{E}(\mathrm{L},\mathrm{F})}{S_1(0)}\right)^6 \tag{2.25}$$

式中，m 为当前车道换道车辆 LV 的质量。

同理，可以得到当前车道自动驾驶换道车辆 LV 与目标车道自动驾驶后车 RV 相互作用使 LV 产生的加速度：

$$a_2(\mathrm{L}) = \frac{-24\varepsilon}{m}\left[2\times\frac{S_\mathrm{E}^6(\mathrm{L},\mathrm{R})}{S_2^7(0)} - \frac{1}{S_2(0)}\right]\left(\frac{S_\mathrm{E}(\mathrm{L},\mathrm{R})}{S_2(0)}\right)^6 \tag{2.26}$$

令 $\mu = \dfrac{-24\varepsilon}{m}$，　$G_1 = \dfrac{S_E(L,F)}{S_1(0)}$，则式(2.25)可以转化为

$$a_1(L) = \mu \frac{2G_1^6 - 1}{S_1(0)} G_1^6 \tag{2.27}$$

同时，令 $G_2 = \dfrac{S_E(L,R)}{S_2(0)}$，则式(2.26)可以转化为

$$a_2(L) = \mu \frac{2G_2^6 - 1}{S_2(0)} G_2^6 \tag{2.28}$$

基于车辆分子的相互作用势获得了换道车辆的加速度，结合换道车辆分子的受力分析情况，拟将其加速度的分布分为横向和纵向两个方向考虑，即

$$a_横 = a_1 \sin\alpha + a_2 \sin\beta \tag{2.29}$$

$$a_纵 = a_1 \cos\alpha + a_2 \cos\beta \tag{2.30}$$

将式(2.27)和式(2.28)分别代入式(2.29)式(2.30)，最终可得

$$a_横 = \mu \frac{2G_1^6 - 1}{S_1(0)} G_1^6 \sin\alpha + \mu \frac{2G_2^6 - 1}{S_2(0)} G_2^6 \sin\beta \tag{2.31}$$

$$a_纵 = \mu \frac{2G_1^6 - 1}{S_1(0)} G_1^6 \cos\alpha + \mu \frac{2G_2^6 - 1}{S_2(0)} G_2^6 \cos\beta \tag{2.32}$$

当目标车道前后车分子"施加"的合力为引力时，当前车道换道车辆分子倾向于并入目标车道，此时可以进行换道；当目标车道前后车分子"施加"的合力为斥力时，当前车道换道车辆分子倾向于留在当前车道，此时可以跟驰行驶。由于力与加速度的关系密不可分，可以对加速度进行分析使之成为换道与否的一个条件。当 $a_横 > 0$ 时，目标车道前后车分子"施加"的合力为引力，当前车道换道车辆分子可凭借纵向加速度对速度调控来进行换道(若 $a_纵 > 0$ 则加速换道，若 $a_纵 = 0$ 则匀速换道)；当 $a_横 \leqslant 0$ 时，目标车道前后车分子"施加"的合力或为斥力或为零，此时换道车辆宜在当前车道跟驰行驶，不宜换道。

2.3.4　实验验证分析

1)仿真平台与环境

因为实际换道过程数据复杂且难以精细化获得，所以本节使用 SUMO 软件对

换道过程进行仿真实验，以期利用获得的速度、加速度等数据对本节所提出的分子动力学换道模型进行标定，从而验证其稳定性与合理性。SUMO 是一款微观交通流仿真软件，内置一些换道模型，可实现车辆换道仿真。此外，其内部的 TraCI (Traffic Control Interface) 功能可操控仿真车辆并获取其相关数据信息。进一步而言，SUMO 软件还可以与其他仿真程序实现联合运行。在智能网联大环境下，SUMO 软件亦逐渐对自动驾驶的相关研究进行仿真，也在一定程度上促进了自动驾驶相关模型与算法的发展。

　　2) 仿真结果分析

　　为使研究问题得以简化，用 SUMO 软件将实验场景设定为一条长 3km 的单向双车道路段，路段上的车流量为 1200 辆/h。车辆在当前车道行驶的过程中，其产生换道意图并做出换道决策后，会打开转向示意灯，准备实施换道。图 2.24 展示了整个仿真环境的局部换道仿真界面。

图 2.24　局部换道仿真界面

　　如图 2.25 所示，在基于换道仿真获得数据信息的过程中，对换道车辆从第 10s 追踪到第 160s，在 150s 的仿真时间内获取换道车辆的有关信息并做如下分析。

　　(1) 图 2.25 (a) 为换道车辆速度变化情况，在仿真开始阶段，路段上车辆较少，车辆加速行驶，在行驶一段时间后，车辆以较小的速度波动状态相对稳定运行。

　　(2) 图 2.25 (b) 为换道车辆横向速度变化情况，车辆在当前道路沿车道中心线行驶的过程中，若车辆的横向速度不发生改变，则表明车辆未进行换道；若车辆的横向速度发生变化，则表明车辆发生换道行为。由图可知，车辆在被追踪的过程中进行了两次换道。

　　(3) 图 2.25 (c) 为换道车辆的加速度变化情况，车辆的加速度变化区间为 $-0.4 \sim 0.4 \mathrm{m/s^2}$，车辆在仿真初始阶段运行时的加速度大于零，车辆保持加速行驶，而后车辆的加速度开始有规律的变化，时而大于零，时而小于零，使得车辆速度有波动但整体上运行稳定。此外，图 2.25 (a) 与图 2.25 (c) 的分析亦可互相验证。

　　(4) 图 2.25 (d) 为换道车辆右侧相对于道路右边缘偏移量的变化情况，即车辆横向位置的变换情况。换道车辆的纵向位移量是不断累加的，对直观研究车辆换道情况的帮助作用较小，因此对车辆的横向偏移量进行分析以获取车辆换道的时间

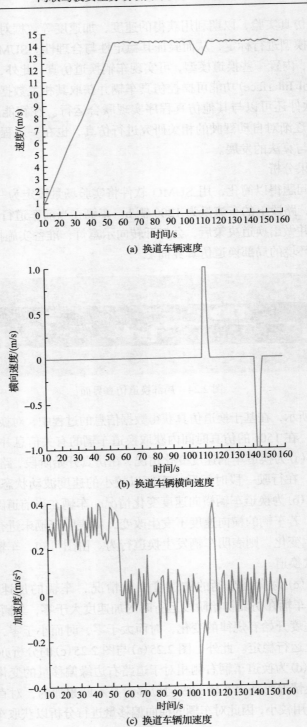

(a) 换道车辆速度

(b) 换道车辆横向速度

(c) 换道车辆加速度

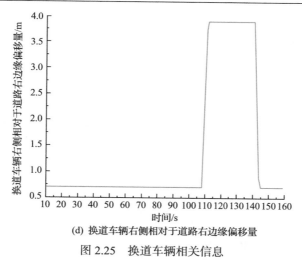

(d) 换道车辆右侧相对于道路右边缘偏移量

图 2.25　换道车辆相关信息

数据与空间信息。若车辆在当前车道一直保持行驶状态，则车辆右侧相对于道路右边缘的偏移量保持不变；若车辆实施换道，则车辆右侧相对于道路右边缘的偏移量随之变化。由图可知，车辆进行了两次换道。因为实验场景为单向双车道，所以换道完成时相对于换道初始时的横向偏移量为单个车道的宽度。进一步而言，图 2.25(b) 与图 2.25(d) 的分析也可以互相验证。

3) 分子动力学换道模型评价

使用 SUMO 软件对车辆换道场景进行仿真，可以获得车辆的速度、加速度以及换道时与目标车道前后车的距离等一系列数据信息。基于车辆的速度信息，可获得车辆的需求安全距离。基于当前车道换道车辆与目标车道前后车的距离信息，可以获取夹角 α 及 β 的值。因此，模型得以确定化，继而对其进行评价与分析。

为客观且合理地对本节所建立的分子动力学换道模型进行评价，基于上述仿真环境将分子动力学换道模型与 SL2015 换道模型进行速度指标的对比，从而更加直观地对模型的性能进行分析。SL2015 换道模型是 SUMO 软件中内置的换道模型，可以用于子车道模拟，其额外的行为层负责维持安全的横向间隙，能较好地模拟车辆的换道行为。对两组换道模型进行对照仿真实验，将平均速度信息输出的时间范围设在 50~200s，使得两组换道模型均在车流大致稳定的情况下对比分析。如图 2.26 所示，分子动力学换道模型下车流运行的平均速度与 SL2015 换道模型相比较大，且波动性较小。此外，在仿真实验的过程中，分子动力学换道模型下车流运行的碰撞率为零，车辆未发生事故。总体而言，本节所建立的分子动力学换道模型具有较好的安全性、稳定性以及高效性，而这也将使得自动驾驶车辆的控制层可以更为安全且顺利地执行换道。

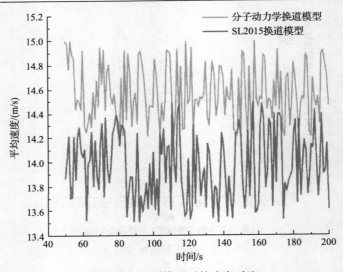

图 2.26　不同模型下的速度对比

　　对仿真场景而言，单车道的宽度设定为 3.2m，车辆的宽度设定为 1.8m，且车辆不进行换道时均沿着车道中心线行驶，故车辆右侧相对于道路右边缘偏移量的波动范围为 0.7～3.9m。在单向双车道上运行的车流，对其进行 10～160s 仿真区间的换道信息提取，通过比较从而探究分子动力学换道模型的性能。如图 2.27 所示，在提取数据信息的时间范围内，共有 12 辆车发生了换道行为。沿着车流方向，

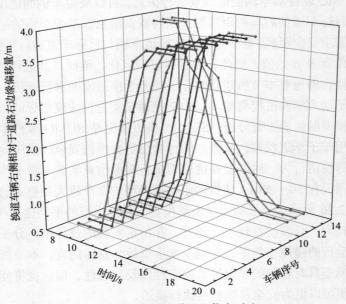

图 2.27　车辆换道过程信息对比

有 9 辆车从右车道变更到左车道，有 3 辆车从左车道变更到右车道，且前者的换道时间小于后者的换道时间，此种换道情况与实际换道情况相符，合乎常理。对实际换道情况而言，驾驶人倾向于向左换道且向左换道时间小于向右换道时间。当前及未来相当长的一段时间内，仍会处于传统车辆与自动驾驶车辆混合行驶的过渡阶段，这就要求自动驾驶车辆在行驶的过程中要存在拟人化操作，从而使得传统车流与自动驾驶车流混合时可以和谐运行。因此，本节所提出的分子动力学换道模型具有合理性与实际应用性，而这也将与传统车辆和自动驾驶车辆混合行驶阶段相适应。

对于在目标车道运行的车流，换道车辆的驶入会对其造成或大或小的扰动影响，而扰动的影响越小，则越有利于目标车道的车流高效地运行。基于此，从换道车辆对目标车流扰动性的角度出发，使用 MATLAB 建立仿真场景来对分子动力学换道模型的性能加以分析。

在目标车道后侧设置一列车队，车辆数为 20，且车辆的运行遵循一定的规则[65]。在当前车道行驶的换道车辆分别在 SL2015 换道模型及分子动力学换道模型的换道规则下寻找机会进行换道。如图 2.28 所示，车队中的车辆受到换道车辆的扰动后，速度的波动逐渐向后传播，且强度逐渐减小，这也符合实际情况。但是两种换道模型下的换道车辆在换道成功后对目标车流的扰动性有所差异。分子动力学换道模型下的换道车辆在目标车道前后车施加的合力为引力（$a_{横} > 0$）时，开始进行换道。相比于 SL2015 换道模型，分子动力学换道模型下的换道车辆对目标车道车流的扰动性更小。目标车道车流在受到分子动力学换道模型下换道车辆的扰动后，能以较短的时间恢复之前的行驶状态，且速度的整体波动性也较小，这就使得车流能以更加高效且稳定的状态行驶。故总体而言，分子动力学换道模

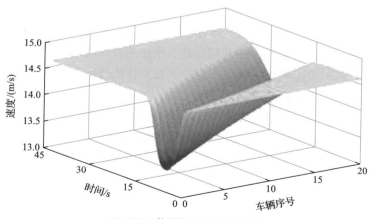

(a) SL2015换道模型下的扰动性测试

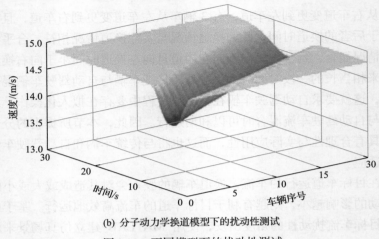

(b) 分子动力学换道模型下的扰动性测试

图 2.28   不同模型下的扰动性测试

型具有较好的稳定性以及高效性，分子动力学换道模型下的换道车辆善于挑选换
道时机并进行"友好型"换道，对目标车流的扰动性较小，这也将在一定程度上
缓和交通拥堵问题。

2.4   本 章 小 结

本章结合实测跟驰车辆运动数据，分析了跟驰关系中后车驾驶人驱车加减速
的心理诱因，阐述了在惰性气体体系中分子的相互作用特点，介绍了研究模拟惰
性气体分子相互作用的 Lennard-Jones 势模型。对处于跟驰关系的前后车辆与惰性
气体分子对进行了系统相似性分析，构建细长分子管道模型，将单车道中的相邻
车辆类比为细长轨道中的惰性气体分子。引入跟驰作用力、车辆相互作用势和车
道边界势概念，建立了模拟惰性气体分子相互作用力建模方法的车辆跟驰行为模
型。借鉴 Lennard-Jones 势模型的建模思路，根据两种系统的异同点建立了车辆相
互作用势模型和车道边界势场模型，为基于相互作用势的人工驾驶车辆跟驰响应
的建模研究提供了基础理论依据。

相比于将前后方临界空隙取为固定数值的传统换道模型，探究了车辆换道初
始时刻与换道完成时刻的关系以及车辆换道的动态影响因素，基于分子动力学理
论对车辆的微观换道行为进行分析，引入车辆间的相互作用势建立自动驾驶车辆
的分子动力学换道模型。自动驾驶车辆的换道具有一定的动态性与交互性，将车
辆比拟为自驱动粒子，运用分子动力学理论合理地探究车辆的微观换道行为。在
对换道意图客观性量化的基础上，通过分析车辆换道过程的动态影响因素，进一

步引入车辆间的相互作用势形成换道决策机制，并建立分子动力学换道模型，科学地展现自动驾驶车辆换道行为特性，促使自动驾驶车辆的控制层能较为高效且顺利地执行换道。仿真实验结果表明，分子动力学换道模型具有较好的安全性、稳定性与实用性。

第3章 网联环境下的车辆安全势场理论

3.1 传统人工驾驶车辆跟驰模型评价

3.1.1 目标跟车距离

根据 2.1 节的分析,目标跟车距离是后车驾驶人在两种驾驶心理共同作用下控制车辆与前车保持的理想跟车距离。在该跟车距离下,后车驾驶人在确保安全的前提下,最大限度地使车辆靠近交通流前方,即尽可能靠近前车行驶。因此,目标跟车距离的尺度主要考虑的是避免追尾事故的最低限度。

根据运动学基础,后车在紧急制动过程中产生的最短位移为

$$X_{\mathrm{b}} = \frac{v^2}{2d_{\mathrm{Fm}}} \tag{3.1}$$

式中,X_{b} 为后车的制动距离;v 为后车的行驶速度;d_{Fm} 为后车的最大制动减速度。

同理,若前车的初速度为 v_{L}、最大制动减速度为 d_{Lm},则前车的最短紧急制动距离 X_{L} 为

$$X_{\mathrm{L}} = \frac{v_{\mathrm{L}}^2}{2d_{\mathrm{Lm}}} \tag{3.2}$$

在实际的跟驰场景下,后车驾驶人发现前方事件-产生判断-操作车辆的过程中,车辆仍以初始速度运动,这段时间称为人工驾驶车辆响应延迟 β_{HV},β_{HV} 一般取 0.7s,则后车在前方事件发生后的实际位移 X_0 为

$$X_0 = \beta_{\mathrm{HV}} v + \frac{v^2}{2d_{\mathrm{Fm}}} \tag{3.3}$$

当前车突然以最大减速度制动时,后车驾驶人发现前车制动灯亮起到完成本车制动,该过程中后车与前车产生的位移 ΔX 为

$$\Delta X = \beta_{\mathrm{HV}} v + \frac{v^2}{2d_{\mathrm{Fm}}} - \frac{v_{\mathrm{L}}^2}{2d_{\mathrm{Lm}}} \tag{3.4}$$

为简化模型,认为在理想化条件下所有车辆的紧急制动能力相同,则前后车

辆位移差可简化为

$$\Delta X = \beta_{HV} v \tag{3.5}$$

若后车以距离 ΔX 跟车，在较为理想的状况下，可保证恰好不与前车发生碰撞；但在没有智能网联技术条件的传统交通中，就无法有效避免如"鬼探头(行人或车辆从视野盲区横向突然进入本车前方)"等意外情况引发的事故。

若后车以距离 X_0 跟车，当其遭遇如前车突然停止运动的意外情况时，车辆完成紧急制动后会处于即将与前车发生接触的状态。因此，后车的跟车距离还需在距离 X_0 的基础上增加一段冗余的安全停车距离：

$$X_{HV} = S_0 + \beta_{HV} v + \frac{v^2}{2d_{Fm}} \tag{3.6}$$

式中，X_{HV} 为传统人工驾驶车辆的目标跟车距离；S_0 为安全停车距离，一般取 2m。

3.1.2　跟驰车辆加速度函数

如 2.2 节所述，后车在前车的车辆相互作用势场中获得车辆相互作用势能，因此受到跟驰作用力的影响。根据所建立的车辆相互作用势模型，求解后车的跟驰作用力 F_v，得到车辆受力函数：

$$F_v(X_{HV}, L) = \frac{nm \cdot \varepsilon}{n-m}\left(\frac{X_{HV}^m}{L^{m+1}} - \frac{X_{HV}^n}{L^{n+1}}\right) \tag{3.7}$$

车辆质量记为 M，则后车因受跟驰作用力产生的加速度 a_i 为

$$a_i(X_{HV}, L) = \frac{nm \cdot \varepsilon}{M(n-m)}\left(\frac{X_{HV}^m}{L^{m+1}} - \frac{X_{HV}^n}{L^{n+1}}\right) \tag{3.8}$$

令 $\lambda_1 = \dfrac{nm \cdot \varepsilon}{M(n-m)}$，其中 m、n 是模型待定参数，理想条件下假设所有车辆质量 M 均相同，那么 λ_1 只与车辆相互作用势场的势阱深度 ε 线性相关，可将确定模型 ε 值的问题转化为确定 λ_1 值的问题，简化模型得到

$$a_i(X_{HV}, L) = \lambda_1\left(\frac{X_{HV}^m}{L^{m+1}} - \frac{X_{HV}^n}{L^{n+1}}\right) \tag{3.9}$$

根据式(3.4)可以发现，前后车辆速度存在的差异会影响跟车距离的安全范

围，这种影响反映到跟驰行为的驾驶心理上，表现为后车驾驶人会根据本车与前车的速度差动态地调整心理预期中的目标跟车距离。后车的跟驰响应加速度与前后车的速度差有明显的相关性，对模型稳定性有较大影响。因此，为简化替代式(3.4)反映出的后车速度复杂的响应过程，引入模型的速度差作用项 a_j，即

$$a_j = \lambda_2 \left(1 - \frac{v}{v_L} \right) \tag{3.10}$$

结合式(3.9)与式(3.10)，构建基于相互作用势的人工驾驶车辆跟驰纵向加速度模型，简称相互作用势跟驰模型：

$$a_{HV} = a_i + a_j = \lambda_1 \left(\frac{X_{HV}^m}{L^{m+1}} - \frac{X_{HV}^n}{L^{n+1}} \right) + \lambda_2 \left(1 - \frac{v}{v_L} \right) \tag{3.11}$$

式中，a_{HV} 为人工驾驶后车在纵向上的加速度；λ_1、λ_2 分别为相互作用项和速度差作用项待定系数。

为使模型具有实际应用意义，选择遗传算法(genetic algorithm，GA)利用实测的跟驰车辆行驶数据对模型进行参数标定。求解算法设计类似生物学中的遗传学原理，将数学问题视为种群，种群在多次遗传信息交流迭代中不断逼近问题最优解，使用遗传算法进行参数标定的主要步骤如图 3.1 所示。

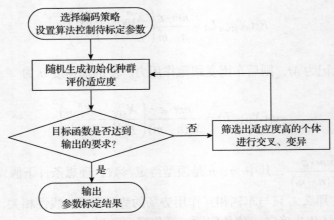

图 3.1　遗传算法标定参数的主要步骤

从 NGSIM 项目 I-80 数据集中随机抽取 50 组连续跟车时间超过 45s 的车辆运动数据，包括每个时刻(步长为 0.1s)下的瞬时速度、加速度、坐标等。采用轮盘选择法，使用变异率 0.01 的均匀交叉法，参与参数标定的数据样本量为 6154。

相互作用势跟驰模型参数标定结果见表 3.1。

表 3.1　相互作用势跟驰模型参数标定结果

参数	参数值
m	0.7103
n	1.6754
λ_1	29.2322
λ_2	44.4901

3.1.3　模型拟合度评价

车辆跟驰模型的拟合度是评价使用模型仿真的虚拟跟驰后车与实际跟驰后车在同一场景下运动状态相似性的重要指标，可以反映该跟驰模型能否较为准确地模拟真实车辆的跟驰交互行为。

实时加速度是所建车辆跟驰模型最直观的输出结果，车辆时空轨迹是车辆最终反映到实际运动状态最直观的表现[66]，故选取模型的时间-输出加速度值和模型仿真车辆的时间-位移量作为拟合度评价的对象。

车辆纵向运动响应是反映跟驰交互行为的最主要形式。构建的仿真场景为理想的无限长笔直单车道，所有车辆始终在车道横向中央位置（即车道边界势场的势阱位置）行驶，受到的车道边界约束力合力始终为 0。因此，在模型拟合度的验证仿真实验中可忽略车道边界势场对车辆运动产生的影响。

为了更加客观地评价建立的基于相互作用势跟驰模型，基于 6-12 势模型建立改进分子动力学（modified-molecular dynamics, M-MD）车辆跟驰模型（简称 M-MD 模型）作为对比，其模型数学表达式为

$$a_{\text{M-MD}} = \omega_1 \left(2\frac{X_n^6}{L^7} - \frac{1}{L} \right)\left(\frac{X_n}{L} \right)^6 + \omega_2 \left(1 - \frac{v}{v_{\text{L}}} \right) \tag{3.12}$$

式中，$a_{\text{M-MD}}$ 为 M-MD 模型输出的后车实时加速度；X_n 为后车的需求安全距离；ω_1 和 ω_2 为模型待定参数。

使用 3.1.2 节中相同的数据对 M-MD 模型进行参数标定，结果见表 3.2。

表 3.2　M-MD 模型参数标定结果

运动状态	ω_1	ω_2
常规行驶	1.3401	9.4095
启动加速	0.9548	17.3827
减速停车	66.5029	0.0141

同时，选择智能驾驶员模型[67]（intelligent driver model，IDM）作为自动驾驶仿

真车辆应用的模型参与对比分析。智能驾驶员模型被广泛应用于自动驾驶车辆跟驰行为的研究中，其模型数学表达式为

$$a_{\mathrm{IDM}} = a_{\max}\left\{1-\left(\frac{v_n}{v_{\mathrm{f}}}\right)^4-\left[\frac{S_0+v_nT-\dfrac{v(v-v_{\mathrm{L}})}{2\sqrt{ab}}}{L}\right]^2\right\} \tag{3.13}$$

式中，a_{IDM} 为模型输出的后车实时加速度；T 为安全跟车距离；$a_{\max}$ 为车辆最大加速度；b 为舒适减速度。

智能驾驶员模型参数取值见表 3.3。

表 3.3　智能驾驶员模型参数取值

参数	取值
$a/(\mathrm{m/s^2})$	1
$b/(\mathrm{m/s^2})$	2
$v_{\mathrm{f}}/(\mathrm{m/s})$	33.3
S_0/m	10
T/s	1.5

从 NGSIM 项目 I-80 数据集中随机选择具有持续跟驰关系（连续跟车超过45s）的 3 组前后车辆，分别为 97 号车-93 号车、137 号车-122 号车和 234 号车-222 号车，使用 MATLAB 搭建仿真场景并将提取的运动数据赋予仿真模型车辆。其中，赋予模型仿真前车全程的真车即时速度、即时相对坐标、即时加速度等信息，赋予模型仿真后车初始的真车相对坐标、初速度信息，仿真控制步长 0.1s，记录仿真过程中所有时刻的模型车辆相对坐标、加速度、速度信息。

根据仿真实验结果，绘制模型仿真后车、真实后车和真实前车的时间-位移曲线，如图 3.2 所示。

仿真结果显示，3 辆模型仿真后车均能与前车建立持续的跟驰关系，且大致时空轨迹与真实后车相似。对时空轨迹进行局部放大，如图 3.3 所示，发现跟随122 号车和 222 号车的 M-MD 模型仿真车出现了短暂的异常跟车行为，模型仿真车辆偶尔会突然大幅加减速，导致在少数情况下跟车距离突然大幅缩短。

经数学分析，M-MD 模型车辆出现上述异常的原因主要有两点：首先，M-MD 模型参考 6-12 势函数的幂次取值，相关项使用了过高的幂次，模型过于敏感进而致使模型稳定性不佳；其次，M-MD 模型的加速度表达形式与 6-12 势函数相似，而非受力函数形式，致使 M-MD 模型车辆以"需求安全距离"跟车时，模型输出加速度并不为 0。

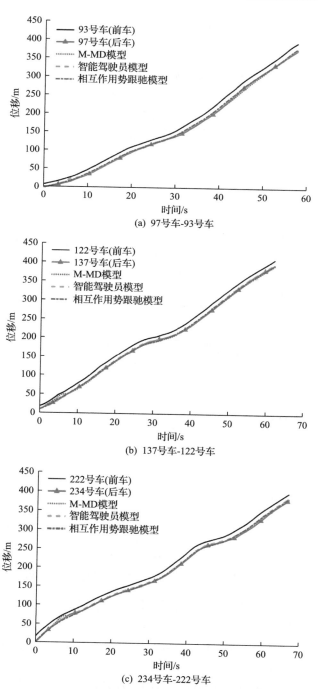

(a) 97号车-93号车

(b) 137号车-122号车

(c) 234号车-222号车

图 3.2　仿真实验结果(时间-位移曲线)

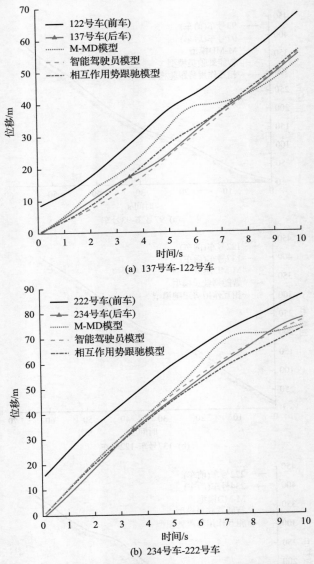

(a) 137号车-122号车

(b) 234号车-222号车

图 3.3　仿真实验结果局部放大图(时间-位移曲线)

　　相互作用势跟驰模型因为根据实际车辆行驶情况对幂次进行了标定,模型对跟车距离变化的敏感程度与真实车辆更加接近,且该模型基于车辆在相互作用势场中的受力函数建立,模型输出加速度与跟车距离的关系更加准确,故不存在前述 M-MD 模型出现的问题。

　　将 M-MD 模型表现异常的时间段内的运动数据去除,根据剩余部分的仿真结果绘制模型仿真后车、真实后车的时间-加速度曲线,如图 3.4 所示。

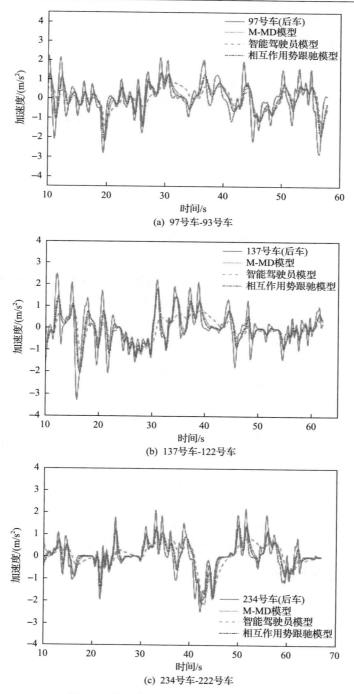

(a) 97号车-93号车

(b) 137号车-122号车

(c) 234号车-222号车

图 3.4　仿真实验结果(时间-加速度曲线)

由实验结果的时间-加速度曲线不难看出，M-MD 模型与相互作用势跟驰模型都能很好地捕捉前车的运动状态变化，产生与真实车辆相似的跟驰响应。智能驾驶员模型的时间-加速度曲线相对平滑，与人工驾驶车辆响应差异较大，反映了自动驾驶车辆加速度波动小、行驶平稳的特点。

为更直观地对比评价模型与实际后车运动状态的拟合度，使用平均绝对误差（mean absolute error，MAE）和均方根误差（root mean square error，RMSE）计算模型误差尺度，二者的数学表达式为

$$\text{MAE} = \frac{1}{N} \sum_{i=1}^{N} \left| y_i - \hat{y}_i \right| \tag{3.14}$$

$$\text{RMSE} = \sqrt{\frac{1}{N} \sum_{i=1}^{N} \left(y_i - \hat{y}_i \right)^2} \tag{3.15}$$

式中，N 为样本数据总量；y_i 为真实值；$\hat{y}_i$ 为待评价模型输出的理论值。

平均绝对误差和均方根误差均能比较客观地反映模型的误差尺度，模型误差越小，说明模型拟合度越高。对模型输出加速度值与样本容量为 1867 的真实数据进行误差评价，结果见表 3.4。

表 3.4　模型拟合误差

跟驰模型	MAE	RMSE
M-MD 模型	1.4867	0.7473
智能驾驶员模型	0.8004	0.5982
相互作用势跟驰模型	0.3772	0.5240

误差评价结果显示，相互作用势跟驰模型具有最佳的拟合度，智能驾驶员模型其次，M-MD 模型则因部分时段内加速度异常而拟合度表现不佳，可认为相互作用势跟驰模型能够较好地模拟真实车辆在跟驰交互行为中的响应。

3.1.4　模型稳定性数值仿真

跟驰模型的稳定性分为局部稳定性和渐进稳定性。局部稳定性要求单个模型仿真车辆能够持续、稳定地跟随前车行驶，具有达到稳定的跟车距离并与前车相同的速度行驶的趋势。从仿真实验结果可以看出，基于相互作用势建模的仿真车辆能够始终与运动状态复杂变化的前车保持跟车关系，说明所建模型具有良好的局部稳定性。

渐进稳定性要求连续的模型车辆组成的车队能够在常规的交通场景中自发趋

于稳定的行驶状态，即车队中模型车辆的跟车距离、车速随时间的变化最终收敛于某个固定值。运用 MATLAB 数值仿真软件构建由 20 辆模型仿真车辆组成的车队，初始状态下，车队已达到当前速度下的稳态，对队首车辆施加一个扰动，观测记录车队后续的演化过程。

　　稳态车队以 12m/s 的初速度行驶，第一次仿真实验在初始时刻令队首车辆以 1m/s² 减速 2s，第二次实验令队首车辆以 1m/s² 加速 2s，持续 10s。实验结果如图 3.5 所示。

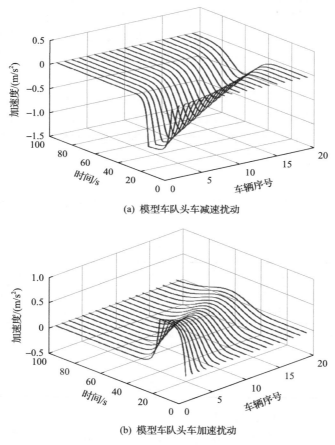

(a) 模型车队头车减速扰动

(b) 模型车队头车加速扰动

图 3.5　模型稳定性仿真实验结果

　　结果显示，稳态车队受到两种类型的扰动后，扰动向车队后方演化成交通振荡波向上游传递，所有仿真车辆均在短暂受到影响后逐渐恢复到稳定的车速，最终车队整体达到新的稳态，该过程与实际传统交通流的表现一致。因此可以认为，基于相互作用势构建的传统人工驾驶车辆跟驰模型具有良好的渐进稳定性。

3.2 CAV 跟驰行为特性及模型

3.2.1 CAV 自动巡航功能及其相关技术

1) CAV 关键技术现状

在车辆功能方面，CAV 与传统 HV 存在的最本质区别在于前者依靠可靠的传感、计算、无线通信等技术实现智能化、自动化协同的车辆控制。CAV 通过自身的传感元件获取周围道路环境信息，通过无线通信模块与其他联网单位交换数据，经过车载计算模块对信息进行融合处理并产生决策，最终对车辆动力系统输出控制信号完成车辆的自动驾驶行为。其中涉及的关键技术主要有以下几个。

(1) 环境感知——传感技术。

CAV 需要通过传感器件将车辆周围的环境信息数字化、结构化。根据传感技术原理不同，传感器主要可分为激光雷达、毫米波雷达、视觉（摄像头）三大类，见表 3.5。由于不同类型传感器件的优缺点不同，通常 CAV 会采取多种传感器件融合互补的方式来保障车辆的环境感知能力。此外，差分全球定位系统（differential global positioning system，DGPS）、射频识别（radio frequency identification，RFID）、地磁检测器、微波检测器等感知技术也在一些车路协同系统设计方案中有不同程度的应用。

表 3.5 CAV 传感器件类型

传感器件	优点	缺点	主要用途
视觉（摄像头）	能识别平面文字、图像、颜色；识别范围大	准确度依赖图像识别算法；特殊天气下精度差	车道线、车辆、行人、障碍物、信号灯、交通指示牌信息识别
激光雷达	识别算法相对简单；物体距离、轮廓识别精度最高	成本高昂；机械结构寿命短	物体位置、轮廓、尺寸的精准测量
毫米波雷达	抗干扰能力强；成本低廉	作用范围小；功能单一	速度、距离测量

(2) 信息交互——无线通信技术。

CAV 通过车载无线通信模块接收与其他 CAV 和车路协同系统的路侧单元（road side unit，RSU）完成信息交互，信息包括 CAV 的运动状态（如速度、加速度、位置）、交通控制信号、CAV 协同控制指令等。目前 CAV 的设计功能主要依靠传感器技术、计算机技术、无线通信技术等实现。专用短程通信技术（dedicated short range communication，DSRC）最早由美国提出并开展研发[68]；基于长期演进（long term evolution，LTE）的车载无线通信可以很大程度上利用现有移动通信技术和网络资源，致使建设普及难度更低，基于 LTE 的车联网于 2020 年开始在我国实现商用；

当前，随着第五代移动通信技术(5th generation mobile communication technology，5G)的技术下沉和大规模商用，因其毫秒级响应和大网络带宽的卓越性能被视为具有巨大的开发应用潜力[69]。

（3）信息融合与智能决策——车载计算技术。

为确保道路环境信息的可用性与准确性，CAV 需将从自身多个传感元件和其他联网单元获取的信息进行融合，对环境信息完成数字化、结构化预处理。车载计算单元通过相应算法利用环境信息数据产生决策[70]。2020 年，随着 5G 的商用化进程，各电信运营商与计算机企业分别合作开展了配套 5G 通信技术的多接入边缘计算(multi-access edge computing，MEC)技术研发。

2）CAV 跟驰行为决策功能及上层控制逻辑

CAV 车辆的运动控制系统由上层控制与下层控制两部分组成：上层控制是指对宏观上车辆动力学表现上的控制，如输出车辆下一时刻的位置、位移量、速度或加速度等；下层控制是指车辆为实现上层控制输出的速度、加速度等目标，对车辆动力的产生、传递、输出过程进行控制，下层控制系统的设计一般不属于交通运输工程学科的研究领域。

根据前面介绍的 CAV 自动驾驶功能实现的基本过程，CAV 跟驰行为的上层控制部分在该过程中的参与方式如图 3.6 所示。

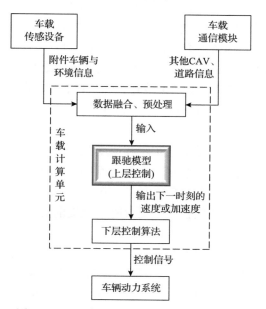

图 3.6　CAV 自动驾驶的跟驰行为控制逻辑

本节建立的 CAV 跟驰模型属于车辆上层控制的跟驰模型。在理想情况下，上层控制输出的速度、加速度等运动状态与车辆最终在宏观上的运动状态表现是一致的，因此建立的跟驰模型也可以用来进行 CAV 车辆行驶仿真。

3.2.2　CAV 在混合交通流中的跟驰关系

在混合交通流中，CAV 与 HV 在纵向上的排列方式往往呈现出随机性，根据前后相邻车辆的类型，将混合交通流中的跟驰关系分为 4 类，如图 3.7 所示。

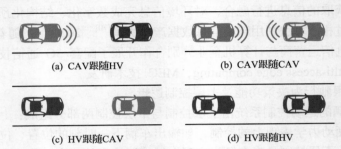

(a) CAV跟随HV　　　　　　　　　　(b) CAV跟随CAV

(c) HV跟随CAV　　　　　　　　　　(d) HV跟随HV

图 3.7　混合交通流中存在的跟驰关系类型

CAV 可以利用车载的传感设备和自动驾驶系统收集前车的位置、速度等信息进行自动巡航控制，然而 CAV 跟随的前车属性不同，其能够获取到的前车运动信息的数据量和精度也不同，最终导致 CAV 产生的跟驰行为决策方式存在差异。当前方车辆为 HV 时，CAV 单方面采集前车的运动信息，信息精度和数量相对有限，且无法与前车产生联动协同控制，该情况下 CAV 执行自适应巡航控制（adaptive cruise control，ACC）；而若前方车辆也同为 CAV，后车不仅可以通过传感设备主动获取前车的运动信息，还能接收前车发送的车辆运动状态及决策等信息，两辆 CAV 甚至多辆 CAV 具备产生协同决策行为的条件，该情况下 CAV 执行协同自适应巡航控制（cooperative adaptive cruise control，CACC）[71]。

CAV 作为后车，在 ACC 跟驰关系中能采集的前车信息的数据量和精度有限，一般只能使本车与前车保持基本的车距和速度关系，在前车的运动状态发生可观测的变化后才能执行响应；在 CACC 跟驰关系中，后车能够获取到的前车运动信息的可靠性大大提高，具体表现在精度高、类型多、延迟小，后方 CAV 可以利用车辆通信网络支持的协同控制技术，更及时甚至提前对前方更远处的交通状况做出有效响应。

由于 HV 不具备自动驾驶与网联通信功能，无法依靠电子设备主动采集和接受前方 CAV 的信息，则在如图 3.7（c）所示的 HV 跟随 CAV 的情形中，HV 与前车建立的跟驰关系与 HV 跟随 HV 无异，属于传统的车辆跟驰关系。

区别于传统的车辆跟驰关系，CAV 参与的混合交通流中存在 ACC 与 CACC 两种自动驾驶跟驰关系，因此构建 CAV 跟驰模型时需要根据上述两种跟驰关系的特点和差异分别建立 ACC 跟驰模型和 CACC 跟驰模型。

3.2.3　基于相互作用势的 CAV 跟驰行为建模

1) CAV 跟驰行为建模原则

综合交通运输业与道路交通参与者对出行或生产安全、效率、节能减排等追求的普遍认同，结合当前与未来道路交通向智能化、网联化的发展愿景和对目前实际情况的理性看待，本节以安全性、稳定性、行驶效率、协同自适应性、与人工驾驶车辆行为的相似性 5 点作为 CAV 跟驰模型的构建原则。

（1）安全性。

降低交通事故率、保护交通参与者的生命财产安全是研究和发展智能交通系统相关技术和理论的初衷之一，因此构建 CAV 跟驰模型也同样将车辆行驶过程中的安全性放在首要位置。

（2）稳定性。

CAV 及其车队的稳定性使 CAV 具备自发形成稳态交通流的能力，并在受到扰动后具有良好的响应能力，以最大限度降低扰动带来的负面影响。随着 CAV 比例的提升，混合交通流应该表现出更佳的稳定性。另外，CAV 跟驰模型具有良好的局部稳定性，还表现在车辆自动巡航控制过程中有更少次数的加减速动作，对降低车辆能耗、确保乘员舒适性、延长车辆传动系统寿命有重要意义。

（3）行驶效率。

进一步提升道路交通系统运行效率，是智能网联交通技术的重要发展目标。在理想的智能网联交通环境中，以行车安全性和交通流稳定性得到有效保障作为基本前提，可以通过合理地提高行驶车速、缩短跟车距离等方式来提升单一车辆以及整体交通流的运行效率。

（4）协同自适应性。

与传统 HV 的跟驰行为决策过程相比较，CAV 应充分发挥自动驾驶车辆的网联化、自动化优势。当若干 CAV 跟随形成 CAV 车队时，车辆间的跟驰关系由 ACC 升级为 CACC，进而实现从交通流局部运动态势优化上升至交通流整体优化的目标。

（5）与人工驾驶车辆行为的相似性。

若 CAV 的跟驰行为决策方式与传统 HV 驾驶人的驾驶决策行为差别较大甚至互不相容，混合交通流中周围 HV 的驾驶人将难以准确判断该 CAV 的驾驶行为，也使本车的乘员对决策产生疑虑，从而更易引起公众对自动驾驶技术的抵触心理；另外，在自动驾驶相关技术、政策法规高度成熟和普及之前，自动驾驶车辆可能需要驾驶人在某些情况下接管车辆的控制，而若自动驾驶系统与驾驶人的决策方式差距较大，会增加驾驶人对车辆的接管难度。因此，在混合交通流这一过渡阶段，应该考虑 CAV 的跟驰行为决策方式不仅要合理高效，还应该与传统驾驶人的驾驶决策行为具有基本的相似性。

针对传统人工驾驶车辆跟驰交互关系建模的验证结果可知，基于相互作用势的 HV 跟驰模型能很好地反映真实 HV 的跟驰行为，且所建模型具有良好的稳定性。基于车辆相互作用势模型建立的 CAV 跟驰模型也将表现出与传统 HV 相似的跟驰交互行为，对应使 CAV 跟驰交互行为与传统 HV 具有相似性的建模原则。而与传统 HV 跟驰交互行为相比较，CAV 可充分发挥其网联化、自动化优势，使跟驰交互决策行为更加精准、合理，并通过协同控制，将建模目标从提高单一 CAV 的安全、效率上升到交通流整体的稳定性、效率优化。

综上所述，确立了基于车辆相互作用势模型并赋予模型协同控制功能的 CAV 跟驰行为建模思路。

2）跟驰 CAV 相互作用势作用项

与传统 HV 的跟驰行为类似，为寻求车辆行驶的效率和安全性，CAV 作为后车在跟驰交互行为上也表现为与前车间距过近时远离、过远时靠近[72]。与 3.1 节传统人工驾驶车辆的跟驰建模过程相同，CAV 相互作用势函数为

$$\psi_{\text{CAV}}(X_{\text{CAV}}, L) = \frac{\varepsilon}{n-m}\left[m\left(\frac{X_{\text{CAV}}}{L}\right)^n - n\left(\frac{X_{\text{CAV}}}{L}\right)^m \right] \tag{3.16}$$

式中，X_{CAV} 为 CAV 的安全跟车距离。

将式(3.16)对 L 求导得到 CAV 的受力函数，再令系数 $\mu_1 = \dfrac{nm \cdot \varepsilon}{M(n-m)}$ 简化模型，得到车辆相互作用势产生的 CAV 跟驰模型加速度函数为

$$a_{\text{CAV-i}}(X_{\text{CAV}}, L) = \mu_1\left(\frac{X_{\text{CAV}}^m}{L^{m+1}} - \frac{X_{\text{CAV}}^n}{L^{n+1}} \right) \tag{3.17}$$

对于车辆相互作用势中 CAV 安全跟车距离 X_{CAV} 的设定，首先基于运动学的推导得到理论上理想的临界情况，再根据实际情况附加一定的安全冗余距离，在不过多牺牲行车效率的情况下最大程度保证安全性。

与 HV 的响应过程类似，CAV 在发现前方事件随后制动车辆的过程中，所需的最短制动距离为

$$X_0 = \beta_{\text{CAV}} v + \frac{v^2}{2d_{\text{Fm}}} \tag{3.18}$$

式中，β_{CAV} 为 CAV 的响应时间，称为 CAV 响应延迟。

若 CAV 以该距离跟随, 前车发生意外瞬间停止运动, 本车在发现意外后紧急制动, 可使车辆完成制动时恰好处于即将与前车发生碰撞的状态。

根据动量守恒定律, 要使高速运动的前车几乎瞬间停止运动, 甚至改变纵向运动方向, 需要车辆撞击到与车头具有一定接触面积、很大质量、高强度、纵向静止的物体, 或迎面撞击速度、质量等满足一定条件的对向车辆[73]。在智能网联化的道路交通环境下, 这类情形发生的可能性极低, 可认为是一种非常极端的情况。

在理想条件下, 假设前后车的最大制动减速度相等, 后车从初始时刻到车辆停止的位移如式 (3.18) 所示, 则两车之间的位移差为

$$\Delta X = \beta_{CAV} v \tag{3.19}$$

若后车以该距离跟随, 发现前车紧急制动后本车随即紧急制动, 可使后车完成制动时恰好处于即将与前车发生碰撞的状态。但 CAV 车辆获取道路信息能力与紧急制动避险能力远远高于 HV, 因此 CAV 的目标跟车距离相较 HV 可在确保安全的合理范围内进行一定程度的缩减, 以提高行驶效率。

综上所述, 安全跟车距离的设置一般没有必要大于式 (3.18), 但至少应该大于式 (3.19)。另外, 还需要设置一定的安全停车距离 S_0, 即 CAV 的安全跟车距离 X_{CAV} 设置的条件为

$$\beta_{CAV} v + S_0 < X_{CAV} \leqslant \beta_{CAV} v + \frac{v^2}{2d_{Fm}} + S_0 \tag{3.20}$$

满足上述条件的 CAV 安全跟车距离表达式为

$$X_{CAV} = S_0 + \beta_{CAV} v + \eta \frac{v^2}{2d_{Fm}} \tag{3.21}$$

式中, η 为安全跟车距离的效率-安全系数, 取值范围为 $(0, 1]$。η 取值越小, 设置的跟车距离越小, 车流运行效率越高, 但安全性越差; η 取值越大, 设置的跟车距离越大, 车流运行效率越低, 但安全性越高。

在相互作用势的作用下, CAV 为了寻求以安全跟车距离跟随前车, 会通过车辆相互作用力的方式不断使跟车距离逼近安全跟车距离。在数值仿真实验中发现, 若仅在相互作用势的作用下, 前后车辆速度存在一定差异时, 后车需要通过多次改变加速度的方向来矫正速度与前车一致, 如图 3.8 (a) 所示; 尤其是在跟车距离已经达到安全跟车距离时, 若前车改变车速, 则后车在相互作用势作用下也会在达到新的安全跟车距离后还需要多次改变加速度方向, 如图 3.8 (b) 所示。

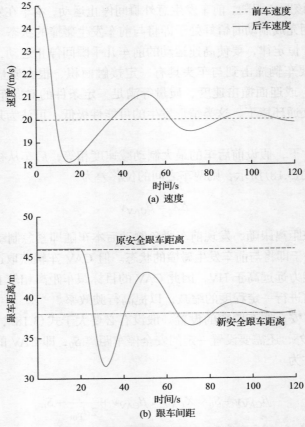

图 3.8　无协同控制的跟驰响应过程

　　仅以实际跟车距离、安全跟车距离作为 CAV 跟驰模型输出的加速度的依据是不够的,且仅依靠相互作用势建立的 CAV 跟驰交互行为模型不能体现出 CAV 网联协同控制功能。因此,CAV 跟驰模型中还需引入速度、加速度协同控制项,将前车的速度、加速度信息作为 CAV 跟驰行为决策的依据,以补充优化基于相互作用势能的 CAV 跟驰模型。

　　3) 基于相互作用势的 ACC 跟驰模型

　　速度协同控制项是构建 ACC 跟驰模型的必要因素。设置该项的目的在于自动驾驶车辆依据与前车的实时速度差异,使模型输出相应的加速度,实时矫正 CAV 的行驶速度与前车一致,避免后车多次改变加速度方向。

　　以美国加利福尼亚大学伯克利分校 PATH(Partners for Advanced Transportation Technology)实验室 ACC 跟驰模型[74]为例,该模型由 PATH 实验室提出并采用实测数据标定。该模型基于车辆恒定的目标车头时距构建,能较好地反映目前具有 ACC 与 CACC 系统的车辆跟驰行为,其 ACC 跟驰模型的后车加速度函数最后一项即为此模型的速度差控制项：

$$a_{\text{PATH-ACC}} = k_1(L - S_0 - t_a v) + k_2 \Delta v \tag{3.22}$$

式中，k_1 为跟车距离误差控制系数；t_a 为期望车间时距；k_2 为前后车速度差控制系数；Δv 为前后车速度差(前车速度减后车速度)。

采用 PATH 实验室 ACC 跟驰模型中，速度协同控制项的设置方式是直接对前后车速度差乘以一个固定系数，这种建模方法具有简单、直观的特点。但这种基于前后车辆速度差的设计，在交通流低速运行时，模型不能输出足够的加速度，进而难以有效响应前车的速度变化。

对 PATH 实验室 ACC 跟驰模型进行数值仿真验证上述情况，测试并记录模型后车分别在高速行驶(初速度 33.3m/s)与低速行驶(初速度 5m/s)时遭遇前车突然减速(第 20～22s，加速度为–2m/s^2)的响应情况，结果如图 3.9 所示。

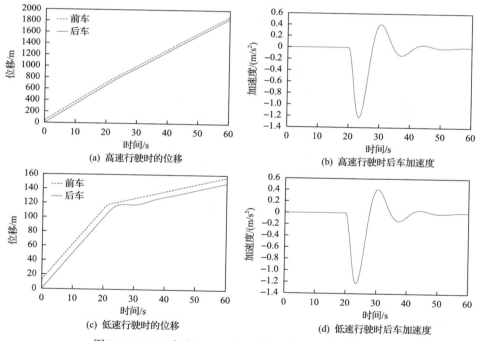

图 3.9　PATH 实验室 ACC 跟驰模型对前车减速的响应

仿真结果显示，在不同行驶速度的初始条件下，面对前车同样程度的减速行为，后车的加速度响应完全一致。这导致在低速行驶时，由于模型响应程度不足，后车发生了停车甚至反向行驶的异常情况。为避免这一问题，速度协同控制项的设计需选择能够在不同行驶速度时做出相应响应程度的方法。

在传统人工驾驶车辆的跟驰交互行为中，当后车与前车速度不一致时，后车通常无须多次改变加速度方向就可以完成对车速的调整；后车在高速行驶、跟车距离较大时对前车变速的响应平缓，在低速行驶、跟车距离较小时对前车变速的响应强烈。传统人工驾驶车辆在跟驰交互行为中的这些表现对 CAV 的跟驰模型构建具有一定参考意义，结合本研究之前对传统人工驾驶车辆的建模经验与 PATH 实验室 ACC 跟驰模型速度协同控制项的设计思路，最终采用基于两车速度比 $\dfrac{v}{v_L}$ 与速度差 Δv 复合的速度协同控制项 C_v：

$$C_v = \mu_2 \left(\frac{v}{v_L} - 1 \right) |\Delta v| \tag{3.23}$$

式中，μ_2 为速度协同控制项系数。

改进前后的速度协同控制项输出加速度与前后车速度差的关系如图 3.10 所示。

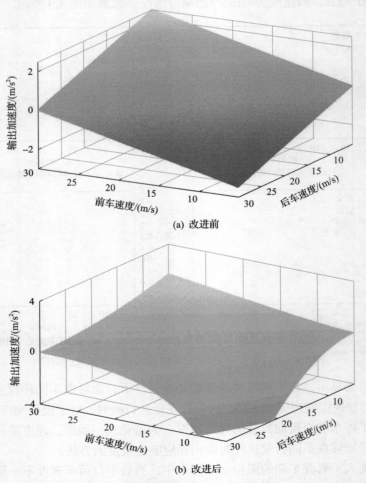

(a) 改进前

(b) 改进后

图 3.10　速度协同控制项的加速度输出

数据统计分析表明，两种速度协同控制项都能通过输出加速度的方式，使车辆速度趋同于前车。但改进前的线性曲面暴露出其存在低速行驶时响应不足、高速行驶时响应过强的问题，改进后的非线性曲面则更加符合车辆在跟驰交互行为中的实际需求。

将车辆相互作用势产生的加速度与速度协同控制项结合，得到基于相互作用势的 ACC 跟驰模型后车加速度函数：

$$a_{\mathrm{ACC}} = \mu_1 \left(\frac{X_{\mathrm{CAV}}^m}{L^{m+1}} - \frac{X_{\mathrm{CAV}}^n}{L^{n+1}} \right) + \mu_2 \left(\frac{v}{v_{\mathrm{L}}} - 1 \right) |\Delta v| \tag{3.24}$$

4）基于相互作用势的 CACC 跟驰模型

当两辆 CAV 彼此建立起 CACC 的跟驰关系后，前方 CAV 在遭遇下游传递来的交通流振荡后，可以通过协同控制与后方 CAV 同步响应，有效降低交通振荡对交通流稳态的影响。

如图 3.11 所示，在传统交通流中，下游传递来的交通振荡波逐一通过上游车辆，其强度在传递过程中的衰减程度较弱甚至不衰减；而在理想情况下，在具备协同控制功能的 CAV 参与的混合交通流中，交通振荡波传递到由前后彼此相邻 CAV 组成的车辆队列前端时，队列中所有车辆能够在下一时刻做出同步响应，有效削弱交通振荡波的强度、降低交通振荡波的影响时间。该协同控制功能可通过在 CAV 跟驰模型中设置加速度协同控制项来体现。

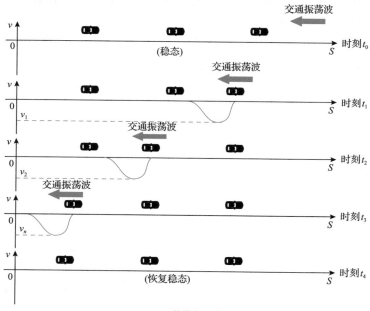

(a) 传统交通流

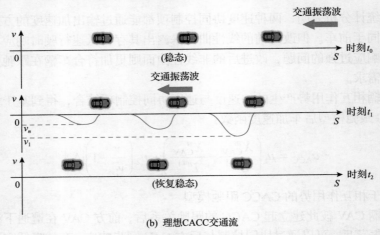

(b) 理想CACC交通流

图 3.11 交通振荡传递过程

在 PATH 实验室 CACC 跟驰模型中，加速度协同控制项的设置方法是直接在前方 CAV 当前瞬时加速度值的基础上乘以一个固定系数：

$$a_{\text{PATH-CACC}} = k_1(L - S_0 - t_a v) + k_2 \Delta v + k_3 a_{n-1} \tag{3.25}$$

式中，最后一项 $k_3 a_{n-1}$ 可以认为是该模型的加速度协同控制项，k_3 为该项的固定系数，a_{n-1} 为前车的加速度。

这种加速度协同控制项的设置方法体现了 PATH 实验室 CACC 跟驰模型简单、直观的特点，能够有效实现与前方 CAV 的加速度协同控制。设计数值仿真交通场景（前车在第 0s 时非线性减速 10s），对比模型设置与不设置加速度协同控制项的作用效果，结果如图 3.12 所示。

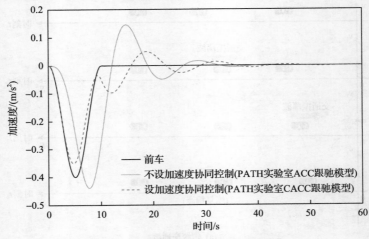

图 3.12 有无加速度协同控制的响应

　　基于仿真结果的分析，ACC 跟驰模型仿真车辆对交通振荡响应更加迟缓，响应过程中出现的加速度峰值高于前车；而在设置了加速度协同控制项之后，后车随前车减速行为及时且加速度极值小于前车，说明模型 CAV 通过加速度协同控制功能有效削弱了交通振荡的强度。

　　PATH 实验室的 ACC 跟驰模型与 CACC 跟驰模型在前车速度缓慢变化的交通流环境中具有较好的控制效果[75]，但在遭遇如上述数值仿真场景中稍强的交通振荡时，虽然整体上 CACC 跟驰模型的加速度波动程度明显弱于 ACC 跟驰模型，但是两个模型都出现了多次加速度方向改变，冲击度（加速度变化率，即加速度对时间的一阶导数）方向出现多次变化，这对降低车辆能耗、确保乘员舒适性和交通流稳定性的建模原则来说显然是不理想的。

　　分解 PATH 实验室 CACC 跟驰模型，分析模型 CAV 在上述仿真场景中各项输出加速度贡献值随时间的变化趋势，如图 3.13 所示。

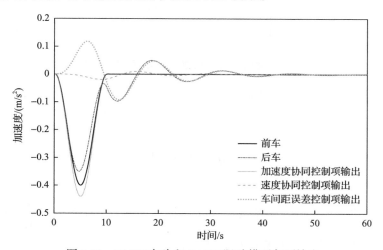

图 3.13　PATH 实验室 CACC 跟驰模型各项输出

　　从模型各项输出加速度的情况分析得出，加速度协同控制项 $k_3 a_{n-1}$ 输出的加速度值过高，由于在前车减速动作的后半段两车速度差较大，此时速度协同控制项 $k_2 \Delta v$ 也输出了较高的加速度。这两部分叠加输出的加速度过大，最终导致该模型的车间距误差控制项 $k_1(L - S_0 - t_a v)$ 输出较大的反向加速度，导致后车过早地缩减了制动加速度，最终因响应时间不足再次增加制动加速度，从而出现第二个加速度峰值。

　　另外，过高的系数虽然能使后车充分响应前车较大的加速度波动，但在前车出现较小的加速度波动时响应过强，甚至出现加速度极值高于前车的情况，如图 3.14 所示。若直接调低此项的固定系数 k_3，上述两种问题可以得到一定程度的缓解，但对交通振荡的缓冲效果也会随之减弱(后车加速度极值较前车的降幅变小),而交通振荡在交通流行驶速度较低的情况中更加频发。

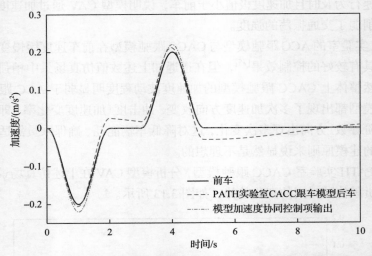

图 3.14　PATH 实验室 CACC 跟驰模型对较小加速度的波动响应

为了在避免上述问题的基础上兼顾缓冲交通振荡的能力,使模型具备根据实时跟车状况动态调整的能力,提出改进加速度协同控制项:

$$C_{\mathrm{a}} = \left(\mu_3 - \frac{v_{\mathrm{L}}}{v_{\mathrm{f}}} \right) \left| \frac{a_{n-1}}{d_{\mathrm{Fm}}} \right| a_{n-1} \tag{3.26}$$

式中, μ_3 为协同加速度修正基数; v_{f} 为自由流速度。其中, $\mu_3 - \dfrac{v_{\mathrm{L}}}{v_{\mathrm{f}}}$ 随前车速度增大而减小,以降低本项在高速行驶状态下的敏感程度,经过多次数值仿真测试, μ_3 取 1.7 时最为理想; $\left| \dfrac{a_{n-1}}{d_{\mathrm{Fm}}} \right|$ 考虑了本车的制动性能与前车即时加速度,即本车制动能力越弱、前车即时加速度的绝对值越大时,作为 CAV 的后车对前车的加速度值变化越敏感。

如图 3.15 所示,改进的加速度协同控制项输出的敏感程度将随前车加速度绝对值的增加提升,且随前车速度的提升而降低。因此,可以保证在前车出现较小的加速度波动时避免后车产生过强或不必要的响应动作,以确保车辆在跟车距离较短、行驶速度较低的情况下有足够的响应。

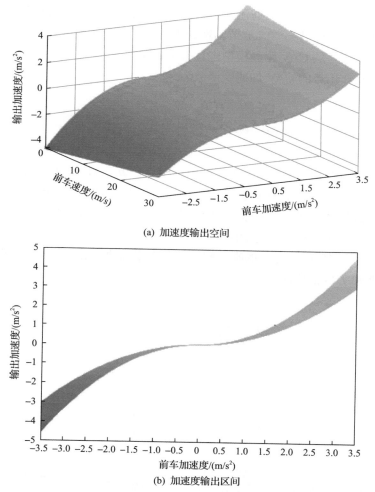

(a) 加速度输出空间

(b) 加速度输出区间

图 3.15　改进的加速度协同控制项的加速度输出

在 ACC 跟驰模型基础上，附加以加速度协同控制项，得到基于相互作用势的 CACC 跟驰模型，简称相互作用势 CACC 跟驰模型：

$$a_{\text{CACC}} = \mu_1 \left(\frac{X_{\text{CAV}}^m}{L^{m+1}} - \frac{X_{\text{CAV}}^n}{L^{n+1}} \right) + \mu_2 \left(\frac{v}{v_{\text{L}}} - 1 \right) |\Delta v| + \left(\mu_3 - \frac{v_{\text{L}}}{v_{\text{f}}} \right) \left| \frac{a_{n-1}}{d_{\text{Fm}}} \right| a_{n-1} \qquad (3.27)$$

3.2.4　模型参数标定

为使模型具有实际应用价值，还需为所建立的模型标定相关参数。由于现阶段没有足够数量的纯 CAV 交通流实测条件及数据，本研究对比分析传统交通流与 CAV 交通流的差异，基于 2.1.1 节筛选处理的人工驾驶车辆跟驰行为实测数据，对基于相互作用势的 CAV 跟驰模型进行参数标定。

基于相互作用势的 CAV 加速度函数为

$$a_{\text{CAV-}i}(X_{\text{CAV}}, L) = \mu_1\left(\frac{X_{\text{CAV}}^m}{L^{m+1}} - \frac{X_{\text{CAV}}^n}{L^{n+1}}\right) \tag{3.28}$$

式中，X_{CAV} 为安全跟车距离；L 为实际跟车距离；μ_1、m、n 为待定参数。

若已知加速度、安全跟车距离、实际跟车距离，求解 μ_1、m、n 的值，可认为是一种非线性的幂指方程的求解问题，幂指方程求解通常比较复杂且没有通用解法，可采用图像法求解其近似解。

欲求该方程中 μ_1、m、n 的唯一解，需要 3 组加速度 A、安全跟车距离 X_{CAV}、实际跟车距离 L 的值构成方程组：

$$\begin{cases} \mu_1\left(\dfrac{X_{\text{CAV-1}}^m}{L_1^{m+1}} - \dfrac{X_{\text{CAV-1}}^n}{L_1^{n+1}}\right) = A_1 \\[3mm] \mu_1\left(\dfrac{X_{\text{CAV-2}}^m}{L_2^{m+1}} - \dfrac{X_{\text{CAV-2}}^n}{L_2^{n+1}}\right) = A_2 \\[3mm] \mu_1\left(\dfrac{X_{\text{CAV-3}}^m}{L_3^{m+1}} - \dfrac{X_{\text{CAV-3}}^n}{L_3^{n+1}}\right) = A_3 \end{cases} \tag{3.29}$$

令　$U_1 = A_2 A_3\left(\dfrac{X_{\text{CAV-1}}^m}{L_1^{m+1}} - \dfrac{X_{\text{CAV-1}}^n}{L_1^{n+1}}\right)$，$U_2 = A_1 A_3\left(\dfrac{X_{\text{CAV-2}}^m}{L_2^{m+1}} - \dfrac{X_{\text{CAV-2}}^n}{L_2^{n+1}}\right)$，$U_3 = A_1 A_2$

$\left(\dfrac{X_{\text{CAV-3}}^m}{L_3^{m+1}} - \dfrac{X_{\text{CAV-3}}^n}{L_3^{n+1}}\right)$，则关于 m、n 的函数 $U_1(m,n)$、$U_2(m,n)$、$U_3(m,n)$ 在 m、n、u 方向组成的三维空间上的曲面交点 m、n 坐标值，即该方程 m、n 的解。再将 m、n 的根代回原式，可得到 μ_1 的值：

$$\mu_1 = \frac{A_i}{\dfrac{X_i^m}{L_i^{m+1}} - \dfrac{X_i^n}{L_i^{n+1}}} \tag{3.30}$$

最高限速为 120km/h（33.3m/s）的高速公路，其拥堵状态临界速度为 78km/h

（21.67m/s），将其作为参数标定的基准速度。CAV 的响应时间一般小于 0.2s[67]，车辆的最大制动加速度均取值为 8m/s²，车长 5m。自由流速度（33.3m/s）的稳定交通流中 ACC 与 CACC 车辆的跟车距离分别为 43.63m、26.98m，经换算得到基于相互作用势的 ACC 跟驰模型与 CACC 跟驰模型中安全跟车距离的效率-安全系数分别为 0.5045、0.2643，所建立的 ACC 跟驰模型和 CACC 跟驰模型在 21.67m/s 时的安全跟车距离分别为 21.14m、14.09m。

对从 NGSIM 项目 I-80 数据集提取的有效帧数据进行统计分析，在后车减速远离前车的情况下，当跟车距离达到平均跟车距离的 80%时，加速度均值为 -1.210m/s²；在后车加速靠近前车的情况下，当跟车距离达到平均跟车距离的120%时，加速度均值为 0.371m/s²。另外，当实际跟车距离达 10 倍安全跟车距离及以上时，可认为后车与前车已无明显跟车关系，此时后车可通过缓慢加速最终与前车组成连续稳定的交通流，规定此时后车加速度为 0.05m/s²。

将上述 3 组数值代入式（3.30），图 3.16 为方程组曲面（U_1、U_2、U_3）在空间中形状和位置的关系，求解得到 m、n 的值分别为 2.25、0.56，再将其代回式（3.30），得 $\mu_1 =185.43$。

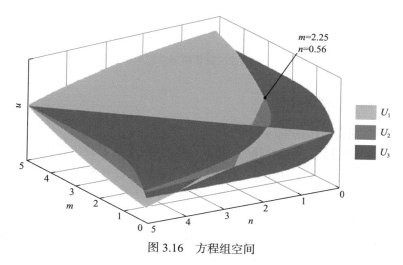

图 3.16　方程组空间

将上述参数代入模型式（3.29），在 21.67m/s 的基准速度下进行针对性的数值仿真实验，使用类二分法的方式先后查找基于相互作用势的 ACC 跟驰模型的速度协同控制项系数 μ_2 与协同加速度修正基数 μ_3 的合理取值，其步骤如图 3.17 所示，最终参数标定结果为 $\mu_2 =697.66$、$\mu_3 =3.20$。

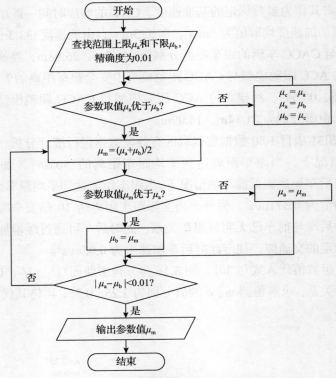

图 3.17　类二分法查找模型参数取值步骤

3.2.5　CAV 跟驰模型评价

1）CAV 队列交通振荡响应评价

交通流前方失稳后，智能网联环境下 CAV 队列遭遇下游传递而来的交通振荡时，应发挥缓冲交通振荡的作用，削弱交通振荡的强度并缩短其影响时间[76]。为验证基于相互作用势的 CAV 跟驰模型的实际应用价值，设计仿真实验测试模型对交通振荡的响应效果。

为使数值仿真实验更具有参考意义，引入 PATH 实验室 CACC 跟驰模型与智能驾驶员模型一并参与数值仿真实验，将实验结果作为对比的依据。其中，PATH实验室 CACC 跟驰模型参数取值见表 3.6。

数值仿真实验的 CAV 队列遭遇交通振荡的场景为：单车道中，由 20 辆纵向彼此相邻 CAV 组成的队列，初始状态下以同一速度（20m/s）行驶，在稳定状态下以对应模型的最小跟车距离保持跟驰关系，队列最前 CAV 遭遇模拟的交通振荡而减速 4s。PATH 实验室 CACC 跟驰模型、智能驾驶员模型、相互作用势 CACC 跟驰模型的仿真结果如图 3.18 所示。

表 3.6　PATH 实验室 CACC 跟驰模型参数取值

参数	取值
k_1	0.23
k_2	0.07
k_3	1.1
t_a/s	0.6
S_0/m	2
L/m	5

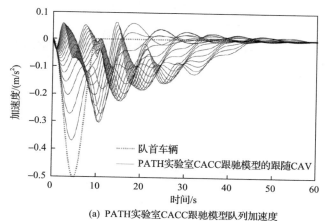

(a) PATH实验室CACC跟驰模型队列加速度

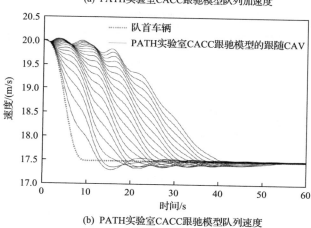

(b) PATH实验室CACC跟驰模型队列速度

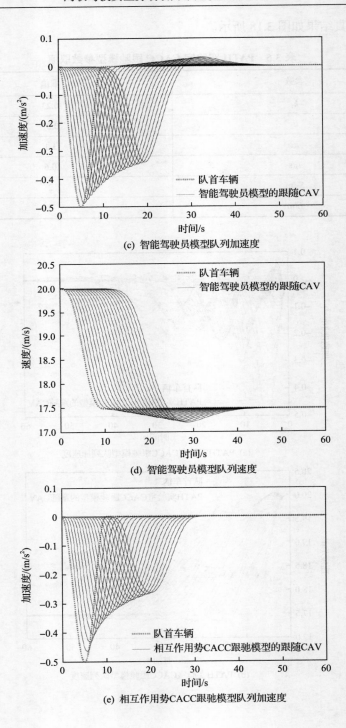

(c) 智能驾驶员模型队列加速度

(d) 智能驾驶员模型队列速度

(e) 相互作用势CACC跟驰模型队列加速度

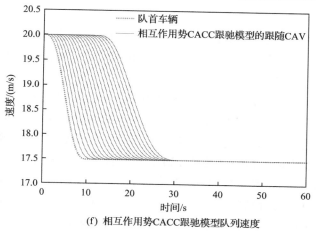

(f) 相互作用势CACC跟驰模型队列速度

图 3.18　模型车队对交通振荡的响应

将振荡对队列稳定影响时间(从仿真开始时刻，直至队列所有车辆加速度绝对值不再大于 0.05m/s² 时所用时间)、队尾车辆在队列恢复稳定过程中的最大加速度和队列中车辆加速度方向改变次数(在 -0.05～0.05m/s² 改变方向的次数不计)作为评价不同跟驰模型的仿真队列缓冲交通振荡能力的指标，见表 3.7。

表 3.7　模型 CAV 队列遭遇交通振荡的响应

模型评价指标	PATH 实验室 CACC 跟驰模型	智能驾驶员模型	相互作用势 CACC 跟驰模型
振荡对队列稳定影响时间/s	57	47	32
队尾车辆最大加速度/(m/s²)	−0.160	−0.341	−0.263
加速度方向改变次数	2～8	2	1

从仿真结果可以看出，三个模型都能有效缓冲交通振荡。当交通振荡传递到队尾时，PATH 实验室 CACC 跟驰模型队列将交通振荡强度(最大加速度值)削弱了 68%，智能驾驶员模型队列削弱了 31.8%，相互作用势 CACC 跟驰模型队列削弱了 47.4%。但在该过程中，PATH 实验室 CACC 跟驰模型队列中车辆加速度方向出现 2～8 次改变，较大程度地影响了车辆能耗、车辆传动系统寿命、乘员的舒适性；而相互作用势 CACC 跟驰模型队列中车辆加速度在该过程中只改变一次，且队列受交通振荡影响时间比 PATH 实验室 CACC 跟驰模型和智能驾驶员模型分别降低了 43.9%、31.9%。

因此，研究建立的 CACC 跟驰模型队列能够更快速有效地缓冲交通流下游向上游传递的交通振荡，进而有效地维护宏观交通流的稳定性。

2) 模型交通流稳定性评价

与传统车辆跟驰关系类似，CAV 跟驰模型的稳定性也分为局部稳定性与渐进稳定性。设计仿真实验，观测并记录扰动影响在模型交通流中的演化过程，评价 CAV 跟驰模型的稳定性。

以 21.67m/s 初速度行驶的 50 辆模型仿真车辆组成的稳态交通流，从队首自前向后车辆编号依次为 1～50，给队首的 1 号车施加同样的扰动(突然减速 1s，再加速 1s 恢复初速度)使交通流失稳，观测并记录模型 CAV 队列车辆运动状态的后续演化，仿真时间步长 0.01s，持续 120s，结果如图 3.19 所示。

模型稳定性数值仿真结果显示，2 号车在遭遇到扰动后，3 个模型均能够在较短时间内恢复稳定的行驶状态，说明 3 个模型均具有局部稳定性；3 个模型在 120s 时队列车速都趋于平稳，即 3 个模型也都具有渐进稳定性，但在该过程中，

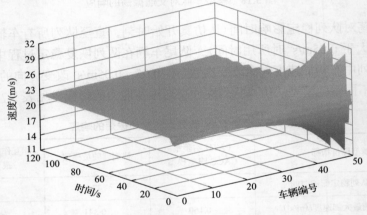

(a) PATH实验室CACC跟驰模型CAV交通流

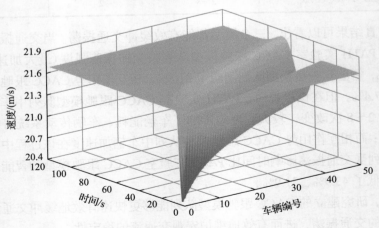

(b) 智能驾驶员模型CAV交通流

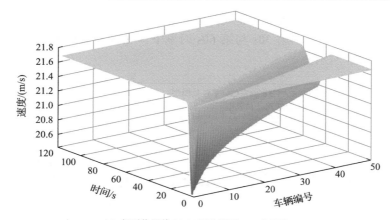

(c) 相互作用势CACC跟驰模型CAV交通流

图 3.19　模型交通流稳定性仿真实验结果

PATH 实验室 CACC 跟驰模型车辆队列中后部分车辆速度波动幅度较大, 智能驾驶员模型和相互作用势 CACC 跟驰模型车辆队列中后部分速度波动幅度逐渐减小, 说明智能驾驶员模型与相互作用势 CACC 跟驰模型比 PATH 实验室 CACC 跟驰模型具有更好的渐进稳定性。

　　为了更精准对比模型的稳定性表现, 对比 3 种模型交通流中的 2 号与 50 号车的速度变化, 见表 3.8。

表 3.8　模型交通流稳定性指标表现　　　　　　　　（单位: m/s）

指标	PATH 实验室 CACC 跟驰模型	智能驾驶员模型	相互作用势 CACC 跟驰模型
2 号车速度最大值	21.84	21.68	21.67
2 号车速度最小值	20.59	20.47	20.47
2 号车速度标准差	0.1964	0.2146	0.2095
50 号车速度最大值	31.28	21.81	21.67
50 号车速度最小值	11.46	21.10	21.50
50 号车速度标准差	3.2388	0.1666	0.1288
全体跟随车速度最大值	31.28	21.81	21.67
全体跟随车速度最小值	11.46	20.47	20.47
全体跟随车速度标准差	1.1730	0.1779	0.1529

　　从 3 个模型 CAV 队列的 2 号车速度极值与标准差来看, PATH 实验室 CACC 跟驰模型 CAV 队列的速度最大值与最小值均出现在最末的 50 号车, 智能驾驶员模型 CAV 队列的速度最大值也出现在 50 号车, 相互作用势 CACC 跟驰模型队列

全程速度没有超过 21.67m/s 的初速度，且最小值出现在 2 号车。

　　抽取上述仿真结果中第 30s 与第 60s 时刻下 3 个模型交通流的瞬时速度进行对比，如图 3.20 所示。

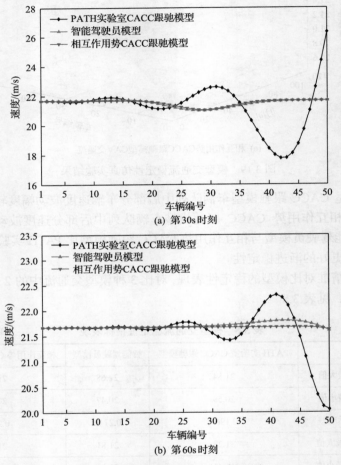

(a) 第 30s 时刻

(b) 第 60s 时刻

图 3.20　仿真车队速度-时间剖面图

　　从仿真第 30s 和第 60s 时刻车辆速度剖面图可以看出，扰动传递到对垒后方车辆后，扰动影响在 PATH 实验室 CACC 跟驰模型队列中的传递速度最快，但其强度也会随队列长度逐渐扩大；扰动影响在相互作用势 CACC 跟驰模型与智能驾驶员模型队列中的传递速度接近，但前者受到扰动的影响更低。

　　综合上述对实验结果的分析，局部稳定性最优的模型是 PATH 实验室 CACC 跟驰模型，其次为相互作用势 CACC 跟驰模型，智能驾驶员模型的局部稳定性欠佳；相互作用势 CACC 跟驰模型的渐进稳定性最优，智能驾驶员模型其次，PATH

实验室 CACC 跟驰模型的渐进稳定性欠佳，使其在 CAV 交通流仿真建模等方面的应用价值受到了一定影响。可以认为，相互作用势 CACC 跟驰模型在稳定性方面的综合表现比 PATH 实验室 CACC 跟驰模型和智能驾驶员模型更优。

3.3　CAV 换道行为特性及模型

自动驾驶汽车依靠智能化技术可以实现自主感知、决策与控制。自动驾驶汽车在感知交通信息后，需要选择与当前道路环境相匹配的行为，即进行自主行为决策。进一步而言，换道决策是自主决策中的重要组成部分，影响着车辆运行的安全性与高效性。

从换道决策的角度出发，通常的研究侧重于换道车辆周围的固定临界空隙，而对换道场景中动态要素的考虑相对较少[77]。随着自动驾驶技术的发展，自动驾驶汽车的换道决策逐渐成为一个研究热点。在智能网联交通的背景下，自动驾驶汽车的换道首先要满足安全性，同时也应兼顾合理性与高效性。自动驾驶汽车的换道是含有随机性的微观驾驶行为，具有自主性与动态性。因此，本节考虑系统的相似性，将微观的车辆比拟为分子，深入分析自动驾驶汽车的换道行为特性，基于分子相互作用势及动态影响要素构建自动驾驶汽车的换道模型，从而使得自动驾驶汽车安全且高效地运行。

3.3.1　换道行为分析

自动驾驶汽车在道路上行驶时会根据变化的交通环境采取相应的行为，而通过自动驾驶操作实现车道变更的决策行为即为自主换道行为。通常而言，换道与跟驰相比，易诱发交通事故以及交通拥堵等消极状况。因此，为顺利实施换道，应综合考虑空间条件和时间条件。对于空间条件，换道车辆与周围车辆具有一定的交互性，因此应与周围车辆保持安全的换道间距；对于时间条件，车道的变更需要一段连续的时间来实现，在这个时间段内自动驾驶汽车进行感知、决策与执行，通过应对所处的交通环境而实施高效换道[78]。

一般车辆的换道类型分为两种：一种是存在障碍性的环境使得车辆必须采取换道行为；另一种是为了获得速度收益或改善驾驶状态而采取换道行为[79]。前一种为强制换道，后一种为自由换道。自由换道是非必要性换道，有时会受到交通环境影响以及综合自主决策而选择放弃换道。如图 3.21 所示，在单向双车道路段上，存在着目标车道前车 F、当前车道前车 P、目标车道后车 R 以及当前车道换道车辆 L。L 在运行时受到 P 速度上的约束，为获得速度收益而产生换道意图，但在进行换道决策时发现自身与 R 之间的纵向换道间距较小而有较大概率引发碰撞事故，因此属于非必要性换道，即自由换道。现对自动驾驶汽车的自由换道决策行为展开研究。

图 3.21　CAV 自由换道场景

3.3.2　系统相似性分析

从高空观察道路上运行的车流，车辆就像一个微小的分子在运动。分子与车辆具有一定的相似性，分子之间有间隙，而车辆在行驶时也与周围车辆保持一定的间距。此外，气味的扩散表明了运动着的分子与宏观现象存在因果联系。而在交通系统中，车辆换道有时会对目标车道上的车流造成一定的扰动，最终在宏观上形成路段上的交通拥堵。

在分子系统中，引力与斥力同时存在，其合力表现为分子间的相互作用力。通过比较实际分子间距 r 与平衡距离 r_0，可探究分子间的相互作用关系。如图 3.22 所示，当 $r < r_0$ 时，分子之间相互排斥；当 $r > r_0$ 时，分子之间相互吸引；当 $r = r_0$ 时，分子间的相互作用力为零。在相互作用力的约束下，分子间距会围绕平衡距离波动，以致分子趋于平衡状态。而在交通系统中，车辆在行驶时总试图与周围车辆保持合理的平衡距离，即动态化的需求安全距离。当两车间距过小时，车辆会主动增大间距以提高安全性从而避免碰撞事故的发生，此情况可视为车辆间存在斥力促使车辆互相远离；当两车间距过大时，车辆在保证安全性的前提下会主动缩小间距以提高车辆通行效率，此情况可视为车辆间存在引力促使车辆互相吸

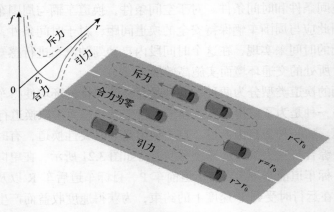

图 3.22　相互作用力

引。最终，车辆通过增大间距来避免危险，通过缩小间距来提高效率，从而在平衡距离附近安全且高效地完成驾驶任务。

由牛顿运动定律可知，物体在外力的作用下可实现自身运动状态的改变，而未产生接触的两物体通过势场来实现力的效果，从而转变运动状态。一般无论是分子还是车辆，其在运动的过程中因存在间隙而未产生实际接触的行为。因此追本溯源，从分子相互作用势的角度研究自动驾驶汽车的换道行为，从而确保其安全且高效地运行。

3.3.3 分子相互作用势换道模型构建

1）分子相互作用势阐述

势场具有特定的属性，可对其范围内的物体产生影响，影响程度会随着物体位置的不同而发生变化[80]。如图 3.23 所示，场源是形成势场空间的先决条件，使得存在于势场中的物体受到力的作用效果，从而改变运动状态。

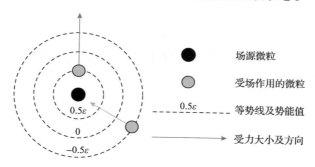

图 3.23 分子相互作用势分布

在分子相互作用势中，两个微观分子是彼此受到相互作用力的场源。此外，与一些将引力项和斥力项分别独立表达的势场模型相比，分子相互作用势将吸引作用与排斥作用统一于一个整体，能较好地表现物体间的相互作用。一般相互作用势在实际中的应用形式如下：

$$\varphi(r) = \varepsilon \left[\left(\frac{r_e}{r} \right)^{12} - 2 \left(\frac{r_e}{r} \right)^6 \right] \tag{3.31}$$

式中，ε 为势阱深度；r_e 为平衡距离；r 为实际间距；$(r_e/r)^{12}$ 为排斥作用项；$2(r_e/r)^6$ 为吸引作用项。

自动驾驶汽车的附近车辆作为一个场源，产生的相互作用势将形成力的效果。如图 3.24 所示，相互作用势的分布会随着车间距的不同而变化，从而影响车辆的自主决策，最终改变车辆的运动状态。因此，车辆间的相互作用势可以在一定程度上理解为交通要素作用于车辆的人工势场。

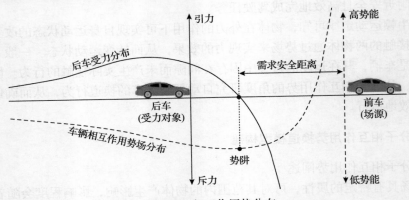

图 3.24　相互作用势分布

2) 分子相互作用势换道模型建立

自动驾驶汽车的换道决策主要围绕周围的交通环境进行自主分析,判断自身所处的场景是否适合换道。通常,目标车道车辆会对当前车道车辆的换道决策产生极大的影响。如图 3.25 所示,将在道路上沿着车道中心行驶的车辆比拟为分子,基于分子间的相互作用分析换道车辆分子 L 的受力情况,从而使得换道决策更加合理。其中,f_1 为 F 施加给 L 的作用力,f_2 为 R 施加给 L 的作用力,f_3 为 L 受到的合力,α 和 β 分别表示 L 和 F 及 R 的水平夹角,r_1 和 r_2 分别表示 L 和 F 及 R 的纵向车间距。

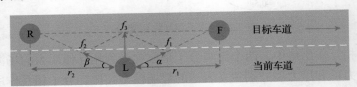

图 3.25　换道车辆多维约束力学分析

自动驾驶汽车在执行换道操作前,应对空间条件进行判断,从而获得合适的换道间距以保证安全性。车辆的换道空间需求包括横向空间需求和纵向空间需求。横向空间需求体现在车道宽度上,通常在换道过程中得以满足;而纵向空间需求体现在目标车道前后车提供的车间距上。自动驾驶汽车在换道时应重点分析目标车道提供的换道需求安全距离,同时这也是本书的一个研究重点。

聚焦于自动驾驶汽车 L 的换道过程,对 L 与 F 的相互位置关系进行分析,可得

$$S_1(T) = S_1(0) + [x_F(T) - x_F(0)] - [x_L(T) - x_L(0)] \tag{3.32}$$

式中，$x_F(0)$、$x_F(T)$ 分别为 F 在换道初始时刻和换道完成时刻的纵向位置；$x_L(0)$、$x_L(T)$ 分别为 L 在换道初始时刻和换道完成时刻的纵向位置；$S_1(0)$、$S_1(T)$ 分别为 L 与 F 在换道初始时刻和换道完成时刻的纵向车间距。

L 与 F 的相互位置关系如图 3.26 所示。

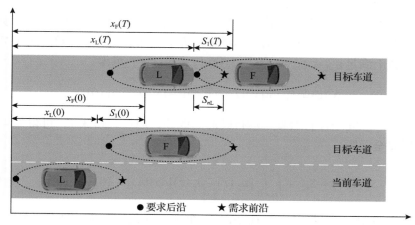

图 3.26　L 与 F 的相互位置关系

在自动驾驶汽车的行驶过程中，车辆的运行速度与车头间距存在函数关系，经转换可得

$$S_n = \eta v + \gamma v^2 \tag{3.33}$$

式中，S_n 为车辆的需求安全距离；η 为车辆的自主反应时间；v 为速度；γ 为最大制动减速度二倍的倒数，通常可取 $0.07\mathrm{m/s}^2$。

由式(3.33)可知，需求安全距离与速度具有一致相关性。如图 3.27 所示，车辆速度提升则其需求安全距离增大，车辆速度降低则其需求安全距离减小。一方面，此情况与运动分子的"热胀冷缩"现象具有相似性；另一方面，这与现实交通场景中的车辆运行情况也相符。

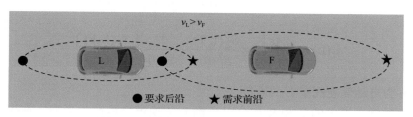

图 3.27　不同速度下的车辆需求安全距离

基于上述分子相互作用势理论，将车辆的需求安全距离与实际车间距进行结

合，进一步拓展到需求距离饱和系数：

$$C_n = \frac{S_n}{L} \tag{3.34}$$

式中，C_n 为车辆的需求距离饱和系数；L 为实际车间距。

基于需求距离饱和系数，若要 L 在换道完成后能安全地跟随 F 行驶，则应保证在目标车道上 L 的"需求前沿"不越过前方 F 的车尾边界，即确保 L 在需求距离饱和系数上满足 $C_{nL} \leqslant 1$，结合式（3.32）与式（3.34），可得

$$S_1(0) \geqslant S_{nL} + [x_L(T) - x_L(0)] - [x_F(T) - x_F(0)] \tag{3.35}$$

此外，考虑安全性且兼顾车辆行驶的高效性，通过式（3.35），可得 L 与 F 的初始期望安全间距：

$$S_E(L,F) = S_{nL} + \int_0^t \int_0^\lambda [a_L(\tau) - a_F(\tau)] d\tau d\lambda + [v_L(0) - v_F(0)]t \tag{3.36}$$

分析式（3.36）可以得出：$S_E(L,F)$ 是一个动态变化的距离，且会受到 L 与 F 的加速度、速度以及换道完成时间的实时影响。

在考虑初始期望安全间距与换道初始时刻纵向车间距相互关系的同时，结合车辆分子的相互作用势，可得当前车道 L 与目标车道 F 在换道初始时刻的相互作用势 $\varphi_1(L)$。在此基础上，使 $\varphi_1(L)$ 对 $S_1(0)$ 求导，可获取换道初始时刻目标车道 F 施加给当前车道 L 的作用力 $f_1(L)$。最终通过力与加速度的关系，获得 F 给予 L 的加速度 $a_1(L)$。

$$\varphi_1(L) = 4\varepsilon \left[\left(\frac{S_E(L,F)}{S_1(0)} \right)^{12} - \left(\frac{S_E(L,F)}{S_1(0)} \right)^6 \right] \tag{3.37}$$

$$f_1(L) = -24\varepsilon \left(2 \times \frac{S_E^6(L,F)}{S_1^7(0)} - \frac{1}{S_1(0)} \right) \left(\frac{S_E(L,F)}{S_1(0)} \right)^6 \tag{3.38}$$

$$a_1(L) = \frac{-24\varepsilon}{m} \left(2 \times \frac{S_E^6(L,F)}{S_1^7(0)} - \frac{1}{S_1(0)} \right) \left(\frac{S_E(L,F)}{S_1(0)} \right)^6 \tag{3.39}$$

式中，m 为自动驾驶汽车 L 的质量。

由于目标车道上的 F 和 R 均会对车辆 L 的换道决策产生影响，在探究 L 与 F 的相互关系后，还应对 L 与 R 的相互关系进行分析。L 与 R 的相互位置关系如图 3.28 所示。

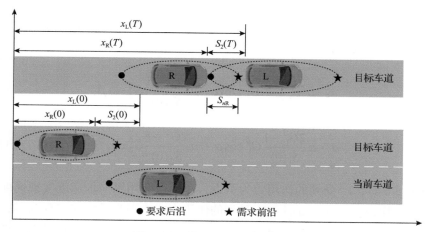

图 3.28　L 与 R 的相互位置关系

基于上述 L 与 F 相互关系的推理过程，对 L 与 R 的相互关系进行相似化研究，依次可得 L 与 R 的初始期望安全间距以及目标车道 R 给予换道车辆 L 的加速度 $a_2(\mathrm{L})$：

$$S_{\mathrm{E}}(\mathrm{L},\mathrm{R}) = S_{n\mathrm{R}} + \int_0^t \int_0^\lambda [a_{\mathrm{R}}(\tau) - a_{\mathrm{L}}(\tau)] \mathrm{d}\tau \mathrm{d}\lambda + [v_{\mathrm{R}}(0) - v_{\mathrm{L}}(0)]t \tag{3.40}$$

$$a_2(\mathrm{L}) = \frac{-24\varepsilon}{m}\left(2 \times \frac{S_{\mathrm{E}}^6(\mathrm{L},\mathrm{R})}{S_2^7(0)} - \frac{1}{S_2(0)}\right)\left(\frac{S_{\mathrm{E}}(\mathrm{L},\mathrm{R})}{S_2(0)}\right)^6 \tag{3.41}$$

令 $\mu = \dfrac{-24\varepsilon}{m}$，$G_1 = \dfrac{S_{\mathrm{E}}(\mathrm{L},\mathrm{F})}{S_1(0)}$，$G_2 = \dfrac{S_{\mathrm{E}}(\mathrm{L},\mathrm{R})}{S_2(0)}$，则式 (3.39) 与式 (3.41) 可转换为

$$a_1(\mathrm{L}) = \mu \frac{2G_1^6 - 1}{S_1(0)} G_1^6 \tag{3.42}$$

$$a_2(\mathrm{L}) = \mu \frac{2G_2^6 - 1}{S_2(0)} G_2^6 \tag{3.43}$$

在获得加速度的基础上，结合图 3.25 中换道车辆 L 的受力情况，将加速度分解重组，可得出 L 的横向加速度与纵向加速度，即

$$a_h = a_1(\mathrm{L})\sin\alpha + a_2(\mathrm{L})\sin\beta \tag{3.44}$$

$$a_z = a_1(L)\cos\alpha + a_2(L)\cos\beta \tag{3.45}$$

将式(3.42)及式(3.43)代入式(3.44)及式(3.45)，可得换道车辆 L 横向加速度与纵向加速度的最终表达式：

$$a_h = \mu\frac{2G_1^6 - 1}{S_1(0)}G_1^6\sin\alpha + \mu\frac{2G_2^6 - 1}{S_2(0)}G_2^6\sin\beta \tag{3.46}$$

$$a_z = \mu\frac{2G_1^6 - 1}{S_1(0)}G_1^6\cos\alpha + \mu\frac{2G_2^6 - 1}{S_2(0)}G_2^6\cos\beta \tag{3.47}$$

当 $a_h > 0$ 时，L 受到的作用力为引力，车辆可利用纵向加速度实现速度上的改变以进行换道。当 $a_h \leqslant 0$ 时，L 受到的作用力或表现为斥力或表现为零，此时车辆宜放弃换道，保持在当前车道行驶。综上分析，自动驾驶汽车可以从加速度的角度进行自主换道决策分析，从而使其能够安全且高效地实施换道。

3.3.4　实验验证分析

1）实验平台与环境

通过 SUMO 平台获取换道信息并进行换道实验，SUMO 是一个开源的、多模式的交通实验平台，可以实现和评估交通研究[81]，它内置一些换道模型，并配有一套用于场景创建的工具，能合理地进行车辆换道实验。此外，SUMO 内部的 TraCI 功能可以追踪车辆并获取换道信息。在智能网联环境下，SUMO 逐渐应用于自动驾驶的研究，也在一定程度上促进了自动驾驶技术的发展。

2）实验数据分析

将实验环境设置为自动驾驶环境。此外，设置一条单向双车道的高速路段，其长度为 3km 且限速为 120km/h。首先，对车辆轨迹信息进行提取，结果如图 3.29 所示。车辆的行驶轨迹不同，换道过程也不同。在行驶的过程中，车辆的纵向位置不断变化。当实施换道过程时，车辆的横向位置也开始改变。因为实验设定了单向双车道路段，而且车辆沿着车道中心线行驶，所以车辆的换道宽度通常是单个车道的宽度。车辆在路段上 1500～2000m 位置上行驶时，交通环境相对较好，车辆运行速度较高。在这一段位置上，车辆的换道意图不强烈，因此换道轨迹相对较少。

为研究车辆的整体运行情况，对车辆的平均速度和平均加速度进行分析，如图 3.30 所示。图 3.30(a)展现了车辆行驶时的平均速度。自动驾驶车辆在道路上行驶时根据周围的交通环境进行了自主性的加速和减速。因为车辆在高速路段上行驶并且阻碍性条件相对较少，所以在整体上车辆以较小的速度波动状态稳定运

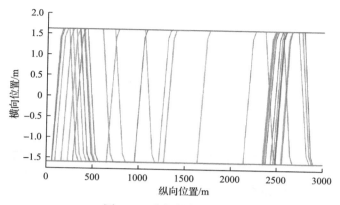

图 3.29　车辆的轨迹信息

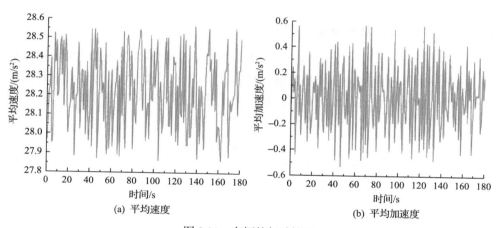

(a) 平均速度

(b) 平均加速度

图 3.30　车辆的行驶情况

行。图 3.30(b) 展现了车辆行驶时的平均加速度。车辆的加速度呈现出波动的状态，并且加速度的变化区间为 $-0.6 \sim 0.6 \text{m/s}^2$，这使得车辆在速度上呈现出相对较小的波动。总体而言，车辆在道路上能以较稳定的状态行驶。

在 SUMO 平台中使用 TraCI 功能对换道车辆进行追踪，获得的换道信息如图 3.31 所示。图 3.31(a) 为换道车辆的横向速度变化情况。车辆在沿车道中心线行驶的过程中，若横向速度发生变化，则表明其实施了换道操作。在整个换道阶段，车辆的横向速度先增大后减小，在到达目标车道后，车辆的横向速度又变为零。图 3.31(b) 为换道车辆的横向偏移量变化情况。具体而言，横向偏移量是车辆右侧相对于道路右边缘的偏移量，它显示了车辆横向位置的变换情况。若车辆实施换道，则其横向偏移量发生变化。综上可得，车辆在被追踪的时间内进行了两次换道。此外，图 3.31(a) 与图 3.31(b) 显示的换道信息相一致。

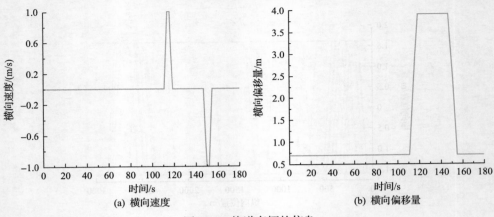

(a) 横向速度　　　　　　　　　　　(b) 横向偏移量

图 3.31　换道车辆的信息

3.3.5　分子相互作用势换道模型评价

通过 SUMO 平台获取换道数据并对分子相互作用势换道模型的参数进行标定，使分子相互作用势换道模型具有合理性和实用性。基于此，分子相互作用势换道模型得以清晰化，从而评价其性能。分子相互作用势换道模型的参数标定见表 3.9。

表 3.9　分子相互作用势换道模型的参数标定

参数	参数值
α	0.0541
β	0.0506
μ	0.0056

基于上述换道场景，将分子相互作用势换道模型与 SL2015 换道模型进行对比分析，从而客观地评价分子相互作用势换道模型的性能。SL2015 换道模型是SUMO 内部的一个移动模型，其额外的行为层负责维持安全的间隙，可以使用vType 属性设置所需的间隙。此外，车辆被放置在精确的纵向和横向位置以匹配指定的坐标，从而科学地进行换道决策。SL2015 换道模型支持的附加参数见表 3.10。

表 3.10　SL2015 换道模型支持的附加参数

附加参数	lcSublane	lcStrategic	lcSpeedGain	lcPushy	lcAssertive	lcImpatience
范围	[0-inf)	[0-inf)	[0-inf)	[0-1]	[0-1]	[-1-1]

此外，SL2015 换道模型与分子相互作用势换道模型下的车辆特征参数见表 3.11。

表 3.11　车辆特征参数

特征参数	SL2015 换道模型	分子相互作用势换道模型
车辆长度/m	4.8	4.8
车辆宽度/m	1.8	1.8
车辆颜色	红色	蓝色
最大速度/(m/s)	33.33	33.33

如图 3.32 所示，从速度指标分析模型的性能。图 3.32（a）展现了与 SL2015 换道模型相比，分子相互作用势换道模型下车辆的平均速度较大，且波动性较小。在图 3.32（a）的基础上，图 3.32（b）进一步客观地展现了分子相互作用势换道模型下车辆平均速度的增加量以及速度波动程度的减少量。图 3.32（b）是箱线图，每个箱体周围的三个数据从上到下依次为最大值、平均值、最小值。与 SL2015 换道模型相比，分子相互作用势换道模型下的车辆速度平均提升了 3.49%，速度波动程度降低了 15.45%。此外，在实验的过程中，分子相互作用势换道模型下的车辆没有碰撞事故。综上所述，本节所建立的分子相互作用势换道模型具有较好的安全性以及高效性。分子相互作用势换道模型使得自动驾驶车辆在制定换道决策时可以兼顾安全与效率，并且在面对变化的交通环境时可以动态调整速度，而这也将使得自动驾驶车辆的控制层可以更为平稳地执行换道。

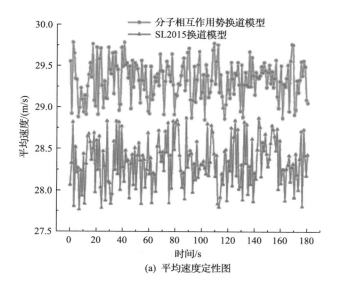

(a) 平均速度定性图

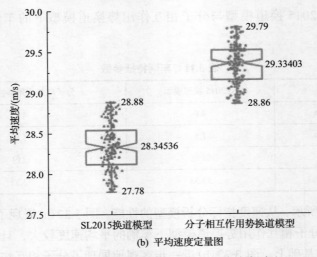

(b) 平均速度定量图

图 3.32　不同模型下换道车辆的平均速度对比

　　如图 3.33 所示，基于车辆通过数分析模型的性能。图 3.33(a)展示了车辆通过数随车流量的变化情况。当车流量不断增加时，两组模型下的车辆通过数不断增大。但是，与 SL2015 换道模型相比，分子相互作用势换道模型下的车辆通过数较多，并且这一情况在车流量大于 1500 辆/h 时更明显。图 3.33(b)进一步直观地展现了分子相互作用势换道模型下车辆通过数的增加量。与 SL2015 换道模型相比，分子相互作用势换道模型下的车辆通过数平均增加了 5.93%。综上所述，分子相互作用势换道模型具有较好的道路利用率。随着汽车保有量的逐渐增多，

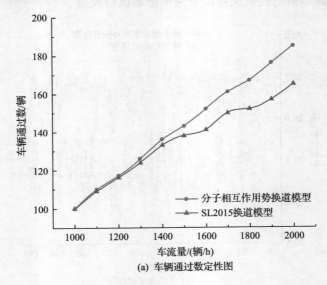

(a) 车辆通过数定性图

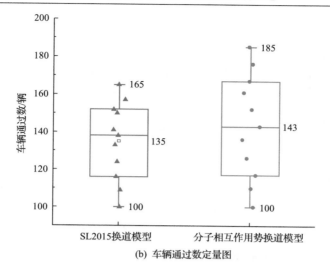

(b) 车辆通过数定量图

图 3.33 不同模型下的车辆通过数对比

车辆对道路利用率的需求也逐渐增大。因此，分子相互作用势换道模型还对当下及未来的交通环境具有适应性和实用性。

车辆的换道行为会对目标车道的车流产生一定的扰动。换道车辆的扰动性越小，目标车道的车流就能以较小的延误高效地行驶，因此基于扰动性来分析换道模型的性能。将 20 辆车组成一个车队，并且车队在目标车道后方行驶，如图 3.34 所示，车队中的车辆在受到换道车辆的扰动后，速度的波动会向后传递并且波动程度逐渐降低，这种情况与实际场景也相符。但是两种模型下的换道车辆对目标车流的扰动性不同。相比 SL2015 换道模型[82]，分子相互作用势换道模型下的换道

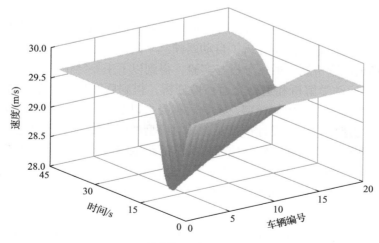

(a) SL2015换道模型下换道车辆的扰动性

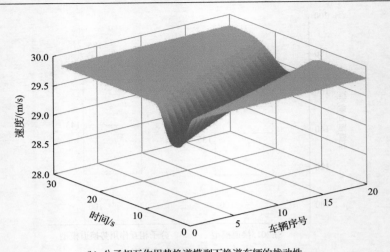

(b) 分子相互作用势换道模型下换道车辆的扰动性

图 3.34　不同模型下换道车辆的扰动性对比

车辆对目标车道车流的扰动性更小。车流在受到分子相互作用势换道模型下换道车辆的扰动后，能以较短的时间恢复到之前的行驶状态，而且速度的整体波动性也较小，这就使得车流可以更稳定且高效地行驶。综上所述，分子相互作用势换道模型具有较好的稳定性以及高效性。分子相互作用势换道模型下的换道车辆善于选择换道时机并进行"友好型"换道，从而促使车辆和谐地行驶并在一定程度上缓解交通拥堵问题。

3.4　本　章　小　结

本章对比分析侧重于固定临界空隙的传统换道决策机制，综合考虑了换道场景中的动态影响因素，系统分析了自动驾驶汽车的换道行为，并基于分子相互作用势建立换道决策机制。通过分析与实验，得到以下主要结论：

（1）基于运动学解析和道路交通环境分析，得到后车目标跟车距离的计算方法。提出了车辆相互作用势模型，推导后车受力以及加速度函数，完成了传统车辆的跟驰行为建模。分别设计仿真实验，对模型的拟合度和稳定性进行了评价，实验结果证明所建模型能够较好地模拟实车的跟驰响应行为。运用系统相似性分析探究分子与车辆的相似性，使得分子相互作用势理论应用到自动驾驶环境下的交通场景并建立分子相互作用势换道模型，科学地展现了自动驾驶车辆的换道特性。

（2）梳理了 CAV 在混合交通流中建立的跟驰关系类型，阐述了 CAV 跟驰模型在车辆控制系统中的作用和意义。基于车辆相互作用势模型推导了 CAV 的受力函数以及加速度函数,并引入效率-安全系数定义了 CAV 的安全跟车距离。参考 PATH 实验室模型建模思路,提出速度协同控制项与加速度协同控制项,分别构建了基于相互作用势的 ACC 跟驰模型和 CACC 跟驰模型。设计并进行了模型 CAV 队列对交通振荡的响应仿真实验和模型稳定性测试实验,结果表明,所建模型具有良好的交通振荡响应效果和稳定性表现。

(3)分子相互作用势换道模型在考虑动态影响要素的同时,将吸引作用与排斥作用统一于一个整体,从而形成合理的换道决策机制,使得自动驾驶汽车能安全且高效地实施换道。实验结果表明,与 SL2015 换道模型相比,分子相互作用势换道模型下的车辆运行速度平均提升了 3.49%,速度波动程度降低了 15.45%,车辆通过数平均增加了 5.93%。此外,没有车辆发生碰撞事故且换道车辆的扰动性较小。因此,分子相互作用势换道模型具有较好的安全性、稳定性以及车道利用率。

第 4 章　网联车辆行驶路径规划及跟踪控制

在自动驾驶车辆换道轨迹规划的基础上，基于车辆换道运动学和动力学特性建模，推导车辆换道运动学、动力学模型，引入车辆轮胎耦合动力学模型，并在此基础上，以第 2 章规划的换道轨迹为参考轨迹，分别设计控制器进行轨迹跟踪。首先，根据推导的横向动力学模型，以自动驾驶车辆自由换道轨迹为参考轨迹，用模型预测控制方法设计横向控制器，进行轨迹跟踪；其次，根据建立的换道运动学模型，以规划的原车道有前车障碍时的换道轨迹为参考轨迹，用模型预测控制方法设计综合控制器，对参考轨迹进行跟踪；最后，根据车辆轮胎耦合动力学模型，以规划的目标车道有后车障碍时的换道轨迹为参考轨迹，用滑模变结构控制方法设计纵横向耦合控制器，对参考轨迹进行跟踪。

4.1　车辆换道轨迹运动学模型

车辆换道轨迹运动学方程从几何学角度研究中低速行驶条件下车辆的位置、速度、横摆角随时间的变化规律。学者围绕车辆运动学方程建立的模型包括以车辆后轴为中心的运动学模型、以车辆质心为中心的运动学模型及车辆跟踪误差模型。本节基于车辆运动学方程建立自动驾驶车辆的换道运动学模型，为了减少控制方法的计算量同时又不失换道运动学特性，对模型进行适当简化。

4.1.1　模型假设

假设路面平整，地面附着条件好；自动驾驶车辆换道过程中做纵向、横向和横摆运动，转向时两前轮转角相同，左右后轮无转向；车辆系统为刚性体。以车辆质心为中心建立运动学"单轨"模型，如图 4.1 所示。图 4.1 中建立了大地坐标系 (XOY) 和车辆坐标系 (xoy)，图中参数符号意义见表 4.1。

表 4.1　运动学模型符号及意义

符号	意义	符号	意义
δ_{f}	前轮转向角	v	质心速度
θ	车辆横摆角	l_{f}	质心到前轴距离
ω	横摆角速度	l_{r}	质心到后轴距离

符号	意义	符号	意义
β	质心侧偏角	l	前后轴距离
R	质心处转向半径		

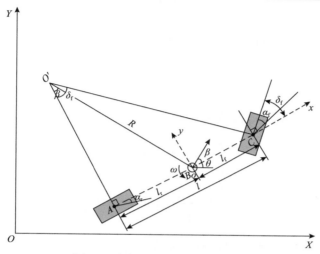

图 4.1　车辆换道轨迹运动学方程

4.1.2　运动学模型

如图 4.1 所示，车辆质心 B 在大地坐标系下的纵横向速度为

$$\begin{cases} \dot{X} = v\cos(\beta + \theta) \\ \dot{Y} = v\sin(\beta + \theta) \end{cases} \tag{4.1}$$

在三角形 $O'AB$ 中，根据正弦定理得

$$\frac{l_{\mathrm{r}}}{\sin\beta} = \frac{R}{\sin\dfrac{\pi}{2}} \tag{4.2}$$

同理，在三角形 $O'BC$ 中可得

$$\frac{R}{\sin\left(\dfrac{\pi}{2} - \delta_{\mathrm{f}}\right)} = \frac{l_{\mathrm{f}}}{\sin(\delta_{\mathrm{f}} - \beta)} \tag{4.3}$$

联立式(4.2)、式(4.3)可得

$$\tan \delta_{\mathrm{f}} \cos \beta = \frac{l_{\mathrm{f}} + l_{\mathrm{r}}}{R} \tag{4.4}$$

车辆质心横摆角速度为

$$\dot{\theta} = \omega = \frac{v}{R} \tag{4.5}$$

联立式(4.4)、式(4.5)可得横摆角速度为

$$\dot{\theta} = \frac{v}{l_{\mathrm{f}} + l_{\mathrm{r}}} \tan \delta_{\mathrm{f}} \cos \beta \tag{4.6}$$

联立式(4.1)、式(4.6)可得运动学模型为

$$\begin{cases} \dot{X} = v\cos(\beta + \theta) \\ \dot{Y} = v\sin(\beta + \theta) \\ \dot{\theta} = \dfrac{v}{l_{\mathrm{f}} + l_{\mathrm{r}}} \tan \delta_{\mathrm{f}} \cos \beta \end{cases} \tag{4.7}$$

以后轴中心为参考点，中心坐标为$(\dot{X}_{\mathrm{r}}, \dot{Y}_{\mathrm{r}})$，假设$\beta \ll \theta$，式(4.7)简化为

$$\begin{vmatrix} \dot{X}_{\mathrm{r}} \\ \dot{Y}_{\mathrm{r}} \\ \dot{\theta} \end{vmatrix} = \begin{vmatrix} \cos \theta \\ \sin \theta \\ \dfrac{\tan \delta_{\mathrm{f}}}{l} \end{vmatrix} v_{\mathrm{r}} \tag{4.8}$$

式(4.8)即为自动驾驶车辆的换道运动学模型。

4.2　车辆换道轨迹动力学模型

4.2.1　模型假设

假设路面平坦，换道过程中自动驾驶车辆做横向、纵向及横摆运动；换道过程中空气动力学对车辆动力学特性没有影响，车辆做纯滚动，纵向速度恒定；转向过程中轮胎具有纯侧偏特性，忽略其纵横向之间的耦合关系；车辆悬架及轮胎为刚性体；换道过程中轮胎载荷没有偏移，两前轮转向角相同，横摆角、前轮转向角均为小角度(≤5°)。建立三自由度"单轨"动力学模型，如图4.2所示[83]。

如图4.2(a)所示，模型坐标系包括大地坐标系(XOY)和车辆坐标系(xoy)，图中符号意义见表4.2。

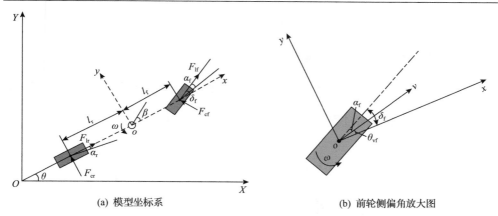

(a) 模型坐标系　　　　　　　　　　　　　　(b) 前轮侧偏角放大图

图 4.2　三自由度"单轨"动力学模型

表 4.2　横向动力学模型符号及意义

符号	意义	符号	意义
F_{lf}	前轮车轮方向纵向力	C_{lr}	后轮纵向刚度
F_{cf}	前轮侧向力	α_f	前轮侧偏角
F_{xf}	前轮 x 轴方向力	α_r	后轮侧偏角
F_{yf}	前轮 y 轴方向力	s_f	前轮纵向滑移率
F_{lr}	后轮车轮方向纵向力	s_r	后轮纵向滑移率
F_{cr}	后轮侧向力	m	车辆质量
F_{xr}	后轮 x 轴方向力	a_x	x 轴方向加速度
F_{yr}	后轮 y 轴方向力	a_y	y 轴方向加速度
I_z	转动惯量	δ_f	前轮转向角
C_{cf}	前轮侧偏刚度	δ_r	后轮转向角
C_{cr}	后轮侧偏刚度	θ_{vf}	前轮速度角
C_{lf}	前轮纵向刚度	θ_{vr}	后轮速度角

4.2.2　动力学模型

由图 4.2(a) 可知，车辆坐标系中质心纵向动力学方程为

$$F_{xf} + F_{xr} = F_{lf}\cos\delta_f - F_{cf}\sin\delta_f + F_{xr} = ma_x \tag{4.9}$$

质心横向动力学方程为

$$F_{yf} + F_{yr} = F_{lf} \sin\delta_f + F_{cf} \cos\delta_f + F_{yr} = ma_y \tag{4.10}$$

车辆横摆运动受到的合力矩为

$$F_{yf}l_f - F_{yr}l_r = F_{lf}l_f \sin\delta_f + F_{cf}l_f \cos\delta_f - F_{yr}l_r = I_z\dot{\omega} \tag{4.11}$$

自动驾驶车辆转向过程中，车辆坐标系变化如图 4.3 所示。

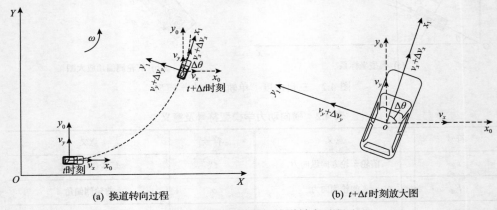

(a) 换道转向过程   (b) $t+\Delta t$ 时刻放大图

图 4.3 自动驾驶车辆换道转向过程

由图 4.3 可知，自动驾驶汽车换道转向过程中，车辆坐标系动态变化，车辆纵横向速度发生变化，定义沿 ox 轴变化速度为 Δv_{ox}，则有式(4.12)成立：

$$\Delta v_{ox} = (v_x + \Delta v_x)\cos\Delta\theta - v_x - (v_y + \Delta v_y)\sin\Delta\theta \tag{4.12}$$

定义沿 oy 轴变化速度为 Δv_{oy}，则有式(4.13)成立：

$$\Delta v_{oy} = (v_x + \Delta v_x)\sin\Delta\theta - v_y + (v_y + \Delta v_y)\cos\Delta\theta \tag{4.13}$$

式中，$\Delta\theta$ 为横摆角变化量，由于实际换道过程中横摆角非常小，可得到 $\sin\Delta\theta \approx \Delta\theta$、$\cos\Delta\theta \approx 1$，由此得到纵向加速度 a_x 为

$$a_x = \lim_{\Delta t \to 0}\frac{\Delta v_{ox}}{\Delta t} = \lim_{\Delta t \to 0}\frac{\Delta v_x - v_y\Delta\theta}{\Delta t} = \dot{v}_x - v_y\omega \tag{4.14}$$

同理，得到横向加速度 a_y 为

$$a_y = \lim_{\Delta t \to 0}\frac{\Delta v_{oy}}{\Delta t} = \lim_{\Delta t \to 0}\frac{v_x\Delta\theta + \Delta v_y}{\Delta t} = \dot{v}_y + v_x\omega \tag{4.15}$$

根据轮胎魔术模型公式，当轮胎侧偏角较小($\leqslant 5°$)时，轮胎受到的侧向力与

侧偏角之间呈线性关系, 即有式 (4.16) 成立:

$$\begin{cases} F_{cf} = 2C_{cf}\alpha_f \\ F_{cr} = 2C_{cr}\alpha_r \end{cases} \tag{4.16}$$

式 (4.16) 中, 设定 $C_{cf}<0$、$C_{cr}<0$, 假设换道过程中后轮转向角 $\delta_r=0$, 根据轮胎坐标系对侧偏角的定义, $\alpha_f<0$、$\alpha_r<0$, 式 (4.16) 可表示为

$$\begin{cases} F_{cf} = 2C_{cf}(\theta_{vf} - \delta_f) \\ F_{cr} = 2C_{cr}\theta_{vr} \end{cases} \tag{4.17}$$

前后轮速度角为

$$\begin{cases} \tan\theta_{vf} = \dfrac{v_y + l_f\omega}{v_x} \\ \tan\theta_{vr} = \dfrac{v_y - l_r\omega}{v_x} \end{cases} \tag{4.18}$$

考虑实际换道过程中, 前后轮速度角、前轮转向角非常小, 可得到 $\tan\theta_{vf}\approx\theta_{vf}$、$\tan\theta_{vr}\approx\theta_{vr}$、$\cos\delta_f\approx1$, 式 (4.18) 简化为

$$\begin{cases} \theta_{vf} \approx \dfrac{v_y + l_f\omega}{v_x} \\ \theta_{vr} \approx \dfrac{v_y - l_r\omega}{v_x} \end{cases} \tag{4.19}$$

将式 (4.14)、式 (4.17)、式 (4.19) 代入式 (4.9), 整理得到纵向动力学方程为

$$\dot{v}_x = \frac{2}{m}\left[C_{lf}s_f + C_{lr}s_r - C_{cf}\left(\frac{v_y + l_f\omega}{v_x} - \delta_f\right)\delta_f\right] + v_y\omega \tag{4.20}$$

不考虑前轮驱动力对车辆横摆运动的影响, 即 $F_{lf}\sin\delta_f\approx0$, 将式 (4.15)、式 (4.17)、式 (4.19) 代入式 (4.10), 得到横向动力学方程为

$$\dot{v}_y = \frac{2}{m}\left[C_{cf}\left(\frac{v_y + l_f\omega}{v_x} - \delta_f\right) + C_{cr}\frac{v_y - l_r\omega}{v_x}\right] - v_x\omega \tag{4.21}$$

将式 (4.17)、式 (4.19) 代入式 (4.11), 得到车辆横摆动力学方程为

$$\dot{\omega} = \frac{2}{I_z} \left[l_{\mathrm{f}} C_{\mathrm{cf}} \left(\frac{v_y + l_{\mathrm{f}} \omega}{v_x} - \delta_{\mathrm{f}} \right) - l_{\mathrm{r}} C_{\mathrm{cr}} \frac{v_y - l_{\mathrm{r}} \omega}{v_x} \right] \tag{4.22}$$

自动驾驶车辆换道过程中,横摆角变化率即为横摆角速度,即有式(4.23)成立:

$$\dot{\theta} = \omega \tag{4.23}$$

由图 4.2(a)可知,在大地坐标系下,车辆质心纵横向速度为

$$\begin{cases} \dot{X} = v_x \cos\theta - v_y \sin\theta \\ \dot{Y} = v_x \sin\theta + v_y \cos\theta \end{cases} \tag{4.24}$$

考虑实际换道转向时横摆角非常小,可用车辆坐标系横向速度 $\dot{y}$ 代替 $\dot{Y}$,式(4.24)中 $\dot{Y}$ 近似表示为

$$\dot{y} = v_y + v_x \theta \tag{4.25}$$

由式(4.20)~式(4.24),根据模型假设条件,得到自动驾驶车辆非线性动力学模型为

$$\begin{cases} \dot{v}_x = \frac{2}{m} \left[C_{\mathrm{lf}} s_{\mathrm{f}} + C_{\mathrm{lr}} s_{\mathrm{r}} - C_{\mathrm{cf}} \left(\frac{v_y + l_{\mathrm{f}} \omega}{v_x} - \delta_{\mathrm{f}} \right) \delta_{\mathrm{f}} \right] + v_y \omega \\ \dot{v}_y = \frac{2}{m} \left[C_{\mathrm{cf}} \left(\frac{v_y + l_{\mathrm{f}} \omega}{v_x} - \delta_{\mathrm{f}} \right) + C_{\mathrm{cr}} \frac{v_y - l_{\mathrm{r}} \omega}{v_x} \right] - v_x \omega \\ \dot{\theta} = \omega \\ \dot{\omega} = \frac{2}{I_z} \left[l_{\mathrm{f}} C_{\mathrm{cf}} \left(\frac{v_y + l_{\mathrm{f}} \omega}{v_x} - \delta_{\mathrm{f}} \right) - l_{\mathrm{r}} C_{\mathrm{cr}} \frac{v_y - l_{\mathrm{r}} \omega}{v_x} \right] \\ \dot{X} = v_x \cos\theta - v_y \sin\theta \\ \dot{Y} = v_x \sin\theta + v_y \cos\theta \end{cases} \tag{4.26}$$

4.3 车辆换道耦合动力学模型

在 4.2 节中,车辆横向动力学模型假设换道时纵向速度恒定,忽略轮胎纵向力而单独分析横向受力问题,实际换道过程中车辆同时受纵向力和横向力,二者均产生于地面对轮胎的反作用力,具有耦合特性[84]。为提高控制精度,参考文献[84]中的耦合动力学模型,对轮胎纵横向耦合条件下的换道轨迹进行跟踪控制,

模型推导过程本节不做研究，耦合动力学模型为

$$\begin{cases} \dot{v}_x = \dfrac{(f_R c_z - c_x)v_x^2}{m} - f_R g + v_y \omega + 2C_{cf}\delta_f \dfrac{v_y + l_f\omega}{mv_x} + \dfrac{F_x}{m} \\[3mm] \dot{v}_y = -\dfrac{2(C_{cf} + C_{cr})v_y}{mv_x} - \left[v_x + \dfrac{2(C_{cf}l_f - C_{cr}l_r)}{mv_x} \right]\omega + \dfrac{2C_{cf} + \lambda F_x}{m}\delta_f \\[3mm] \dot{\omega} = -\dfrac{2(C_{cf}l_f^2 + C_{cr}l_r^2)}{I_z v_x}\omega - \dfrac{2(C_{cf}l_f - C_{cr}l_r)}{I_z v_x}v_y + \dfrac{2C_{cf} + \lambda F_x}{I_z}l_f\delta_f \end{cases} \quad (4.27)$$

式中，$\lambda = \dfrac{l_r}{l_f + l_r}$。

耦合动力学模型部分参数符号及意义见表 4.3。

表 4.3　耦合动力学模型部分参数符号及意义

符号	意义	符号	意义
F_x	牵引力/制动力	c_x	纵向阻力系数
f_R	滚动阻力系数	g	重力加速度
c_z	垂向升力系数		

4.4　自由换道轨迹跟踪控制及联合仿真

4.4.1　CarSim 车辆模型

CarSim 软件由美国机械仿真公司（Mechanical Simulation Corporation, MSC）公司开发，是目前应用于汽车动力学仿真的主流软件之一，它能够对整车动力性、制动性、稳定性等进行仿真，并广泛应用于现代汽车控制系统开发[85]，软件主界面如图 4.4 所示。

CarSim 软件功能主要包含三个模块：一是车辆参数及仿真工况模块，该模块提供了多种车型参数及传动系统、轮胎模型等参数，仿真工况部分主要用于车辆内部控制方式及外部道路环境条件设置；二是求解器模块，该模块用于模型运算及仿真时间设置，同时提供与其他软件联合仿真接口；三是 3D 动画显示及绘图模块，该模块用于对仿真实验阶段的主要参数变化趋势绘图，同步演示车辆 3D 运动效果，对设计实验的效果进行仿真验证。

本节仿真中车辆参数使用软件自带 E-Class Sedan 车型，驱动模式为前轮驱动，轮胎类型为 Pacejka 5.2，独立悬架系统，其他参数为系统默认值；仿真工况道路环境选择 3D Road 中 "1200m, two lanes"，道路宽度 3.75m，路面附着系数 0.85。

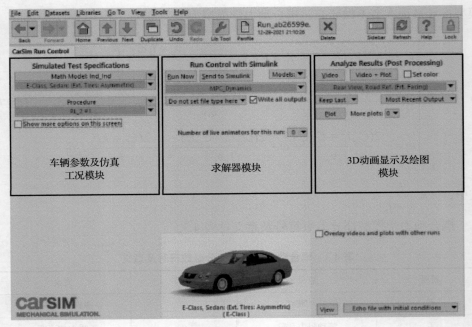

图 4.4　CarSim 主界面

4.4.2　系统动力学约束

设计系统控制器时，设置轮胎受力动力学约束主要考虑以下条件。

1) 轮胎侧偏角约束

将前轮侧偏角约束范围设定为

$$-2.5° < \alpha_{\mathrm{f}} < 2.5° \tag{4.28}$$

2) 质心侧偏角约束

根据博世公司车辆稳定性研究成果[86]，要保持车辆行驶稳定，质心侧偏角需要限定在一定范围内，其中干燥沥青路面在 $-12°\sim12°$，冰雪湿滑路面在 $-2°\sim2°$，本节质心侧偏角约束条件设定为

$$\beta = \begin{cases} (-12°,\ 12°), & \mu = 1 \\ (-2°,\ 2°), & \mu = 0.2 \end{cases} \tag{4.29}$$

式中，μ 为地面附着系数。

3) 地面附着条件约束

车辆动力性受地面附着条件影响，运动加速度与地面附着力存在以下关系：

$$ma \leqslant F_{\mathrm{f}} = \mu mg \tag{4.30}$$

式中，F_{f} 为地面附着力；a 为车辆加速度，且 $a = \sqrt{a_x^2 + a_y^2}$，a_x 为纵向加速度，a_y 为横向加速度。

根据模型假设，纵向加速度为 0，则式 (4.30) 又可表示为

$$a = a_y \leqslant \mu g \tag{4.31}$$

换道过程中，横向加速度过大会影响乘坐舒适性，约束条件过小则计算不出可行解，为此将地面附着条件设置为软约束：

$$a_{\min} - \gamma < a < a_{\max} + \gamma \tag{4.32}$$

式中，γ 为横向加速度软约束因子。

4.4.3　横向控制器设计

根据动力学模型式 (4.27)，建立横向控制系统状态空间表达式：

$$\begin{cases} \dot{\xi} = f(\xi, u) \\ \eta = h(\xi) \end{cases} \tag{4.33}$$

状态向量 $\xi = \begin{bmatrix} v_x & v_y & \theta & \omega & X & Y \end{bmatrix}^{\mathrm{T}}$，控制量 $u = \delta_{\mathrm{f}}$，输出量 $\eta = \begin{bmatrix} \theta & Y \end{bmatrix}^{\mathrm{T}}$，设定模型的参数指标值，见表 4.4。

表 4.4　横向动力学模型参数指标值

参数符号	名称及单位	指标值	参数符号	名称及单位	指标值
C_{cf}	前轮侧偏刚度/[N/(°)]	59256	s_{r}	后轮纵向滑移率	0.2
C_{cr}	后轮侧偏刚度/[N/(°)]	59256	m	车辆质量/kg	1650
C_{lf}	前轮纵向刚度/N	6000	l_{f}	质心到前轴距离/m	1.4
C_{lr}	后轮纵向刚度/N	6000	l_{r}	质心到后轴距离/m	1.65
s_{f}	前轮纵向滑移率	0.2	I_z	转动惯量/(kg·m²)	3234

1) 模型线性化

在参考点 (X_0, u_0) 处将系统状态空间表达式进行泰勒展开，取一阶项：

$$\dot{\tilde{X}} = f(X,u) - f(X_0,u_0) = \frac{\partial f(X,u)}{\partial X}\bigg|_{\substack{X=X_0\\u=u_0}}(X-X_0) + \frac{\partial f(X,u)}{\partial u}\bigg|_{\substack{X=X_0\\u=u_0}}(u-u_0)$$

$$= \begin{bmatrix} A_{11} & A_{12} & A_{13} & A_{14} & A_{15} & A_{16} \\ A_{21} & A_{22} & A_{23} & A_{24} & A_{25} & A_{26} \\ A_{31} & A_{32} & A_{33} & A_{34} & A_{35} & A_{36} \\ A_{41} & A_{42} & A_{43} & A_{44} & A_{45} & A_{46} \\ A_{51} & A_{52} & A_{53} & A_{54} & A_{55} & A_{56} \\ A_{61} & A_{62} & A_{63} & A_{64} & A_{65} & A_{66} \end{bmatrix}(X-X_0) + \begin{bmatrix} B_1 \\ B_2 \\ B_3 \\ B_4 \\ B_5 \\ B_6 \end{bmatrix}(u-u_0)$$

$$= A(t)(X-X_0) + B(t)(u-u_0)$$

$$= A(t)\tilde{X}(t) + B(t)\tilde{u}(t) \tag{4.34}$$

式中，状态量系数矩阵为

$$A(t) = \begin{bmatrix} A_{11} & \dot{\theta} - \dfrac{2C_{cf}\delta_f}{mv_x} & 0 & v_y - \dfrac{2l_f C_{cf}\delta_f}{mv_x} & 0 & 0 \\[2mm] A_{21} & -\dfrac{2(C_{cf}+C_{cr})}{mv_x} & 0 & -\dot{x} + \dfrac{2(l_r C_{cr} - l_f C_{cf})}{mv_x} & 0 & 0 \\[2mm] 0 & 0 & 0 & 1 & 0 & 0 \\[2mm] A_{41} & \dfrac{2(l_r C_{cr} - l_f C_{cf})}{I_z v_x} & 0 & -\dfrac{2(l_f^2 C_{cf} + l_r^2 C_{cr})}{I_z v_x} & 0 & 0 \\[2mm] \cos\theta & -\sin\theta & -v_x\sin\theta - v_y\cos\theta & 0 & 0 & 0 \\[2mm] \sin\theta & \cos\theta & v_x\cos\theta - v_y\sin\theta & 0 & 0 & 0 \end{bmatrix} \tag{4.35}$$

其中

$$A_{11} = \frac{2C_{cf}\delta_f(v_y + l_f\omega)}{mv_x^2}, \quad A_{21} = -\frac{2[C_{cf}(v_y + l_f\omega) + C_{cr}(v_y - l_r\omega)]}{mv_x^2} - \omega$$

$$A_{41} = \frac{2[l_f C_{cf}(v_y + l_f\omega) - l_r C_{cr}(v_y - l_r\omega)]}{I_z v_x^2}$$

控制量系数矩阵为

$$B(t) = \left[\frac{2C_{cf}}{m}\left(2\delta_f - \frac{v_y + l_f\omega}{v_x}\right) \quad \frac{2C_{cf}}{m} \quad 0 \quad \frac{2l_f C_{cf}}{I_z} \quad 0 \quad 0 \right]^{T}$$

2) 模型离散化

应用前向欧拉法对式 (4.34) 进行离散化处理，整理后得

$$\tilde{X}(k+1) = A_k \tilde{X}(k) + B_k \tilde{u}(k) \tag{4.36}$$

式中

$$A_k = I + TA(t)，\quad B_k = TB(t)$$

其中，T 为更新步长；I 为单位矩阵。

令

$$d(k) = X_0(k+1) - A_k X_0(k) - B_k u_0(k)$$

进一步化简得到

$$X(k+1) = A_k X(k) + B_k u(k) + d(k) \tag{4.37}$$

式中，$d(k)$ 为该时刻与上一时刻状态量偏差。

状态输出向量 $\eta(k) = CX(k)$，系数矩阵 $C = \begin{bmatrix} 0 & 0 & 1 & 0 & 0 & 0 \\ 0 & 0 & 0 & 0 & 0 & 1 \end{bmatrix}$。

3) 建立预测模型

建立新的状态向量 $\xi(k) = \begin{bmatrix} X(k) \\ u(k-1) \end{bmatrix}$，由该时刻状态向量推导下一时刻状态向量：

$$
\begin{aligned}
\xi(k+1) &= \begin{bmatrix} X(k+1) \\ u(k) \end{bmatrix} = \begin{bmatrix} A_k X(k) + B_k u(k) + d(k) \\ u(k) \end{bmatrix} \\
&= \begin{bmatrix} A_k X(k) + B_k[u(k-1) + \Delta u(k)] + d(k) \\ u(k-1) + \Delta u(k) \end{bmatrix} \\
&= \begin{bmatrix} A_k X(k) + B_k u(k-1) \\ u(k-1) \end{bmatrix} + \begin{bmatrix} B_k \Delta u(k) \\ \Delta u(k) \end{bmatrix} + \begin{bmatrix} d(k) \\ 0 \end{bmatrix} \\
&= \begin{bmatrix} A_k & B_k \\ 0_{1\times 6} & 1 \end{bmatrix} \begin{bmatrix} X(k) \\ u(k-1) \end{bmatrix} + \begin{bmatrix} B_k \\ 1 \end{bmatrix} \Delta u(k) + \begin{bmatrix} d(k) \\ 0 \end{bmatrix} \\
&= \tilde{A}_k \xi(k) + \tilde{B}_k \Delta u(k) + \tilde{d}(k)
\end{aligned} \tag{4.38}
$$

得到新的状态输出量 $\tilde{\eta}(k) = \tilde{C}\xi(k)$，系数矩阵 $\tilde{C} = \begin{bmatrix} C & 0_{2\times 1} \end{bmatrix}$。

根据式 (4.38) 可推导未来 N_p 时刻状态向量：

$$\begin{aligned}
\xi(k+N_\mathrm{p}) &= \tilde{A}_k \xi(k+N_\mathrm{p}-1) + \tilde{B}_k \Delta u(k+N_\mathrm{p}-1) + \tilde{d}(k+N_\mathrm{p}-1) \\
&= \tilde{A}_k^{N_\mathrm{p}} \xi(k) + \tilde{A}_k^{N_\mathrm{p}-1} \tilde{B}_k \Delta u(k) + \tilde{A}_k^{N_\mathrm{p}-2} \tilde{B}_k \Delta u(k+1) + \cdots + \tilde{B}_k \Delta u(k+N_\mathrm{p}-1) \\
&\quad + \tilde{A}_k^{N_\mathrm{p}-1} \tilde{d}(k) + \tilde{A}_k^{N_\mathrm{p}-2} \tilde{d}(k+1) + \cdots + \tilde{d}(k+N_\mathrm{p}-1)
\end{aligned}$$

$$(4.39)$$

式中，N_p 为预测时域。

同理得到未来 N_p 时刻输出量：

$$\begin{aligned}
\tilde{\eta}(k+N_\mathrm{p}) &= \tilde{C}\xi(k+N_\mathrm{p}) \\
&= \tilde{C}\tilde{A}_k^{N_\mathrm{p}} \xi(k) + \tilde{C}\tilde{A}_k^{N_\mathrm{p}-1} \tilde{B}_k \Delta u(k) + \tilde{C}\tilde{A}_k^{N_\mathrm{p}-2} \tilde{B}_k \Delta u(k+1) + \cdots + \tilde{C}\tilde{B}_k \Delta u(k+N_\mathrm{p}-1) \\
&\quad + \tilde{C}\tilde{A}_k^{N_\mathrm{p}-1} \tilde{d}(k) + \tilde{C}\tilde{A}_k^{N_\mathrm{p}-2} \tilde{d}(k+1) + \cdots + \tilde{C}\tilde{d}(k+N_\mathrm{p}-1)
\end{aligned}$$

$$(4.40)$$

综上得到系统状态输出方程：

$$Y(k) = \Psi_k \xi(k) + \Theta_k \Delta U(k) + \Gamma_k \phi(k) \qquad (4.41)$$

式中，状态输出量 $Y(k)$ 为

$$Y(k) = \begin{bmatrix} \tilde{\eta}(k+1) \\ \tilde{\eta}(k+2) \\ \vdots \\ \tilde{\eta}(k+N_\mathrm{c}) \\ \vdots \\ \tilde{\eta}(k+N_\mathrm{p}) \end{bmatrix}$$

状态输入量系数矩阵 Ψ_k 为

$$\Psi_k = \begin{bmatrix} \tilde{C}\tilde{A}_k \\ \tilde{C}\tilde{A}_k^2 \\ \tilde{C}\tilde{A}_k^3 \\ \vdots \\ \tilde{C}\tilde{A}_k^{N_\mathrm{p}} \end{bmatrix}$$

输入控制量增量 $\Delta U(k)$ 为

$$\Delta U(k) = \begin{bmatrix} \Delta \tilde{u}(k) \\ \Delta \tilde{u}(k+1) \\ \Delta \tilde{u}(k+2) \\ \vdots \\ \Delta \tilde{u}(k+N_c-1) \end{bmatrix}$$

输入控制量增量系数矩阵 Θ_k 为

$$\Theta_k = \begin{bmatrix} \tilde{C}\tilde{B}_k & 0 & \cdots & 0 \\ \tilde{C}\tilde{A}_k\tilde{B}_k & \tilde{C}\tilde{B}_k & \cdots & 0 \\ \vdots & \vdots & & \vdots \\ \tilde{C}\tilde{A}_k^{N_p-1}\tilde{B}_k & \tilde{C}\tilde{A}_k^{N_p-2}\tilde{B}_k & \cdots & \tilde{C}\tilde{A}_k^{N_p-N_c}\tilde{B}_k \end{bmatrix}_{N_p \times N_c}$$

状态量偏差系数矩阵 Γ_k 为

$$\Gamma_k = \begin{bmatrix} \tilde{C} & 0 & \cdots & 0 \\ \tilde{C}\tilde{A}_k & \tilde{C} & \cdots & 0 \\ \vdots & \vdots & & \vdots \\ \tilde{C}\tilde{A}_k^{N_p-1} & \tilde{C}\tilde{A}_k^{N_p-2} & \cdots & \tilde{C} \end{bmatrix}_{N_p \times N_p}$$

状态量偏差 $\phi(k)$ 为

$$\phi(k) = \begin{bmatrix} \tilde{d}(k) \\ \tilde{d}(k+1) \\ \tilde{d}(k+2) \\ \vdots \\ \tilde{d}(k+N_p-1) \end{bmatrix}$$

其中，N_c 为控制时域。

4.4.4　轨迹跟踪控制

建立轨迹跟踪控制目标函数，利用 MATLAB 线性二次规划方法求解各采样时刻的控制量增量，为防止系统控制过程中无可行解问题，加入松弛因子项。

1) 目标函数

$$J = \sum_{i=1}^{N_p} \left\| \tilde{\eta}(k+i) - \eta_r(k+i) \right\|_Q^2 + \sum_{i=0}^{N_c-1} \left\| \Delta U(k+i) \right\|_R^2 + \rho \varepsilon^2 \tag{4.42}$$

式中，Q 为状态量输出权重矩阵；R 为控制量增量权重矩阵；ε 为松弛因子；ρ 为松弛因子权重。

目标函数转化为二次规划形式，式(4.42)的输出量为

$$Y_r = [\tilde{\eta}_r(k+1) \quad \tilde{\eta}_r(k+2) \quad \cdots \quad \tilde{\eta}_r(k+N_c) \quad \cdots \quad \tilde{\eta}_r(k+N_p)]^T$$

令误差项 $E(k) = \Psi_k \xi(k) + \Gamma_k \phi(k) - Y_r$，$\tilde{Q} = I_{N_p} \otimes Q$，$\tilde{R} = I_{N_c} \otimes R$，目标函数式(4.42)化简为

$$\begin{aligned}
J &= (Y - Y_r)^T \tilde{Q}(Y - Y_r) + \Delta U^T \tilde{R} \Delta U + \varepsilon^T \rho \varepsilon \\
&= (E + \Theta \Delta U)^T \tilde{Q}(E + \Theta \Delta U) + \Delta U^T \tilde{R} \Delta U + \varepsilon^T \rho \varepsilon \\
&= \begin{bmatrix} \Delta U \\ \varepsilon \end{bmatrix}^T \begin{bmatrix} \Theta^T \tilde{Q} \Theta + \tilde{R} & 0 \\ 0 & \rho \end{bmatrix} \begin{bmatrix} \Delta U \\ \varepsilon \end{bmatrix} + \begin{bmatrix} 2E^T \tilde{Q} \Theta & 0 \end{bmatrix} \begin{bmatrix} \Delta U \\ \varepsilon \end{bmatrix} + E^T \tilde{Q} E
\end{aligned} \tag{4.43}$$

2) 约束条件

根据线性二次规划约束条件，可得控制量增量的约束条件为

$$\begin{bmatrix} A_I & 0 \\ -A_I & 0 \end{bmatrix} \begin{bmatrix} \Delta U \\ \varepsilon \end{bmatrix} \leqslant \begin{bmatrix} U_{max} - U_t \\ -U_{min} + U_t \end{bmatrix} \tag{4.44}$$

式中

$$A_I = \begin{bmatrix} 1 & 0 & 0 & \cdots & 0 \\ 1 & 1 & 0 & \cdots & 0 \\ 1 & 1 & 1 & \cdots & 0 \\ \vdots & \vdots & \vdots & & \vdots \\ 1 & 1 & 1 & \cdots & 1 \end{bmatrix}_{N_c \times N_c} \otimes I_2$$

输出量约束条件为

$$\begin{bmatrix} \Theta_k & 0 \\ -\Theta_k & 0 \end{bmatrix} \begin{bmatrix} \Delta U \\ \varepsilon \end{bmatrix} \leqslant \begin{bmatrix} Y_{max} - \Psi_k \xi(k) - \Gamma_k \phi(k) \\ -Y_{min} + \Psi_k \xi(k) + \Gamma_k \phi(k) \end{bmatrix} \tag{4.45}$$

联立式(4.44)、式(4.45)得到二次规划线性不等式约束为

$$\begin{bmatrix} A_I & 0 \\ -A_I & 0 \\ \Theta_k & 0 \\ -\Theta_k & 0 \end{bmatrix} \begin{bmatrix} \Delta U \\ \varepsilon \end{bmatrix} \leqslant \begin{bmatrix} U_{max} - U_t \\ -U_{min} + U_t \\ Y_{max} - \Psi_k \xi(k) - \Gamma_k \phi(k) \\ -Y_{min} + \Psi_k \xi(k) + \Gamma_k \phi(k) \end{bmatrix} \tag{4.46}$$

二次规划控制量增量的上下限约束条件为

$$\begin{bmatrix} \Delta U_{\min} \\ 0 \end{bmatrix} \leqslant \begin{bmatrix} \Delta U \\ \varepsilon \end{bmatrix} \leqslant \begin{bmatrix} \Delta U_{\max} \\ M \end{bmatrix} \tag{4.47}$$

式中，M 为松弛因子上限。

　　根据目标函数和约束条件，可求出该周期内满足目标函数最小值条件的控制量增量序列，序列的第一个值为当前时刻最优控制量增量，使用第一个值作用于被控对象，得到当前时刻控制量，系统进入下一个周期，通过重新计算得到下一周期的控制量增量，从而得到控制量……依此循环计算，系统将得到控制时域内所有控制量，对系统各个周期控制量增量的求解过程即完成了对期望轨迹的跟踪控制。

4.4.5　仿真实验验证

　　以第 2 章规划的自动驾驶车辆自由换道轨迹为参考轨迹，根据 4.3 节推导的横向动力学模型构建控制器模块，编写控制程序，在 MATLAB 环境下搭建 CarSim 与 SIMULINK 联合仿真平台，对自动驾驶车辆自由换道过程进行联合仿真。

　　CarSim 工况模块设置：节气门设置为 Constant target speed，制动、转向设置为 No linked library，挡位设置为 AT 6th Mode。CarSim 车辆模型输出量输入 SIMULINK 控制器模块，控制器输出量输入 CarSim 车辆模型，形成闭环回路，实现对参考轨迹的跟踪控制。CarSim 与 MATLAB 联合仿真框架结构如图 4.5 所示。

　　图 4.5 中，CarSim 输出车辆速度、横摆角、位置等信息给控制器模块，控制器根据控制程序求出每个周期的前轮转角并传输给 CarSim，模拟实验场景为双车道直行路段，自动驾驶车辆在提前获得原车道前方车辆减速信息后，以纵向匀速行驶状态完成向左侧车道换道。

　　控制器参数设置：$N_{\text{p}} = 30$，$N_{\text{c}} = 10$，$Q = \begin{bmatrix} 2000 & 0 \\ 0 & 10000 \end{bmatrix}$，$R = 5 \times 10^4$，$\rho = 50$，$M = 10$，$T = 0.02\text{s}$，$-10° \leqslant \delta_{\text{f}} \leqslant 10°$，$-0.34° \leqslant \Delta\delta_{\text{f}} \leqslant 0.34°$，$\mu = 0.85$，仿真时间 4.5s。

　　CarSim 中设置自动驾驶车辆和原车道前车初始位置、速度、车间距，目标车道前方不设置车辆，自由换道联合仿真动画场景如图 4.6 所示。由图可知，自动驾驶车辆能够按照规划换道轨迹完成换道行为。

　　图 4.7 为自由换道纵横向位移、速度、加速度轨迹跟踪结果。换道初始时刻，在控制器作用下，系统不断调整纵横向加速度，使纵横向速度向参考速度趋近，其中纵向速度在 1.2s 时刻左右跟踪上参考速度，纵向加速度收敛至 0，完成对参

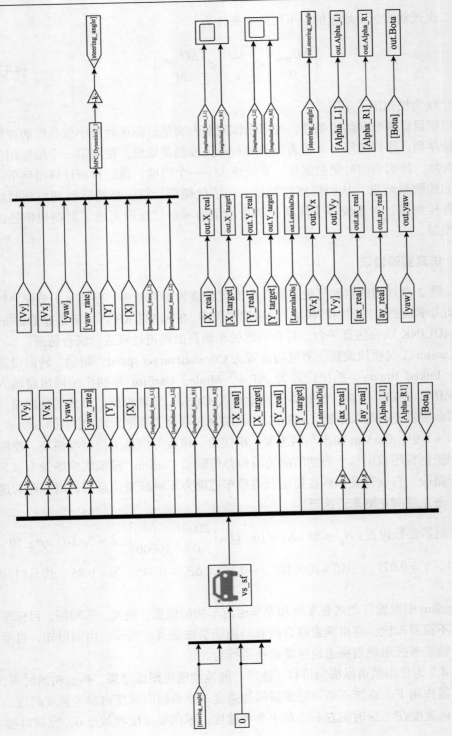

图 4.5 CarSim 与 MATLAB 联合仿真框架结构

(a) 开始换道

(b) 换道中途

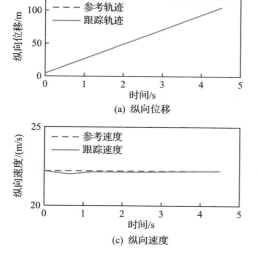

(c) 换道结束

图 4.6　自由换道联合仿真动画场景

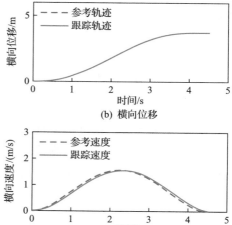

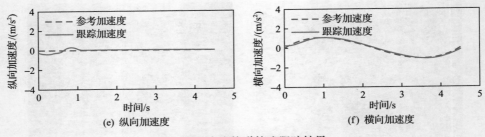

(e) 纵向加速度　　　　　　　　　　　(f) 横向加速度

图 4.7　自由换道轨迹跟踪结果

考轨迹跟踪；换道过程中纵横向位移跟踪均方根误差分别为 0.898m、0.141m。

图 4.8 为换道过程中前轮转角变化情况。由图可知,前轮转角变化范围为-2°～2°,远远小于设置约束范围(-10°～10°),前轮转角增量变化范围为-0.2°～0.2°,也在设置约束范围(-0.85°～0.85°)内,从前轮转角局部放大图可知,前轮转角在换道过程中为阶跃变化,没有出现突变问题,表明设计的控制器控制稳定性较好。

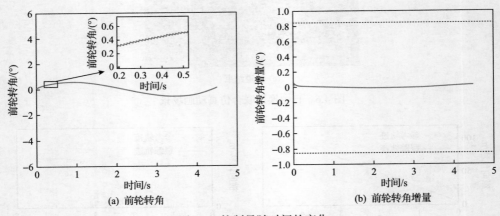

(a) 前轮转角　　　　　　　　　　　(b) 前轮转角增量

图 4.8　控制量随时间的变化

图 4.9 为换道跟踪过程中自动驾驶车辆质心侧偏角、前轮侧偏角随时间的变化情况。由图可知,前轮侧偏角在-2.5°～2.5°范围内变化,质心侧偏角变化远远小于设置范围(-12°～12°),实验表明设计的控制器对换道轨迹的跟踪稳定性较好。

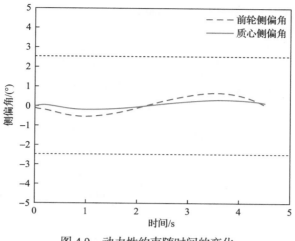

图 4.9　动力性约束随时间的变化

4.5　原车道有前车障碍时换道轨迹跟踪控制与仿真

4.5.1　控制器设计

根据换道运动学方程(4.8)，以纵向位置、横向位置、横摆角为状态量，以车辆质心速度、前轮转角为控制量，构建车辆运动非线性控制系统：

$$
\begin{vmatrix} \dot{X}_r \\ \dot{Y}_r \\ \dot{\theta} \end{vmatrix} = \begin{vmatrix} \cos\theta \\ \sin\theta \\ 0 \end{vmatrix} v_r + \begin{vmatrix} 0 \\ 0 \\ 1 \end{vmatrix} \omega \tag{4.48}
$$

式(4.48)用矩阵表示为

$$
\dot{X} = f(X, u) \tag{4.49}
$$

根据式(4.49)建立系统模型：

$$
\begin{cases} \dfrac{\mathrm{d}X}{\mathrm{d}t} = AX + BU \\ Y = CX \end{cases} \tag{4.50}
$$

式中，系统状态量 $X = [x\ y\ \theta]^{\mathrm{T}}$；系统控制量 $U = [v\ \delta_f]^{\mathrm{T}}$；系统输出量 $Y = CX$；A 为状态量系数矩阵；B 为控制量系数矩阵；C 为输出量系数矩阵。

1)模型线性化

将系统状态空间表达式在参考轨迹 (X_r, u_r) 处进行泰勒展开，保留一阶项，控制系统与参考轨迹作差构建线性误差模型：

$$\dot{X} - \dot{X}_r = \frac{\partial f(X_r, u_r)}{\partial X}\bigg|_{\substack{X=X_r \\ u=u_r}} (X - X_r) + \frac{\partial f(X_r, u_r)}{\partial u}\bigg|_{\substack{X=X_r \\ u=u_r}} (u - u_r)$$

$$= \begin{bmatrix} A_{11} & A_{12} & A_{13} \\ A_{21} & A_{22} & A_{23} \\ A_{31} & A_{32} & A_{33} \end{bmatrix} (X - X_r) + \begin{bmatrix} B_{11} & B_{12} \\ B_{21} & B_{22} \\ B_{31} & B_{32} \end{bmatrix} (u - u_r)$$

$$= \begin{bmatrix} 0 & 0 & -v_r \sin\theta_r \\ 0 & 0 & v_r \cos\theta_r \\ 0 & 0 & 0 \end{bmatrix} (X - X_r) + \begin{bmatrix} \cos\theta_r & 0 \\ \sin\theta_r & 0 \\ \dfrac{\tan\delta_{fr}}{l} & \dfrac{v_r}{l\cos^2\delta_{fr}} \end{bmatrix} (u - u_r) \quad (4.51)$$

式中，v_r 为参考速度；θ_r 为参考横摆角；δ_{fr} 为参考前轮转角。

由此得到线性化误差模型：

$$\dot{\tilde{X}} = A_t \tilde{X} + B_t \tilde{u} \quad (4.52)$$

式中

$$A_t = \begin{bmatrix} 0 & 0 & -v_r \sin\theta_r \\ 0 & 0 & v_r \cos\theta_r \\ 0 & 0 & 0 \end{bmatrix}, \quad B_t = \begin{bmatrix} \cos\theta_r & 0 \\ \sin\theta_r & 0 \\ \dfrac{\tan\delta_{fr}}{l} & \dfrac{v_r}{l\cos^2\delta_{fr}} \end{bmatrix}$$

2）模型离散化

应用前向欧拉法对线性系统进行离散化处理，得到

$$\tilde{X}(k+1) = (E + TA)\tilde{X}(k) + TB\tilde{u}(k) = A_k \tilde{X}(k) + B_k \tilde{u}(k) \quad (4.53)$$

式中

$$A_k = \begin{bmatrix} 1 & 0 & -Tv_r \sin\theta_r \\ 0 & 1 & Tv_r \cos\theta_r \\ 0 & 0 & 1 \end{bmatrix}, \quad B_k = \begin{bmatrix} T\cos\theta_r & 0 \\ T\sin\theta_r & 0 \\ \dfrac{T\tan\delta_{fr}}{l} & \dfrac{Tv_r}{l\cos^2\delta_{fr}} \end{bmatrix}$$

3）建立预测模型

建立新的状态向量 $\xi(k) = \begin{bmatrix} \tilde{X}(k) \\ \tilde{u}(k-1) \end{bmatrix}$，由该状态向量推导下一时刻状态向量：

$$\xi(k+1) = \begin{bmatrix} \tilde{X}(k+1) \\ \tilde{u}(k) \end{bmatrix} = \begin{bmatrix} A_k\tilde{X}(k) + B_k\tilde{u}(k) \\ \tilde{u}(k) \end{bmatrix} = \begin{bmatrix} A_k\tilde{X}(k) + B_k[\tilde{u}(k-1) + \tilde{u}(k) - \tilde{u}(k-1)] \\ \tilde{u}(k-1) + \tilde{u}(k) - \tilde{u}(k-1) \end{bmatrix}$$

$$= \begin{bmatrix} A_k\tilde{X}(k) + B_k\tilde{u}(k-1) \\ \tilde{u}(k-1) \end{bmatrix} + \begin{bmatrix} B_k[\tilde{u}(k) - \tilde{u}(k-1)] \\ \tilde{u}(k) - \tilde{u}(k-1) \end{bmatrix}$$

$$= \tilde{A}\xi(k) + \tilde{B}\Delta u(k) \tag{4.54}$$

式中

$$\tilde{A} = \begin{bmatrix} A_k & B_k \\ 0_{2\times3} & I_2 \end{bmatrix}, \quad \tilde{B} = \begin{bmatrix} B_k \\ I_2 \end{bmatrix}$$

由式(4.54)得到系统新的状态输出量 $\eta(k) = \tilde{C}\xi(k)$，系数矩阵 $\tilde{C} = \begin{bmatrix} C & 0_{3\times2} \end{bmatrix}$。根据式(4.54)推导未来 N_p 时刻状态向量:

$$\xi(k+N_p) = \tilde{A}\xi(k+N_p-1) + \tilde{B}\Delta\tilde{u}(k+N_p-1)$$

$$= \tilde{A}^{N_p}\xi(k) + \tilde{A}^{N_p-1}\tilde{B}\Delta\tilde{u}(k) + \cdots + \tilde{B}\Delta\tilde{u}(k+N_p-1) \tag{4.55}$$

同理得到未来 N_p 时刻输出量:

$$\eta(k+N_p) = \tilde{C}\xi(k+N_p)$$

$$= \tilde{C}\tilde{A}^{N_p}\xi(k) + \tilde{C}\tilde{A}^{N_p-1}\tilde{B}\Delta\tilde{u}(k) + \cdots + \tilde{C}\tilde{A}^{N_p-N_c}\tilde{B}\Delta\tilde{u}(k+N_p-1) \tag{4.56}$$

系统状态输出方程用矩阵表示为

$$Y(k) = \Psi_k\xi(k) + \Theta_k\Delta U(k) \tag{4.57}$$

式中，状态输出量 $Y(k)$ 为

$$Y(k) = \begin{bmatrix} \tilde{\eta}(k+1) \\ \tilde{\eta}(k+2) \\ \vdots \\ \tilde{\eta}(k+N_c) \\ \vdots \\ \tilde{\eta}(k+N_p) \end{bmatrix}$$

状态输入量系数矩阵 Ψ_k 为

$$\Psi_k = \begin{bmatrix} \tilde{C}\tilde{A}_k \\ \tilde{C}\tilde{A}_k^2 \\ \vdots \\ \tilde{C}\tilde{A}_k^{N_c} \\ \vdots \\ \tilde{C}\tilde{A}_k^{N_p} \end{bmatrix}$$

输入控制量增量 $\Delta U(k)$ 为

$$\Delta U(k) = \begin{bmatrix} \Delta\tilde{u}(k) \\ \Delta\tilde{u}(k+1) \\ \vdots \\ \Delta\tilde{u}(k+N_c-1) \end{bmatrix}$$

输入控制量增量系数矩阵 Θ_k 为

$$\Theta_k = \begin{bmatrix} \tilde{C}\tilde{B}_k & 0 & \cdots & 0 \\ \tilde{C}\tilde{A}_k\tilde{B}_k & \tilde{C}\tilde{B}_k & \cdots & 0 \\ \vdots & \vdots & & \vdots \\ \tilde{C}\tilde{A}_k^{N_c-1}\tilde{B}_k & \tilde{C}\tilde{A}_k^{N_c-2}\tilde{B}_k & \cdots & \tilde{C}\tilde{B}_k \\ \tilde{C}\tilde{A}_k^{N_c}\tilde{B}_k & \tilde{C}\tilde{A}_k^{N_c-1}\tilde{B}_k & \cdots & \tilde{C}\tilde{A}_k\tilde{B}_k \\ \vdots & \vdots & & \vdots \\ \tilde{C}\tilde{A}_k^{N_p-1}\tilde{B}_k & \tilde{C}\tilde{A}_k^{N_p-2}\tilde{B}_k & \cdots & \tilde{C}\tilde{A}_k^{N_p-N_c-1}\tilde{B}_k \end{bmatrix}$$

4.5.2 轨迹跟踪控制

建立轨迹跟踪控制目标函数,利用 MATLAB 线性二次规划方法求解各采样时刻的控制量增量。

1) 目标函数

$$J = \sum_{i=1}^{N_p} \left\| \tilde{\eta}(k+i) - \eta_r(k+i) \right\|_Q^2 + \sum_{i=0}^{N_c-1} \left\| \Delta U(k+i) \right\|_R^2 + \rho\varepsilon^2 \tag{4.58}$$

式中, 第一部分为控制系统对参考轨迹跟踪效能; 第二部分为控制系统稳定性表现; 第三部分为避免出现无可行解添加的软约束条件。

令误差项 $E = \Psi_k\xi(k)$, 目标函数式(4.58)转化为二次规划形式:

$$J = (Y - Y_r)^T \tilde{Q}(Y - Y_r) + \Delta U^T \tilde{R} \Delta U + \rho \varepsilon^2$$

$$= (E + \Theta \Delta U)^T \tilde{Q}(E + \Theta \Delta U) + \Delta U^T \tilde{R} \Delta U + \rho \varepsilon^2$$

$$= \begin{bmatrix} \Delta U \\ \varepsilon \end{bmatrix}^T \begin{bmatrix} \Theta^T \tilde{Q} \Theta + \tilde{R} & 0 \\ 0 & \rho \end{bmatrix} \begin{bmatrix} \Delta U \\ \varepsilon \end{bmatrix} + \begin{bmatrix} 2E^T \tilde{Q} \Theta & 0 \end{bmatrix} \begin{bmatrix} \Delta U \\ \varepsilon \end{bmatrix} + E^T \tilde{Q} E \quad (4.59)$$

2）约束条件

根据线性二次规划约束条件，可得控制量增量不等式约束条件为

$$\begin{bmatrix} A_I & 0 \\ -A_I & 0 \end{bmatrix} \begin{bmatrix} \Delta U \\ \varepsilon \end{bmatrix} \leqslant \begin{bmatrix} U_{\max} - U_t \\ -U_{\min} + U_t \end{bmatrix} \quad (4.60)$$

式中

$$A_I = \begin{bmatrix} 1 & 0 & 0 & \cdots & 0 \\ 1 & 1 & 0 & \cdots & 0 \\ 1 & 1 & 1 & \cdots & 0 \\ \vdots & \vdots & \vdots & & \vdots \\ 1 & 1 & 1 & \cdots & 1 \end{bmatrix}_{N_c \times N_c} \otimes I_2, \quad U_t = \begin{bmatrix} \tilde{u}(k-1) \\ \tilde{u}(k-1) \\ \vdots \\ \tilde{u}(k-1) \end{bmatrix}_{N_c \times 1}$$

$$U_{\min} = \begin{bmatrix} \tilde{u}_{\min} \\ \tilde{u}_{\min} \\ \vdots \\ \tilde{u}_{\min} \end{bmatrix}_{N_c \times 1}, \quad U_{\max} = \begin{bmatrix} \tilde{u}_{\max} \\ \tilde{u}_{\max} \\ \vdots \\ \tilde{u}_{\max} \end{bmatrix}_{N_c \times 1}$$

二次规划控制量增量的上下限约束条件为

$$\begin{bmatrix} \Delta U_{\min} \\ 0 \end{bmatrix} \leqslant \begin{bmatrix} \Delta U \\ \varepsilon \end{bmatrix} \leqslant \begin{bmatrix} \Delta U_{\max} \\ M \end{bmatrix} \quad (4.61)$$

目标函数求解过程与 4.4 节相似，在此不做赘述。

4.5.3 仿真实验验证

为验证设计控制器对运动轨迹的跟踪控制效果，以原车道有前车障碍时规划的换道轨迹为参考轨迹，设计换道纵横向综合控制器对参考轨迹进行跟踪控制。搭建 SIMULINK 模型框架，如图 4.10 所示。

控制器参数设置：$N_p = 50$，$N_c = 20$，$T = 0.01$s，$Q = \begin{bmatrix} 100 & 0 & 0 \\ 0 & 100 & 0 \\ 0 & 0 & 100 \end{bmatrix}$，$R =$

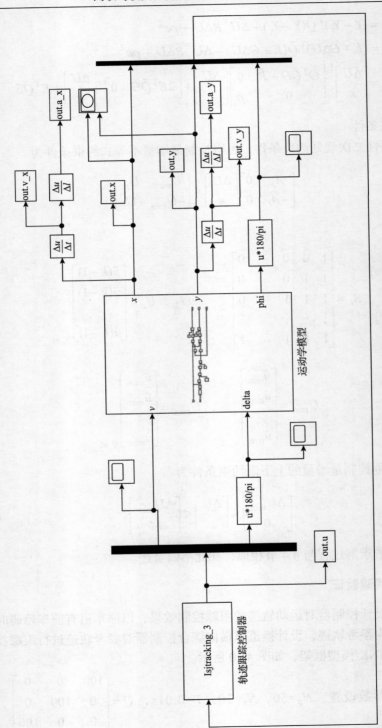

图 4.10 轨迹跟踪控制器SIMULINK模型框架

$$\begin{bmatrix} 50 & 0 \\ 0 & 100 \end{bmatrix}, \begin{bmatrix} -3\text{m/s} \\ -25° \end{bmatrix} \leqslant U \leqslant \begin{bmatrix} 3\text{m/s} \\ 25° \end{bmatrix}, \begin{bmatrix} -0.5\text{m/s} \\ -0.47° \end{bmatrix} \leqslant \Delta U \leqslant \begin{bmatrix} 0.5\text{m/s} \\ 0.47° \end{bmatrix},$$ 初始纵向速度

20m/s，仿真时间 5.4s。

轨迹跟踪结果如图 4.11 所示。由图可知，自动驾驶车辆以初始纵向速度 20m/s 开始换道，能够完成对参考轨迹跟踪。

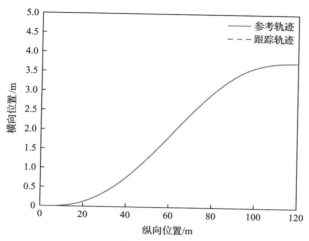

图 4.11　原车道前方有车辆障碍时轨迹跟踪结果

图 4.12 为原车道前方有车辆障碍时，自动驾驶车辆纵横向位移、速度、加速度轨迹跟踪结果。由图可知，换道初始时刻，在控制器作用下，系统不断调整纵横向加速度，使纵横向速度能够在较短时间内向参考速度趋近，纵横向位移跟踪的均方根误差分别为 0.032m、0.003m。

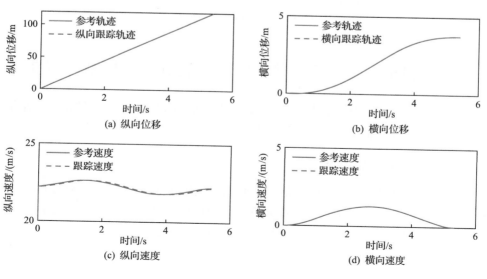

(a) 纵向位移　　(b) 横向位移

(c) 纵向速度　　(d) 横向速度

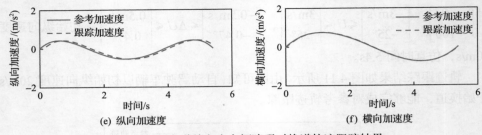

图 4.12　原车道前方有车辆障碍时换道轨迹跟踪结果

图 4.13 为换道过程中自动驾驶车辆速度、前轮转角随时间的变化曲线，由图 4.13（b）可知，自动驾驶车辆实际换道过程中前轮转角活动范围为–1°～1°，前轮转角左右极限约束范围为–25°～25°，自动驾驶车辆前轮转角在约束范围内，表明设计控制器合理；同时由局部放大图可知，换道过程中速度、前轮转角控制量均为阶跃变化，没有出现突变现象，表明设计的控制器控制稳定性较好。

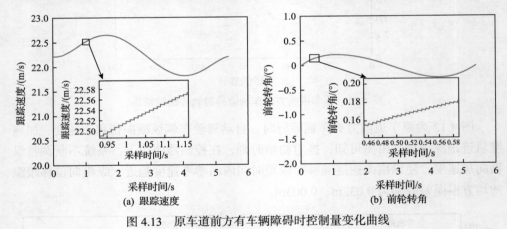

图 4.13　原车道前方有车辆障碍时控制量变化曲线

4.6　目标车道有后车障碍时换道轨迹跟踪控制与仿真

本节基于纵横向耦合动力学模型，以纵向牵引力/制动力、前轮转角为控制量，设计滑模变结构控制律，对规划轨迹跟踪控制。

4.6.1　耦合动力学模型假设

4.3 节引入轮胎纵横向耦合动力学模型，模型假设路面平坦，车辆换道过程中做横向、纵向和横摆运动；假设前轮纵向力对横摆运动没有影响；假设换道过程中前轮转角为小角度。耦合动力学模型参数指标值见表 4.5。

表 4.5　耦合动力学模型参数指标值

参数符号	名称及单位	指标值	参数符号	名称及单位	指标值
m	车辆质量/kg	1650	l_f	质心到前轴距离/m	1.4
f_R	滚动阻力系数	0.02	l_r	质心到后轴距离/m	1.65
c_z	垂向升力系数/$[(N \cdot s^2)/m^2]$	0.005	C_{cf}	前轮侧偏刚度/$[N/(°)]$	59256
c_x	纵向阻力系数/$[(N \cdot s^2)/m^2]$	0.4	C_{cr}	后轮侧偏刚度/$[N/(°)]$	59256
g	重力加速度/(m/s^2)	9.8	I_z	转动惯量/$(kg \cdot m^2)$	3234

4.6.2　滑模变结构控制

滑模变结构控制最早由苏联学者 Utkin 和 Emelyanov 提出，该控制方法通过不断改变控制量驱使系统按照指定的滑动模态向滑模面运动，因为设计滑动模态时不受控制对象参数及扰动影响，所以该控制方法具有响应迅速、不受外界干扰等优点[87]。

1)滑模定义

对如下系统：

$$\dot{x} = f(x), \quad x \in \mathbf{R}^n \tag{4.62}$$

系统状态空间存在一个超曲面函数 $s(x) = s(x_1, x_2, \cdots, x_n) = 0$，如图 4.14 所示，

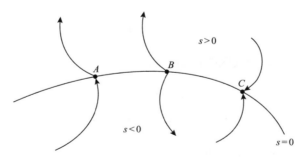

图 4.14　滑模切换面上点分类

系统空间超曲面 $s = 0$ 将空间分为 $s > 0$ 和 $s < 0$ 两部分,系统向超曲面运动时,其中从一侧空间穿过曲面进入另一侧空间,与超曲面的交点 A 定义为通常点;到达曲面后向两侧空间运动,与曲面交点 B 定义为起始点;从两侧空间向曲面运动并趋近收敛于曲面,与曲面交点 C 定义为终止点。将曲面上系统运动点均为终止点区域定义为滑动模态区。

根据滑模运动定义，滑模区上运动点都是终止点，所以有式(4.63)成立：

$$\lim_{s \to 0^+} \dot{s} \leqslant 0 \quad 及 \quad \lim_{s \to 0^-} \dot{s} \geqslant 0 \tag{4.63}$$

式(4.63)又可以表示为

$$\lim_{s \to 0} s \cdot \dot{s} \leqslant 0 \tag{4.64}$$

将李雅普诺夫函数作为系统稳定性的必要条件，李雅普诺夫函数为

$$v(x_1, x_2, \cdots, x_n) = [s(x_1, x_2, \cdots, x_n)]^2 \tag{4.65}$$

当函数满足以下条件时，认为系统在李雅普诺夫意义下稳定：

$$\begin{cases} v(x) = 0, & 当且仅当 x = 0 \\ v(x) > 0, & 当且仅当 x \neq 0 \\ \dot{v}(x) \leqslant 0, & x \neq 0 \end{cases} \tag{4.66}$$

式(4.66)中，满足条件 $\dot{v}(x) < 0(x \neq 0)$ 时，系统渐进稳定。

2)滑模变结构控制定义

对以下控制系统：

$$\dot{x} = f(x, u, t), \quad x \in \mathbf{R}^n, \quad u \in \mathbf{R}^m, \quad t \in \mathbf{R} \tag{4.67}$$

首先确定系统切换面函数

$$s(x), \quad s \in \mathbf{R}^m \tag{4.68}$$

然后求解系统能够进入滑模区的控制函数：

$$u = \begin{cases} u^+(x), & s(x) > 0 \\ u^-(x), & s(x) < 0 \end{cases} \tag{4.69}$$

式中，$u^+(x) \neq u^-(x)$，同时满足以下条件：

(1)系统按照设计的滑动模态运动。

(2)系统在超曲面外部空间能够在有限时间内到达曲面。

(3)滑动模态运动稳定。

(4)满足控制系统动态品质要求。

其中达到前三个条件的控制定义为滑模变结构控制。

4.6.3　控制器设计

基于滑模控制策略设计纵向位移和横摆角滑模面，分别对纵横向轨迹同时跟

踪控制。

1）系统描述

控制系统表达式（4.33）中，令状态向量 $\xi = \begin{bmatrix} v_x & v_y & \omega \end{bmatrix}^{\mathrm{T}}$，控制量 $u = \begin{bmatrix} F_x & \delta_{\mathrm{f}} \end{bmatrix}^{\mathrm{T}}$，输出量 $\eta = \begin{bmatrix} v_x & v_y & \theta & \omega \end{bmatrix}^{\mathrm{T}}$。

耦合动力学模型式（4.27）中，定义 $\beta_1 = \dfrac{f_{\mathrm{R}}c_z - c_x}{m}$、$\beta_2 = \dfrac{2(C_{\mathrm{cf}} + C_{\mathrm{cr}})}{m}$、$\beta_3 = \dfrac{2(C_{\mathrm{cf}}l_{\mathrm{f}} - C_{\mathrm{cr}}l_{\mathrm{r}})}{I_z}$、$\beta_4 = \dfrac{2(C_{\mathrm{cf}}l_{\mathrm{f}}^2 + C_{\mathrm{cr}}l_{\mathrm{r}}^2)}{I_z}$、$u_1 = -f_{\mathrm{R}}g + 2C_{\mathrm{cf}}\delta_{\mathrm{f}}\dfrac{v_y + l_{\mathrm{f}}\omega}{mv_x} + \dfrac{F_x}{m}$、$u_2 = \dfrac{2C_{\mathrm{cf}} + \lambda F_x}{m}\delta_{\mathrm{f}}$，则模型简化为

$$\begin{cases} \dot{v}_x = \beta_1 v_x^2 + v_y\omega + u_1 \\[2mm] \dot{v}_y = -\dfrac{\beta_2 v_y}{v_x} - \left(v_x + \dfrac{\beta_3 I_z}{mv_x} \right)\omega + u_2 \\[2mm] \dot{\omega} = -\dfrac{\beta_4 \omega}{v_x} - \dfrac{\beta_3 v_y}{v_x} + \dfrac{ml_{\mathrm{f}}}{I_z}u_2 \end{cases} \tag{4.70}$$

令 $a = 2C_{\mathrm{cf}}\dfrac{v_y + l_{\mathrm{f}}\omega}{mv_x}$、$b = -f_{\mathrm{R}}g - \dfrac{2C_{\mathrm{cf}}}{m\lambda} - u_1$、$c = \dfrac{u_2}{\lambda}$，则牵引力/制动力、前轮转角表示为

$$F_x = mu_1 + mf_{\mathrm{R}}g - 2C_{\mathrm{cf}}\dfrac{v_y + l_{\mathrm{f}}\omega}{v_x}\delta_{\mathrm{f}} \tag{4.71}$$

$$\delta_{\mathrm{f}} = \dfrac{-b - \sqrt{b^2 - 4ac}}{2a} \tag{4.72}$$

2）滑模面函数

定义期望纵向位移为 x_{d}，实际纵向位移为 x，则纵向位移误差 $e_1 = x - x_{\mathrm{d}}$，定义纵向位移滑模函数为

$$S_1 = \dot{e}_1 + c_1 e_1 \tag{4.73}$$

式中，c_1 为位移误差系数，$c_1 > 0$。

定义期望横摆角为 θ_{d}，实际横摆角为 θ，则横摆角误差 $e_2 = \theta - \theta_{\mathrm{d}}$，定义横摆角滑模函数为

$$S_2 = \dot{e}_2 + c_2 e_2 \tag{4.74}$$

式中，c_2 为横摆角误差系数，$c_2 > 0$。

3) 控制律设计

由式 (4.73) 知

$$\dot{S}_1 = \ddot{e}_1 + c_1 \dot{e}_1 = \beta_1 v_x^2 + v_y \omega + u_1 - \ddot{x}_d + c_1 \dot{e}_1 \tag{4.75}$$

采用指数趋近律，可得

$$\dot{S}_1 = -k_1 S_1 - \varepsilon_1 \operatorname{sgn}(S_1) \tag{4.76}$$

式中，$k_1 S_1$ 为指数趋近部分，$k_1 > 0$；ε_1 为趋近速度，$\varepsilon_1 > 0$；$\operatorname{sgn}(S_1)$ 为滑模控制符号函数。

联立式 (4.75)、式 (4.76) 可得位移跟踪滑模控制律：

$$u_1 = -\beta_1 v_x^2 - v_y \omega + \ddot{x}_d - c_1 \dot{e}_1 - k_1 S_1 - \varepsilon_1 \operatorname{sgn}(S_1) \tag{4.77}$$

根据式 (4.74) 可得

$$\dot{S}_2 = \ddot{e}_2 + c_2 \dot{e}_2 = -\frac{\beta_4 \omega}{v_x} - \frac{\beta_3 m v_y}{I_z v_x} + \frac{m l_f}{I_z} u_2 - \ddot{\theta}_d + c_2 \dot{e}_2 \tag{4.78}$$

同理采用指数趋近律，可得横摆角跟踪滑模控制律：

$$u_2 = \frac{I_z}{l_f m} \left[\frac{\beta_4}{v_x} \omega + \frac{\beta_3}{v_x} v_y + \ddot{\theta}_d - c_2 \dot{e}_2 - k_2 S_2 - \varepsilon_2 \operatorname{sgn}(S_2) \right] \tag{4.79}$$

式中，$k_2 > 0$，$\varepsilon_2 > 0$。

4) 李雅普诺夫稳定性分析

取李雅普诺夫函数为

$$V = \frac{1}{2} S_1^2 + \frac{1}{2} S_2^2 \tag{4.80}$$

对式 (4.80) 求一阶导数，联立式 (4.75)、式 (4.78) 可得

$$\dot{V} = S_1 (\beta_1 v_x^2 + v_y \omega + u_1 - \ddot{x}_d + c_1 \dot{e}_1) + S_2 \left(-\frac{\beta_4}{v_x} \omega - \frac{\beta_3}{v_x} v_y + \frac{l_f m}{I_z} u_2 - \ddot{\theta}_d + c_2 \dot{e}_2 \right) \tag{4.81}$$

将式 (4.77)、式 (4.79) 代入式 (4.81) 得

$$\dot{V} = S_1[-k_1 S_1 - \varepsilon_1 \, \mathrm{sgn}(S_1)] + S_2[-k_2 S_2 - \varepsilon_2 \, \mathrm{sgn}(S_2)]$$
$$= -k_1 S_1^2 - \varepsilon_1 |S_1| - k_2 S_2^2 - \varepsilon_2 |S_2| \tag{4.82}$$

当 $S_1 \neq 0$、$S_2 \neq 0$ 时，$\dot{V} < 0$，即纵向位移误差、横摆角误差收敛于 0，表明系统渐进稳定。

为防止系统出现抖振，用饱和函数 $\mathrm{sat}(\cdot)$ 代替式 (4.77)、式 (4.79) 中符号函数 $\mathrm{sgn}(\cdot)$：

$$\mathrm{sat}(S) = \begin{cases} 1, & S > \Delta \\ kS, & |S| \leqslant \Delta, \quad k = \dfrac{1}{\Delta} \\ -1, & S < -\Delta \end{cases} \tag{4.83}$$

式中，Δ 为边界层。

4.6.4　仿真实验验证

基于轮胎耦合动力学模型设计纵横向综合控制器[88]，设置初始跟踪状态为 $[18\mathrm{m/s}, 0, 2°, 0]$，滑模控制器参数取值见表 4.6。

表 4.6　滑模控制器参数取值

参数	c_1	c_2	k_1	k_2	ε_1	ε_2	Δ
取值	10	15	5	8	0.5	0.8	0.05

轨迹跟踪结果如图 4.15 所示。由图可知，自动驾驶车辆以纵向速度 18m/s、

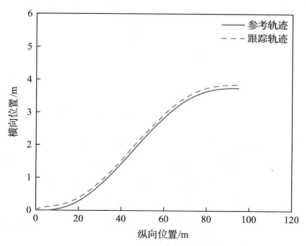

图 4.15　目标车道有后车障碍时轨迹跟踪结果

横摆角 2°初始位姿开始换道,能够完成对参考轨迹跟踪。

图 4.16 为目标车道有后车障碍时,自动驾驶车辆纵横向位移、速度、加速度轨迹跟踪结果。由图可知,初始时刻自动驾驶车辆在设计纵向位移跟踪控制律作用下,不断调整纵向加速度,使系统向纵向速度、纵向加速度参考轨迹趋近,短时间内即跟踪上参考轨迹;同时车辆在设计的横摆角跟踪控制律作用下,不断调整横向加速度,使系统向横向速度、横向加速度参考轨迹趋近,短时间内跟踪上参考轨迹;换道过程中,纵向位移、横向位移跟踪均方根误差分别为 0.023m、0.1m。

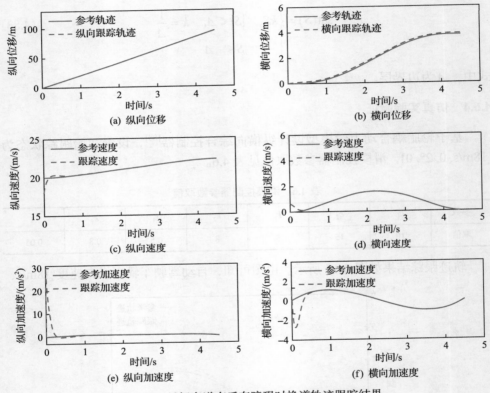

图 4.16　目标车道有后车障碍时换道轨迹跟踪结果

由图 4.17 可知,在设计的跟踪控制律作用下,纵向位移误差和横摆角误差在换道开始后不到 1s 时间均趋向于 0,表明设计控制器跟踪参考轨迹的效果理想。

图 4.18(a)为自动驾驶车辆在设计纵向位移跟踪控制律作用下,轮胎纵向力变化规律;由图 4.18(b)可知,在设计横摆角跟踪控制律作用下,换道过程中前轮转角变化范围为-6°～1°,远远小于极限范围-25°～25°,表明设计的控制器合理。

由图 4.19 可知,在设计的跟踪控制律作用下,换道过程中,系统运动点分别向纵向位移滑模面、横摆角滑模面运动，跟踪误差在有限时间内收敛于 0，表明设计的跟踪控制律对自动驾驶车辆换道纵横向耦合运动控制效果理想。

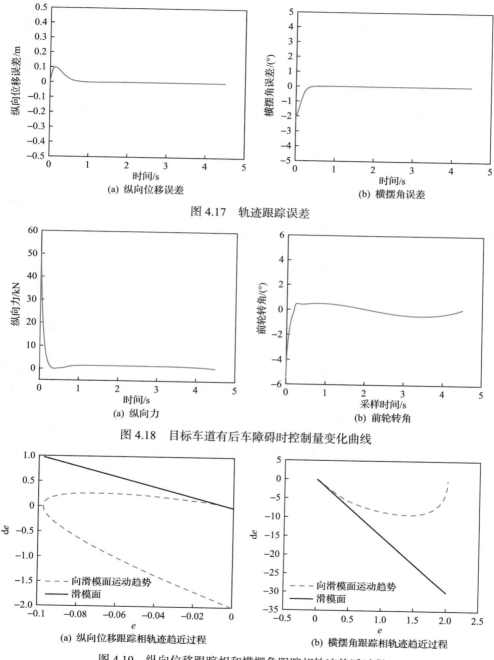

(a) 纵向位移误差　　　　　　　　(b) 横摆角误差

图 4.17　轨迹跟踪误差

(a) 纵向力　　　　　　　　(b) 前轮转角

图 4.18　目标车道有后车障碍时控制量变化曲线

(a) 纵向位移跟踪相轨迹趋近过程　　　　　　(b) 横摆角跟踪相轨迹趋近过程

图 4.19　纵向位移跟踪相和横摆角跟踪相轨迹趋近过程

4.7　本　章　小　结

本章推导了自动驾驶车辆的换道运动学模型及横向动力学模型，引入车辆轮胎耦合动力学模型，其中运动学模型作为设计原车道有前车障碍时换道轨迹跟踪控制器的模型基础，横向动力学模型作为设计自由换道轨迹跟踪控制器的模型基础，轮胎纵横向耦合动力学模型作为设计目标车道有后车障碍时换道轨迹跟踪控制器的模型基础。采用模型预测控制和滑模控制方法，设计轨迹跟踪控制器，并对轨迹跟踪控制效果进行了仿真实验，实验过程及结果如下：

（1）根据车辆横向动力学模型，用模型预测控制方法设计了一个横向控制器，为验证设计控制器的跟踪效果，在 MATLAB 环境下搭建与 CarSim 软件联合仿真平台，仿真实验表明初始时刻纵向速度和加速度存在一定误差，在控制策略下系统不断优化调整行驶状态，从 1s 时刻开始跟踪误差趋向于 0；跟踪过程中，前轮转角、质心侧偏角和前轮侧偏角均在约束范围内，且前轮转角换道过程中未发生突变，表明设计的控制器跟踪稳定性比较理想。

（2）根据建立的车辆换道运动学模型，运用模型预测控制方法设计了一个综合控制器，为验证轨迹跟踪效果，在 MATLAB 环境下搭建 SIMULINK 模型框架进行仿真实验，实验表明设计的控制器在纵向、横向上跟踪参考轨迹误差小，跟踪效果较为理想；跟踪速度和前轮转角在换道过程中没有发生突变，且前轮转角在约束范围内，表明设计的控制器跟踪稳定性较好。

（3）根据车辆轮胎耦合动力学模型，运用滑模变结构控制方法，考虑换道纵横向运动相互影响，分别设计纵向位移跟踪控制律和横摆角跟踪控制律，采用指数趋近律确保系统在有限时间内到达滑模面，运用李雅普诺夫稳定性理论对设计系统的稳定性进行了分析。为验证设计控制器的跟踪效果，在 MATLAB 环境下搭建 SIMULINK 模型框架进行仿真实验，实验表明设计的控制器能够在较短时间内完成对参考轨迹跟踪，指数趋近律中采用的饱和函数消除了系统在滑模面附近的抖振问题。

第5章　网联环境下混合交通流动态特性

5.1　混合交通流基本图模型

5.1.1　基本图模型推导

车辆跟驰模型是从微观角度切入宏观交通流特性研究的重要理论工具。第3、4章对 HV、CAV 跟驰行为的建模研究已覆盖了新型混合交通流场景中所有的跟驰关系，为解析新型混合交通流宏观特性奠定了完备的理论基础。

传统交通流的基本图模型一般基于交通流稳态速度下的车辆跟车距离进行推导，而在 CAV 普及率未达到 100%的网联环境中，由于混合交通流中 CAV-CAV、HV-CAV、CAV-HV 与 HV-HV 的前后车辆跟驰行为的差异性，稳态时的跟车距离也不相同。

用 l_{CACC}、l_{ACC} 和 l_{HDV} 分别表示 CACC 跟驰关系的稳态跟车距离、ACC 跟驰关系的稳态跟车距离、传统车辆跟驰关系的稳态跟车距离。由基于相互作用势的车辆跟驰模型构建原理可知，l_{CACC}、l_{ACC} 和 l_{HDV} 分别对应基于相互作用势的 CACC 跟驰模型需求跟车距离、基于相互作用势的 ACC 跟驰模型安全跟车距离和基于相互作用势的传统车辆跟驰模型安全跟车距离，将稳态速度 v_s 代入关系式，可得

$$\begin{cases} l_{CACC} = S_0 + \beta_{CAV} v_s + \eta_{CACC} \dfrac{v_s^2}{2d_{Fm}} \\[2mm] l_{ACC} = S_0 + \beta_{CAV} v_s + \eta_{ACC} \dfrac{v_s^2}{2d_{Fm}} \\[2mm] l_{HDV} = S_0 + \beta_{HV} v_s + \dfrac{v_s^2}{2d_{Fm}} \end{cases} \tag{5.1}$$

在足够多车辆组成的混合交通流中，用 P_{CACC}、P_{ACC} 和 P_{HDV} 分别表示 CACC、ACC、HDV 三种跟驰关系所占比例，当全体车辆以稳态速度 v_s 运行时，交通流的纵向长度为

$$D = Z \big[P_{CACC}(l_{CACC} + l_v) + P_{ACC}(l_{ACC} + l_v) + P_{HDV}(l_{HDV} + l_v) \big] \tag{5.2}$$

式中，D 为混合交通流总长度；Z 为混合交通流各种车辆的总数；l_v 为车身纵向长度。

由此，经换算可得到混合交通流密度 k 为

$$k = \frac{1}{P_{\text{CACC}}(l_{\text{CACC}} + l_{\text{v}}) + P_{\text{ACC}}(l_{\text{ACC}} + l_{\text{v}}) + P_{\text{HDV}}(l_{\text{HDV}} + l_{\text{v}})} \tag{5.3}$$

不难看出，混合交通流密度 k 是以各种跟驰关系比例 P_{CACC}、P_{ACC}、P_{HDV} 与稳态跟驰关系中的跟车距离 l_{CACC}、l_{ACC}、l_{HDV} 为自变量的函数，而由式 (5.1) 可知，l_{CACC}、l_{ACC} 和 l_{HDV} 本身分别是以稳态速度 v_{s} 为自变量的函数。因此，欲研究混合交通流密度 k 与稳态速度 v_{s} 的关系，需首先解析混合交通流中的 P_{CACC}、P_{ACC}、P_{HDV}。

在混合交通流中，HV 与 CAV 纵向上的排列方式具有随机性。但是当车辆总数 Z 足够大时，随着 CAV 在混合交通流中占有率的提升，交通流中相邻车辆建立起的不同跟驰关系的比例也会发生改变[89]。将混合交通流中的 CAV、HV 占有率分别表示为 p、$1-p$，根据概率论原理，跟驰关系中的前后车辆属性依据其占有率随机决定[90]。当前后车均为 CAV 时，两车建立 CACC 跟驰关系所占比例为 p^2；当前后车均为 HV 时，两车建立 HDV 跟驰关系所占比例为 $(1-p)^2$；当 HV 跟随 CAV 时，两车建立 HDV 跟驰关系所占比例为 $p(1-p)$；当 CAV 跟随 HV 时，两车建立 ACC 跟驰关系所占比例为 $(1-p)p$。

P_{CACC}、P_{ACC} 和 P_{HDV} 的计算式为

$$\begin{cases} P_{\text{CACC}} = p^2 \\ P_{\text{ACC}} = (1-p)p \\ P_{\text{HDV}} = (1-p)^2 \end{cases} \tag{5.4}$$

计算得到三种跟驰关系比例与混合交通流中 CAV 占有率的关系，如图 5.1 所

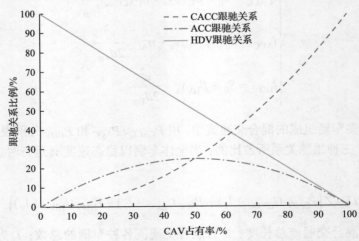

图 5.1　三种跟驰关系比例与混合交通流中 CAV 占有率的关系

示。随着混合交通流中 CAV 占有率的提高，HDV 跟驰关系比例线性下降；ACC 跟驰关系比例先上升后下降，在 $p=0.5$ 时最高；CACC 跟驰关系比例以二次函数关系提高。

为确保上述理论解析实际交通流表现的正确性，设计数值仿真实验加以验证。分别设置 100 辆、500 辆和 1000 辆三组仿真车队，CAV 占有率 p 取值为 0%～100%，以 1%为间隔，每个 p 的取值分别独立重复 10 次。最终计算 10 次仿真实验结果均值与式(5.4)所得理论值的误差，结果如图 5.2 与表 5.1 所示。仿真车队中有 100 辆车时，仿真实验得到的 CACC、ACC 和 HDV 跟驰关系比例与理论值的绝对误差均分别低于 4%、2%和 3.5%，且随着仿真车辆数目的增加，绝对误差整体表现为逐渐缩小，如仿真车队中有 1000 辆车时的绝对误差均分别低于 2%、1%和 1%。因此，可认为随实验样本数量的增加，实验结果向理论值收敛，说明可以使用式(5.4)计算真实混合交通流中 CACC、ACC、HDV 跟驰关系比例与 CAV 占有率之间的关系。

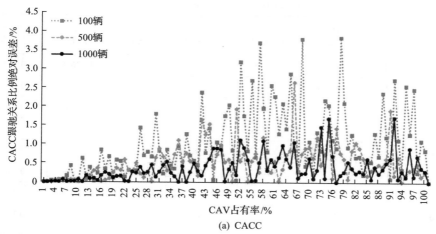

(a) CACC

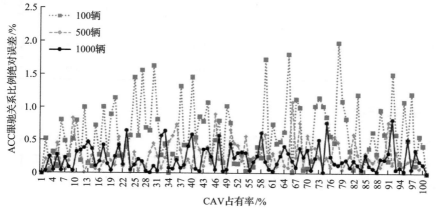

(b) ACC

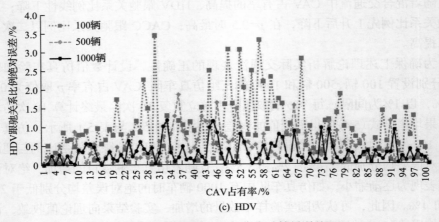

(c) HDV

图 5.2　跟驰关系比例仿真实验结果误差

表 5.1　跟驰关系比例数值仿真部分结果

CAV 占有率/%	车辆总数/辆	P_{CACC} 理论值/%	P_{CACC} 实验值/%	P_{CACC} 绝对误差/%	P_{ACC} 理论值/%	P_{ACC} 实验值/%	P_{ACC} 绝对误差/%
20	100	4.0000	4.5455	0.5455	16.0000	16.2626	0.2626
	500		4.3086	0.3086		15.4509	0.5491
	1000		3.8438	0.1562		16.4264	0.4264
40	100	16.0000	15.5556	0.4444	24.0000	24.5455	0.5455
	500		15.8317	0.1683		23.5070	0.4930
	1000		15.7057	0.2943		23.9339	0.0661
60	100	36.0000	33.7374	2.2626	24.0000	24.7475	0.7475
	500		35.4509	0.5491		24.3086	0.3086
	1000		36.4264	0.4264		24.0340	0.0340
80	100	64.0000	65.2525	1.2525	16.0000	15.6566	0.3434
	500		64.8297	0.8297		15.7315	0.2685
	1000		64.3744	0.3744		15.9059	0.0941

5.1.2　基本图解析

将 P_{CACC}、P_{ACC} 和 P_{HDV} 的计算式 (5.4) 与 l_{CACC}、l_{ACC} 和 l_{HDV} 计算式 (5.1) 代入式 (5.3)，可计算得到不同稳态速度 v_{s} 的混合交通流密度 k，k 与 v_{s} 的乘积即混合交通流流量 q。混合交通流的流量-密度基本图关系可表示为

$$\begin{cases} k = \dfrac{1}{v_s^2\left[\dfrac{p^2(\eta_{\mathrm{CACC}}-\eta_{\mathrm{ACC}})+p(\eta_{\mathrm{ACC}}-1)+1}{2d_{\mathrm{Fm}}}+\dfrac{(1-p)\beta_{\mathrm{HV}}+p\beta_{\mathrm{CAV}}}{v_s}\right]+S_0+l_v} \\ q = kv_s \end{cases}$$

(5.5)

由式(5.5)不难看出，混合交通流的密度和流量是以稳态速度 v_s 和 CAV 占有率 p 为自变量的函数。其中 CAV 占有率 p 的取值范围为 0%～100%，稳态速度 v_s 的取值范围为 0～33.3m/s(0～120km/h)，通过计算绘制不同 CAV 占有率的混合交通流基本图，如图 5.3 所示。

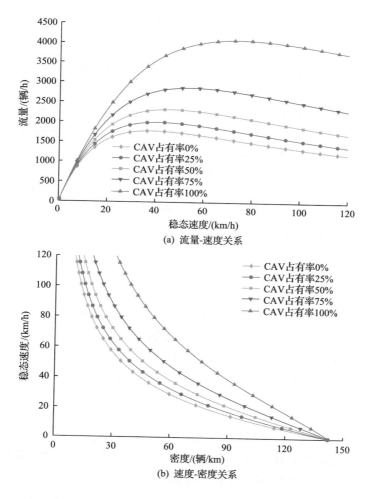

(a) 流量-速度关系

(b) 速度-密度关系

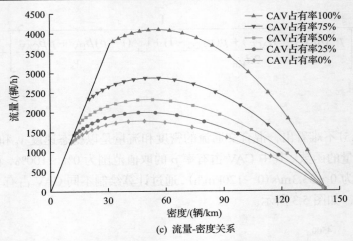

(c) 流量-密度关系

图 5.3　不同 CAV 占有率的混合交通流基本图

结果显示，随着 CAV 占有率的提升（从 0%提升至 100%，每次递增 25%），混合交通流的最大流量从 1780 辆/h 提升至 4010 辆/h，提升幅度为 125.28%；混合交通流达到最大流量时的稳态速度从 38.2km/h 提升至 74.2km/h，提升幅度为94.24%。即相较于传统交通流，完全 CAV 交通流中单一车辆的极限行驶效率接近前者的 2 倍，而整体极限运行效率超过前者的 2 倍。

另外，当 CAV 占有率为 0%、25%、50%和 75%时，CAV 占有率再次提升 25%后，混合交通流的最大值流量分别提升了 217 辆/h、325 辆/h、549 辆/h 和 1219辆/h，提升幅度分别为 12.19%、16.27%、23.64%和 42.46%。因此，可认为混合交通流中 CAV 占有率越高，交通流运行效率随 CAV 占有率的提升而提升的效果越显著。

5.1.3　参数敏感度分析

在基于相互作用势的 ACC 跟驰模型和 CACC 跟驰模型中，其安全跟车距离的效率-安全系数 η_{ACC}、η_{CACC} 是影响 CAV 车辆在稳态混合交通流中跟车距离的主要可变参数。效率-安全系数的取值范围为 0~1，且 η_{ACC} 一般取值为 η_{CACC} 的 2倍左右[91]，因此选取 η_{ACC} 为 1、0.8、0.6、0.4（η_{CACC} 对应分别取值 0.5、0.4、0.3、0.2）进行敏感性分析，计算不同效率-安全系数和 CAV 占有率下混合交通流的流量-密度曲线，如图 5.4 所示。

以 CAV 占有率为 50%的混合交通流为例，η_{ACC} 取值分别为 1、0.8、0.6、0.4时（η_{CACC} 对应分别取值 0.5、0.4、0.3、0.2），与 CAV 占有率 0%相比，交通流的流量分别提升了 353 辆/h、424 辆/h、504 辆/h、594 辆/h，提升幅度分别为 19.83%、23.82%、28.31%、33.37%。可认为在相同 CAV 占有率下的混合交通流中，效率-

安全系数设置越高，交通流的整体运行效率越高。

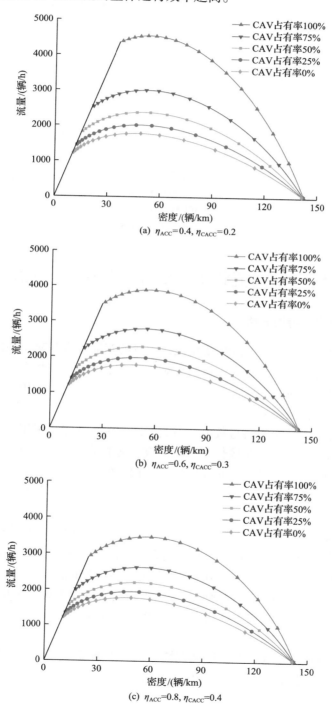

(a) $\eta_{ACC}=0.4, \eta_{CACC}=0.2$

(b) $\eta_{ACC}=0.6, \eta_{CACC}=0.3$

(c) $\eta_{ACC}=0.8, \eta_{CACC}=0.4$

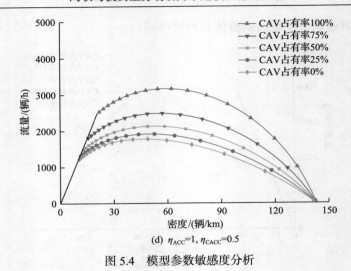

(d) $\eta_{ACC}=1$, $\eta_{CACC}=0.5$

图 5.4　模型参数敏感度分析

5.2　交通流状态突变特性及其演化规律

5.2.1　交通流突变特性分析

快速路交织区作为交通流频变路段，大量的车辆换道与交织现象使得其成为常发性拥堵路段，故将其作为重点研究对象。由于实地调查数据采集的方式工作量庞大，且对于针对性问题提取代表性数据过程困难，所以采用实地调查与仿真相结合的方法进行数据采集。

选取青岛市杭鞍快速路与鞍山二路交织区为调查地点，采用视频检测与人工调查相结合的方法，对交织区长度、车道数、交通量等参数进行调查，调查时间段选为 2021 年 11 月 22 日至 26 日（周一到周五）每天 7:00～20:00。利用交通模拟平台 Vissim，将实地调查结果作为输入参数搭建仿真场景，进行数据仿真。交通仿真具体方案如下。

（1）仿真场景：为探究交通流内部因素导致的拥堵演化规律，假设交织区不受其他路段拥堵影响，车道、出入口设置合理。快速路主路为双向 6 车道平直路段，长度为 1000m，交织区长度为 210m，车道宽度为 3.75m。

（2）交通量：实地调查发现此交织区一天内交通量为 1200～3700pcu/h（pcu 为标准车当量数），所以标定仿真交通量为 1000～4000pcu/h，步长为 500pcu/h，每间隔步长仿真时长为 3600s。

（3）交织流量比：为研究交织区拥堵特性，根据《公路通行能力手册》，选取交织段为 4 车道时的最大交织流量比为 0.35。

（4）期望速度：依据实地调查结果，标定快速路主线期望速度为 80km/h，匝道期望速度为 40km/h。

（5）数据检测：依据《公路通行能力手册》，交织区范围为汇合三角区上游0.6m 至分离三角区下游 3.7m，采用等距离分割法，在交织区范围内从分离三角区开始分内侧、中间、外侧 3 车道每隔 5m 向上游设置数据检测点共 129 个检测器，并对检测断面依次进行编号，数据检测时间间隔为 30s。

（6）数据输出：间隔时间内交通量、时间占有率、平均速度。

突变理论通过建立突变模型，探究系统中一种稳态向另一种稳态突变的内在机理。在系统的演化过程中，某个或多个因素连续变化时，可能会有某个因素发生非连续性突变，导致系统的整体态势发生改变。在突变理论的模型中，存在控制变量和状态变量，随着控制变量的连续变化，状态变量发生突变。突变理论反映在交通流系统中，交通量和时间占有率作为控制变量，在交通流演化过程中，速度作为状态变量发生突变。选取交织区中间断面交通量、时间占有率、平均速度等特征指标，其相互关系如图 5.5 所示。通过对交通量、速度和时间占有率之间关系的分析，发现交通流演变规律与突变理论有着很高的契合度，因此利用尖点突变理论研究交通流状态演化具有可行性。

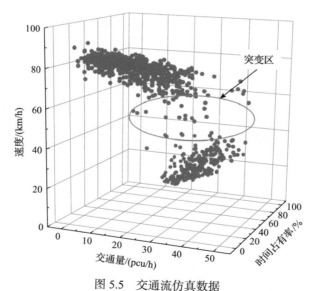

图 5.5　交通流仿真数据

尖点突变理论基础模型为

$$F(x) = ax^4 + byx^2 + czx \tag{5.6}$$

式中，x 为状态变量；y、z 为控制变量；a、b、c 均为系数。

为契合交通流理论，将变量转化为交通流参数，即

$$F(v) = av^4 + bqv^2 + cov \tag{5.7}$$

式中，v 为速度，是状态变量，km/h；q 为交通量，是控制变量，pcu/h；o 为时间占有率，是控制变量，%。

求导得到平衡曲面方程为

$$4av^3 + 2bqv + co = 0 \tag{5.8}$$

再次求导得到奇点集方程为

$$12av^2 + 2bq = 0 \tag{5.9}$$

联立消去 v 得到分叉集为

$$8bq^3 + 27ac^2o^2 = 0 \tag{5.10}$$

为满足尖点突变理论，交通流参数应用于突变理论时需要进行基础数据变换。

1）坐标平移

$$\begin{cases} v_1 = v_0 - v_{q_m} \\ q_1 = q_0 - q_m \\ o_1 = o_0 - o_{q_m} \end{cases} \tag{5.11}$$

式中，v_{q_m} 为最大交通量时对应的最优速度，km/h；q_m 为最大交通量，pcu/h；o_{q_m} 为最大交通量时对应的时间占有率，%。

2）坐标旋转

$$\begin{cases} v_2 = v_1 \\ q_2 = q_1 \cos\theta - mo_1 \sin\theta \\ o_2 = q_1 \sin\theta + mo_1 \cos\theta \end{cases} \tag{5.12}$$

式中，m 为图形因子，$m = q_m / o_{q_m}$；θ 为旋转角度，（°）。

变换后平衡曲面方程为

$$v_2^3 + aq_2v_2 + bo_2 = 0 \tag{5.13}$$

通过尖点突变理论对交通流演化过程进行分析，交通流状态表现出以下特性：

（1）交通流参数在自由流与拥堵流状态下分布比较集中，而两种状态之间的速

度变化是不连续的，交通流状态表现出突变性。

（2）在自由流与拥堵流之间发生速度突变的区域，即突变区，其数据样本点极少，在此区域交通流状态非常容易发生改变，表现出突变区域的不可达性。

（3）在相同的交通量下，可能呈现出两种不同的速度，并且两种速度所对应的交通流状态不同，即交通流存在两种稳态，呈现出双模态性。

通过对交通流参数分布规律的研究分析，可以看出交通流具有明显的突变特性，与尖点突变理论有着高度的一致性，因此利用尖点突变理论可以准确表述交通流演变规律。

5.2.2　基于谱聚类分析算法的突变边界提取

将坐标变换后的三维数据投影至奇点集方程平面，对状态变量的突变边界进行提取。传统的突变边界提取方法为基于经验确定突变长度阈值，寻找在变化阈值范围内数据点最少的区间作为突变区间，其置信度与可靠性较低。采用机器学习的方法可以有效解决上述问题，通过不断迭代动态寻找数据中心，对交通流状态进行动态聚类，从而提取突变边界，确定突变区间[92]。

作为机器学习研究的热点，谱聚类分析算法可以解决传统动态聚类方法难以处理非球状簇类数据的问题，对交通流状态进行高效聚类，提供更加准确可靠的结果，其具体流程如下。

（1）定义数据样本集：

$$X = \{x_i \mid i = 1, 2, 3, \cdots, n\} \tag{5.14}$$

式中，x_i 为数据中第 i 个样本点。

（2）将数据散点作为一个整体网络图，其中每一个散点为网络图的节点，连接节点为网络图中的边，节点之间的相似度即为边的权重值，相似度计算公式为

$$\omega_{ij} = \mathrm{e}^{\dfrac{-\|x_i - x_j\|^2}{2\sigma^2}} \tag{5.15}$$

式中，σ 为样本标准差，取值为 0.9。

（3）将相似度排列形成相似度矩阵：

$$W = \{\omega_{ij} \mid 1 \leqslant i \leqslant n, 1 \leqslant j \leqslant n\} \tag{5.16}$$

为排除自身相似度，令矩阵 W 的对角线元素等于 0，即

$$W(i, j) = 0, \quad i = j \tag{5.17}$$

（4）为使单节点在迭代过程中不被剔除，建立归一化对角矩阵 D：

$$D(i,i) = \sum_{j=1}^{N} x_{ij} \tag{5.18}$$

（5）计算拉普拉斯矩阵：

$$L = D^{\frac{1}{2}} W D^{\frac{1}{2}} \tag{5.19}$$

（6）确定聚类数目 K，$K=3$，即自由流、同步流和拥堵流。将前 k 个特征值最大的向量排列为特征矩阵 U：

$$U = \{u_1, u_2, \cdots, u_k\} \tag{5.20}$$

式中，$u_1, u_2, \cdots, u_k$ 为前 k 个特征向量。

（7）将特征矩阵进行归一化，得到矩阵 Y：

$$Y_{ij} = \frac{u_{ij}}{\sqrt{\sum_j u_{ij}^2}} \tag{5.21}$$

（8）将矩阵 Y 中的每一个行向量作为数据点，通过 K-means 算法进行聚类，得到 k 个聚类结果 $C_1, C_2, \cdots, C_k$。

在突变边界提取问题中，突变边界即为聚类的边界，聚类分析算法虽然可以有效地将数据分类并得到聚类中心以及不同类别的数据集合，但无法对聚类边界进行确定。为检测聚类边界，采用平衡矢量算法，通过迭代判别的方式提取突变边界[93]。

对于任意聚类簇 $C = \{x_i \mid i = 1, 2, \cdots, m\} \subseteq X$，其内任意一点 x 的邻域为 $\varepsilon(x)$。从聚类结果表征来看，边界点即为一侧相对密集，另一侧空白的点，在突变理论中尤为明显。因此在判断边界点时，可通过确定数据点邻域内密集度最小方向，从而定义位移矢量为

$$v_x = \sum_{x_i' \in \varepsilon(x)} (x - x_i') \tag{5.22}$$

则 x 点的平衡矢量为

$$b_x = \begin{cases} \dfrac{1}{\|v_x\|} v_x, & \|v_x\| > 0 \\ 0, & \text{其他} \end{cases} \tag{5.23}$$

依据布尔判断可以得到边界点：

$$\text{Boundary}(x) = \begin{cases} \text{true}, & \varepsilon(x + \rho b_x) = \varnothing \text{ 且 } b_x \neq 0 \\ \text{false}, & \text{其他} \end{cases} \tag{5.24}$$

对突变边界提取结果进行分析，如图 5.6 所示。由图可知，相对于自由流状态与拥堵流状态，同步流状态数据点更为稀疏，符合尖点突变理论的突变特性，其突变边界为[-22.6, 0]，则坐标变换前速度边界为[41.1km/h, 63.7km/h]。

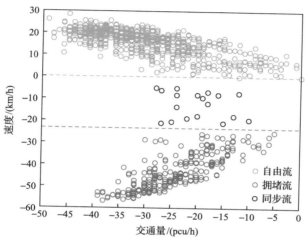

图 5.6　突变边界提取结果

为探究方法的通用性与普适性，改变交通模拟仿真场景的参数进行多次实验，实验方案见表 5.2，以获取不同场景下的交通流状态突变边界。

表 5.2　实验方案汇总

实验方案	实验参数	初值	终值	增量	备注
1	交织流量比	0.05	0.35	0.1	每组实验仅按该组初值、终值和增量进行，其余参数不变
2	交织区长度/m	150	750	150	
3	车道数	2	4	1	

将每次仿真实验所得数据利用谱聚类分析算法提取速度突变边界，研究突变边界分别与交织流量比、交织区长度、车道数之间的相互关系，如图5.7所示。

如图 5.7(a) 所示，速度突变边界随交织流量比的增大呈下降趋势，交织流量比越大，交织区内车辆换道越频繁，其交通流状态的速度临界值也越低；如图5.7(b)所示，随着交织区长度的增大，速度突变边界呈上升趋势，此时车辆在运行过程中具有更多的换道时机，也具有更高的速度临界值；在图 5.7(c) 中，当快速路车道数增加时，进口车辆可以从外侧车道驶入内侧车道，使外侧车道具有更多的换

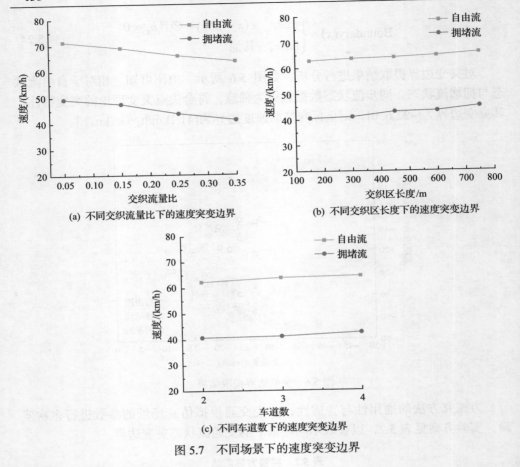

图 5.7　不同场景下的速度突变边界

道间隙，提高交通流运行速度。

　　为进一步分析各影响因素对速度突变边界的敏感性，将所有实验参数的变化率绘制成箱线图，如图 5.8 所示。

　　由图 5.8 可知，交织流量比对速度突变边界的敏感性较大，交织流量比的改变势必影响主线车道的通行效率，必定会导致交织区交通流状态的大幅变化。交织区长度与主线车道数对速度突变边界的敏感性较小，主要是因为随着交织空间的增加，交织区内各车道间的相互影响逐渐减小，车流通行效率较高，伴随着输入交通量的小幅度提高，临界速度可能会出现小幅度的变化。

　　为了进一步验证交通流状态突变边界计算模型的评价效果，本节选取 2021 年 11 月 24 日青岛市杭鞍快速路与鞍山二路交织区西向东方向中间断面 24h 的速度检测数据，绘制 5min 间隔的速度参数时间序列图，并按照仿真所获速度突变边界确定快速路交织区各时段的交通运行状态，如图 5.9 所示。

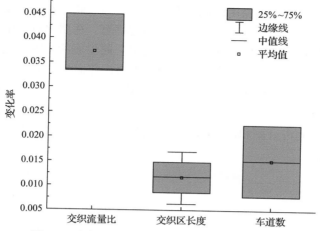

图 5.8　速度突变边界对于所有影响因素的敏感性

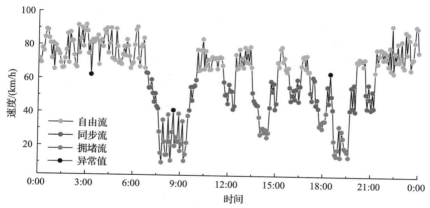

图 5.9　基于速度参数的杭鞍快速路与鞍山二路交织区交通状态判别结果

由图 5.9 可知，随着时间的推移，交通流状态演变符合工作日早晚通勤时段高峰时期的交通拥堵情况；自由流和拥堵流之间的转变均存在一个短暂的同步流状态，可以看出基于尖点突变理论的交通流状态突变边界提取方法对不同时段的交通状态判别结果具有一定的科学性和合理性。状态判别结果出现 3 处异常值，准确率达到 98.96%，比常用交通状态判别的神经元网络及决策树算法分别提高了7.91%和9.34%，具有良好的效果。

5.2.3　交通流状态演化规律解析

1）交通流拥堵形成规律

对尖点突变理论平衡曲面图进行分析，如图 5.10 所示，系统存在双模态性，即交通流具有自由流与拥堵流两种稳态，分别处于平衡曲面的上叶与下叶[94]。曲面褶皱所经历的区域为不稳定区域，即同步流状态，此处既可以是连续的也可以是不连续的，表示系统实际不可能达到的稳定状态，在演化过程中，其可能跃迁至上叶，也可能跃迁至下叶，在交通流系统中，同步流状态既可能演变为拥堵流状态，也可能演变为自由流状态。在交通流由自由流向拥堵流演变时，速度从 A 点演化到 B 点突变至 B_1 点，在拥堵消散过程中，速度在 C 点突变至 C_1 点，表明系统的突变具有滞后性。在褶皱的消失处即为平衡曲面坐标原点，此时数据变换后的交通量、时间占有率和速度都为 0，对应原始数据的最大交通量、关键占有率和最优速度。

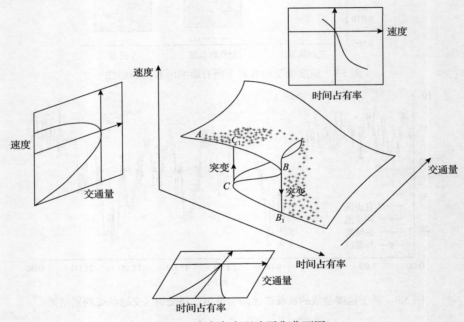

图 5.10　尖点突变理论平衡曲面图

将尖点突变理论平衡曲面图投影到 3 个平面进行分析。

(1)交通量-时间占有率分析。

在尖点突变模型中，消去 v 后可得到关于交通量和时间占有率的分叉集方程，是研究尖点突变理论双态势及态势突变的重要工具。如图 5.11(a)所示，交通量分布在二、三象限，左侧为自由流，右侧为拥堵流，中间有明显的分叉区域，即同步流。在自由流状态中，随着交通量的增加，时间占有率也增加，在原点处交通量达到最大；之后交通流陷入同步流状态，在同步流状态中，交通流可能呈现比自由流更小的时间占有率但交通量却没有自由流交通量大的情况；之后随着车辆持续输入，时间占有率逐渐增加，交通量逐渐减少，交通流进入拥堵状态。

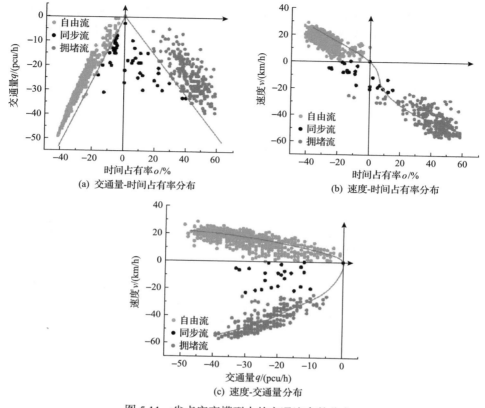

图 5.11　尖点突变模型中的交通流参数分布

（2）速度-时间占有率分析。

在交通流运行过程中，如图 5.11（b）所示，系统状态处于平衡曲面上叶，即车流速度处于自由流状态，逐渐向原点靠近时，时间占有率逐渐增大，状态的变化过程是连续的；在到达原点时，只要控制变量发生细微改变，速度就会在原点跳跃到平衡曲面下叶，此时速度产生突变。当时间占有率继续增大时，系统状态稳定处于下半叶，即拥堵流状态。

（3）速度-交通量分析。

在尖点突变模型中，对平衡曲面方程进行求导可得到关于交通量和速度的奇点集方程。如图 5.11（c）所示，交通流处于自由流状态时，速度处于系统上叶，此时道路车辆以期望速度行驶，随着交通量增大，速度平滑减小，但减小幅度不大，直至到达奇点，此时速度达到最优速度；之后速度产生突变，经由同步流状态达到拥堵状态，速度与交通量同时减小。

2）交通流拥堵消散规律

拥堵消散是交通流演化的重要过程，其规律是研究消散控制策略的主要依据，为探究交通流拥堵消散规律，选取输入交通量为 1500～4000pcu/h 共 6h 的中间断面仿真数据作为研究对象，每个时段(1h)采集的交通量-时间占有率分布关系如图 5.12 所示。

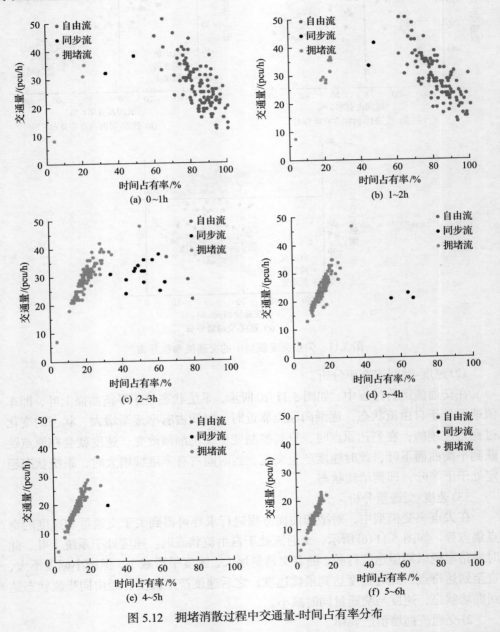

图 5.12　拥堵消散过程中交通量-时间占有率分布

如图 5.12(a)所示，在仿真开始时仅有极少数车辆处于自由流状态，之后迅速经过速度突变陷入拥堵，交通量几乎分布于拥堵流区域；而后随着输入交通量的减少，如图 5.12(b) 所示，交通流拥堵有所缓解，大部分车辆仍处于拥堵流状态，有少部分车辆可以达到自由流状态；随着输入交通量的进一步减少，如图 5.12(c) 所示，交通量与时间占有率的分布恢复正常水平，交通量大部分处于自由流状态；之后随着输入交通量的进一步减少，交通流状态也得到进一步优化，直至图 5.12(f)，交通流分布全部处于自由流状态。

对比图 5.12(b) 与图 5.12(c) 可知，在拥堵消散过程中，交通量分布发生了明显的改变，交通流状态的突变现象仍会发生，拥堵流与自由流两种稳态之间存在明显的数据裂隙，即为同步流区域，此区域数据点非常少，验证了尖点突变理论的不可达性。同时，对比拥堵形成演化规律可知，虽然交通量与时间占有率两个参数在拥堵形成前和拥堵消散后基本保持一致，但系统发生突变所对应的交通量与时间占有率有所不同，表现出尖点突变理论的滞后性。

3) 交通流状态时空演化特性

选取输入交通量为 3000pcu/h 时外侧、中间与内侧车道所有位置断面的平均速度，从时空的角度利用尖点突变理论对城市快速路交通流拥堵形成与消散的演化规律及其背后机理进行研究。

交通流状态时空分布如图 5.13 所示。在图 5.13(a) 中，从时间上来看，仿真时长内外侧车道共发生 13 次速度突变，其中 8 次未演化为拥堵流，而是重新演化为自由流，5 次演化为拥堵流，且同步流区域较窄，符合尖点突变特性；从空间上来看，发生的 5 次拥堵中，4 次发生在 10m 位置，即交织区出口附近，1 次发生在 190m 位置，即交织区入口附近，同时，剩余 8 次未演化为拥堵流的速度突变位置与拥堵发生位置一致。在图 5.13(b) 中，从时间上来看，仿真时长内中间车道同样发生 13 次速度突变，其中 4 次演化为拥堵流，9 次重新演化为自由流；从空间上来看，发生的 4 次拥堵全部发生在 10m 位置附近，即交织区出口附近。如图 5.13(c) 所示，从时间上来看，仿真时长内内侧车道共发生 9 次速度突变，其中 3 次演化为拥堵流，相比外侧与中间车道的交通流状态更优；从空间上来看，发生拥堵的位置同样处于交织区出口附近。

根据交通流状态时空分布对拥堵成因进行分析：

(1) 对于外侧车道，在交织区入口处交通流仅有一次演化为拥堵流，这是由于大部分车辆会在交织车道加速过程中寻找可插入间隙进行自由换道并入主线，这部分车辆并不会对整体交通流运行产生太大影响，只有少部分车辆会在还未完成车辆加速且未寻找到可插入间隙时进行强制换道并入主线，使交通流速度发生突变，在入口区域形成交通瓶颈。而对有并入主线意图的保守型交通参与者来说，在交织车道行驶过程中未寻找到可插入间隙时，会在本车道继续行驶至出口车道附近进行停车等待，寻找可插入间隙进行换道，此时会与意图驶出车辆形成博弈，

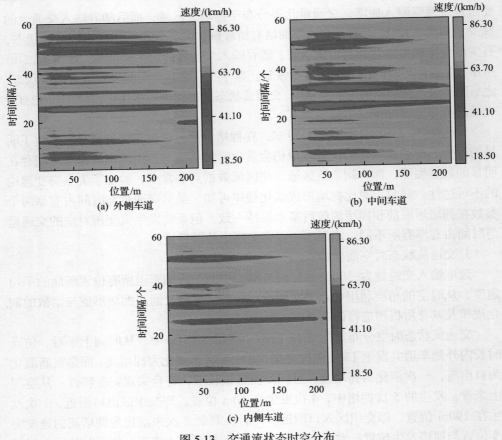

图 5.13　交通流状态时空分布

从而导致交通流速度发生突变, 在出口处形成交通拥堵。

(2) 对于中间车道, 由于入口车辆在驶入交织区后进行连续变道进入内侧车道的现象极少发生, 在仿真时长内入口附近未发生拥堵现象。而在出口附近, 由于交织车道车辆变道进入外侧车道, 此时部分外侧车道车辆会产生向内变道的意图, 同时, 未在上游找到可插入间隙的意图驶出的内侧车道车辆也会在出口附近进行强制连续变道, 从而阻碍中间车道交通流, 所以在出口附近, 相对于外侧车道, 中间车道发生的速度突变更多。而且在拥堵状态下, 由于外侧车道与内侧车道的共同阻碍作用, 中间车道的拥堵持续时间更长, 拥堵消散更为缓慢。

(3) 对于内侧车道, 与中间车道一样, 由于在仿真时长内未出现在未找到可插入间隙的情况下进行强制连续变道进入内侧车道的车辆, 在入口附近未出现速度突变现象。在交通量过大时, 意图驶出快速路的内侧车道车辆在无法找到可插入间隙进行变道时, 会在出口附近进行停车等待进行强制连续变道驶出, 对上游交通流产生影响，导致在出口附近产生速度突变。但由于内侧车道受外侧车道和中间车道影响较小，大多数情况下仅受本车道驶出车辆影响，所以其交通流相对于另外两车道更为畅通，速度突变以及拥堵流状态出现次数更少。

5.3　混合交通流振荡波速度

稳态的混合交通流前部受到扰动后，产生的交通振荡波相对交通流向后传递是一种基本的扰动演化情况。为解析交通振荡波在混合交通流中的传播速度，引入 LWR(Lighthill-Whitham-Richards) 模型[95]对不同 CAV 占有率下的混合交通流进行解析。

根据 LWR 模型原理，交通流振荡波相对路面的速度为稳态交通流流量关于车辆密度的偏微分，其表达式为

$$v_{\mathrm{w}} = \frac{\mathrm{d}q}{\mathrm{d}k} \tag{5.25}$$

式中，v_{w} 为交通流振荡波相对路面的速度，其为正值时振荡波向道路上游方向传播，其为负值时振荡波向道路下游方向传播。

将式(5.25)变形为

$$v_{\mathrm{w}} = \frac{\mathrm{d}q}{\mathrm{d}v_{\mathrm{s}}} \frac{\mathrm{d}v_{\mathrm{s}}}{\mathrm{d}k} \tag{5.26}$$

计算交通量关于速度的偏微分并化简，得到

$$\frac{\mathrm{d}q}{\mathrm{d}v_{\mathrm{s}}} = k - k^2 v_{\mathrm{s}} \left[(1-p)\left(\beta_{\mathrm{HV}} + \frac{v_{\mathrm{s}}}{d_{\mathrm{Fm}}} \right) + p\left(\beta_{\mathrm{CAV}} + \frac{\eta_{\mathrm{ACC}} v_{\mathrm{s}}}{d_{\mathrm{Fm}}} \right) + \frac{p^2 v_{\mathrm{s}}(\eta_{\mathrm{CACC}} - \eta_{\mathrm{ACC}})}{d_{\mathrm{Fm}}} \right] \tag{5.27}$$

计算速度关于密度的偏微分并化简，得到

$$\frac{\mathrm{d}v_{\mathrm{s}}}{\mathrm{d}k} = \frac{-1}{k^2 \left[(1-p)\left(\beta_{\mathrm{HV}} + \frac{v_{\mathrm{s}}}{d_{\mathrm{Fm}}} \right) + p\left(\beta_{\mathrm{CAV}} + \frac{\eta_{\mathrm{ACC}} v_{\mathrm{s}}}{d_{\mathrm{Fm}}} \right) + \frac{p^2 v_{\mathrm{s}}(\eta_{\mathrm{CACC}} - \eta_{\mathrm{ACC}})}{d_{\mathrm{Fm}}} \right]} \tag{5.28}$$

将式(5.27)、式(5.28)代入式(5.26)，得到

$$v_{w} = v_{s} - \dfrac{v_{s}^{2}\left[\dfrac{p^{2}(\eta_{CACC} - \eta_{ACC}) + p(\eta_{ACC} - 1) + 1}{2d_{Fm}} + \dfrac{(1-p)\beta_{HV} + p\beta_{CAV}}{v_{s}}\right] + S_{0} + l_{v}}{(1-p)\left(\beta_{HV} + \dfrac{v_{s}}{d_{Fm}}\right) + p\left(\beta_{CAV} + \dfrac{\eta_{ACC}v_{s}}{d_{Fm}}\right) + \dfrac{p^{2}v_{s}(\eta_{CACC} - \eta_{ACC})}{d_{Fm}}}$$

$$(5.29)$$

不难看出，混合交通流中的交通振荡波速度是以 CAV 占有率 p、稳态速度 v_{s} 为自变量的函数。计算得到混合交通流在不同 CAV 占有率下的交通波与静止路面的相对速度，如图 5.14 所示。

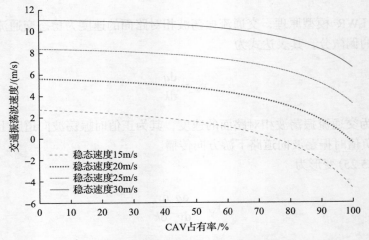

图 5.14　混合交通流交通振荡波速度

从图 5.14 可以看出，不同稳态速度的交通振荡波速度-CAV 占有率曲线形状相似，交通振荡波速度随交通流稳态速度的增加而增加；在同一稳态速度下，CAV 占有率越高，交通波向后传递的效率越快，即在 CAV 占有率更高的混合交通流中，交通振荡波影响交通流稳定的时间更短、交通流鲁棒性更高。

为验证前述混合交通流振荡波速度解析式的正确性，利用 MATLAB 进行数值仿真实验。构建一个由纵向排列的 200 辆车组成的仿真混合交通流，给队首车辆构造一个加速度为 -0.5m/s、持续时间为 2s 的扰动，分别测量在自由流速度 30m/s、15m/s 下的交通振荡波速度，独立仿真实验进行 5 次，结果取平均值，数值仿真实验结果见表 5.3。

交通振荡波速度的仿真实验结果与使用式 (5.29) 计算得到的理论值的绝对误差均小于 0.1m/s，由此可证明上述交通振荡波速度计算方法的正确性。

表 5.3　交通振荡波速度数值仿真实验结果

CAV占有率/%	15m/s 稳态流中波速度理论值/(m/s)	15m/s 稳态流中波速度实验结果/(m/s)	30m/s 稳态流中波速度理论值/(m/s)	30m/s 稳态流中波速度实验结果/(m/s)
20	2.44	2.41	10.94	10.93
40	1.93	1.86	10.69	10.74
60	1.07	1.12	10.20	10.09
80	−0.59	−0.56	9.21	9.22

5.4　混合交通流稳定性评价

从 3.1 节的跟车仿真实验结果不难看出，自动驾驶车辆的跟驰响应行为更加平稳。因此可以推测，随着更多的 CAV 参与到混合交通流中，对交通流的稳定性起到更大的优化效果。

在 MATLAB 中应用所建立的跟驰模型进行数值仿真实验，评价基于车辆相互作用势建立的 HV 与 CAV 跟驰模型应用在混合交通流中的稳定性表现，并揭示新型混合交通流随 CAV 占有率增加的稳定性变化趋势。在无限长、笔直的单车道中构建一个由 100 辆车组成的仿真车队，初始状态下车队稳态运行，对仿真交通流头部施加一个较大扰动(队首车辆突然以−2m/s² 减速，持续 1s)，观测 CAV 占有率分别为 20%、40%、60% 和 80% 时仿真交通流的后续演化过程，仿真实验结果如图 5.15 所示。

实验结果显示，在不同 CAV 占有率下，仿真车队中的车辆速度均未出现多次波动；随 CAV 占有率的提高，仿真车队中 CACC 跟驰关系比例更高，仿真车队达到新的稳态所需的时间也越短；跟驰关系比例随 CAV 占有率的变化情况、交通

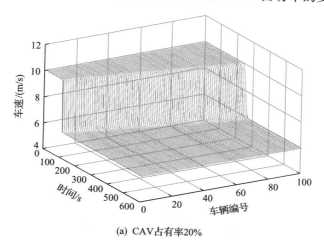

(a) CAV占有率20%

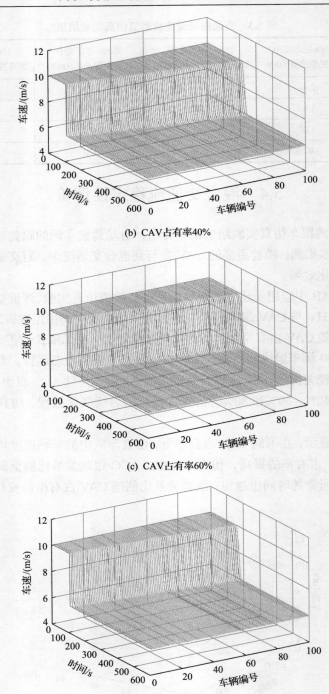

(b) CAV占有率40%

(c) CAV占有率60%

(d) CAV占有率80%

图 5.15　基于相互作用势建模的混合交通流稳定性仿真

波速度变化趋势与前文相关结论和实验结果相同。因此可认为，基于车辆相互作用势建模的混合交通流模型具有良好的渐进稳定性，且稳定性随着 CAV 占有率的提高而提高；所建立的基于相互作用势的 CAV 跟驰模型符合本书 3.2 节中的稳定性原则。

5.5　本 章 小 结

本章解析了不同 CAV 占有率的混合交通流密度与跟驰模型变量之间的关系；推导了不同跟驰关系比例与 CAV 占有率的理论关系，并进行了验证；推导了不同 CAV 占有率的混合交通流基本图模型，并进行了模型参数的敏感度分析；研究了交通流在演化过程中的突变特性。通过基本图模型计算，得到了混合交通流中最大交通量在不同 CAV 占有率中的提升幅度。引入 LWR 模型，推导了混合交通流的交通振荡波速度计算公式并进行了验证，设计并进行模型交通流仿真实验，测试了模型混合交通流的稳定性。

第 6 章　智能网联驾驶系统及其测试平台

6.1　智能网联驾驶系统

网联自主汽车是指车联网与智能车的有机联合，是搭载先进的车载传感器、控制器、执行器等装置，并融合现代通信与网络技术，实现车与人、车、路、后台等智能信息交换共享，实现安全、舒适、节能、高效行驶，并最终可替代人来操作的新一代汽车[96]。网联自主汽车集中运用了汽车工程、人工智能、计算机、微电子、自动控制、通信与平台等技术，是一个集环境感知、规划决策、控制执行、信息交互等于一体的高新技术综合体。

车路协同通过利用先进的无线通信技术来实现车辆与道路在感知、决策等维度有效协同的状态，可以从效率、碳排放、安全等多方面改善交通。

智能网联驾驶系统是一个集成系统，将信息、技术以及各种功能集于一体。车载云网络(vehicular cloud networks，VCN)是近几年随着车联网和云计算发展而发展起来的新兴技术。车载云网络的资源不仅仅是指数据中心的资源，还包括路测单元和车载单元(on board unit，OBU)资源，它通过虚拟化技术整合相关的计算、存储、通信、传感等资源，并且通过"按需分配"的模式为车辆用户提供相应的服务。

智能网联驾驶系统架构如图 6.1 所示。第一层是车联网感知层，包括如下几类传感器：①行驶监测类传感器；②安全监控类传感器；③环境监测类传感器；④车内传感器。第二层是车联网的网络层，第三层是车联网的应用层。

车载云网络可分为三个层级，即车辆云、基建云和终端云，如图 6.2 所示。

6.2　网联驾驶关键技术

6.2.1　车路协同技术

智能路侧决策系统中心平台(简称云平台)：云平台根据各边缘计算节点及车辆控制器上报的交通运行状态信息，针对不同的应用场景，宏观制定交通管控决策和智能车辆辅助决策。

智能路侧决策系统边缘计算节点(简称边缘计算节点)：边缘计算节点通过获取激光雷达、摄像机、毫米波雷达等的感知数据，运行相关程序算法进行计算

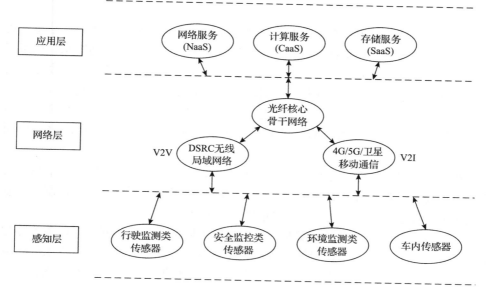

图 6.1　智能网联驾驶系统架构

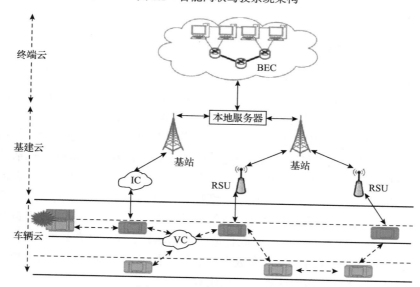

图 6.2　车载云网络系统架构

并输出,包括动态制定具体的交通管控决策和智能车辆辅助决策。智能路侧决策系统分为道路管控智能决策、车路协同目标决策、车路协同过程决策三个等级[97]。

　　道路管控智能决策:系统具有感知能力,可以获取流量、车速、密度等交通流运行参数,判断总体交通需求及道路运行状态,进而动态制定决策方案以主动响应交通需求,决策指令通过信号灯、可变情报板、播音喇叭等路侧传统声光设施发布。

车路协同目标决策：系统具有个体级感知能力，可以获取车辆轨迹信息，可以综合考虑轨迹信息和集计参数动态制定决策方案以主动响应交通需求，决策指令一方面可以通过信号灯、可变情报板、播音喇叭等路侧传统声光设施发布，另一方面可以通过车路协同等手段为个体智能车辆提供建议路径、车速引导等辅助决策服务，提供的决策指令主要通过建议车道、建议车速等控制目标呈现，个体智能车辆可在上述建议指令的基础上独立或辅助驾驶人进行单车独立/多车协同决策。

车路协同过程决策：系统具有个体级感知能力，可以获取车辆轨迹信息，可以综合考虑轨迹信息和集计参数同时综合考虑个体车辆控制与交通流控制动态制定决策方案以主动响应交通需求，决策指令一方面可以通过信号灯、可变情报板、播音喇叭等路侧传统声光设施发布，另一方面可以通过车路协同等手段为个体智能车辆提供建议路径、车速引导、自动驾驶轨迹参考点等决策服务，提供的决策指令主要通过轨迹参考点等控制过程呈现，智能路侧决策系统参与辅助车辆控制，个体智能车辆可在上述建议指令的基础上独立或辅助驾驶人进行单车独立/多车协同决策。

6.2.2 大数据处理技术

交通大数据可分为六种类型：①人的移动，包括空间位移、手机移动数据、导航 APP、叫车 APP 等；②车的移动，浮动车 GPS 数据；③定点检测，包括地磁数据、感应线圈、视频监控、雷达数据、车牌识别、门禁流量等；④交通收费，停车场收费数据、公交 IC 卡数据、高速路口收费数据等；⑤交通安全，包括交通事故类型(涉及的车辆类型)、事故处理及位置等数据；⑥传统基础，包括规划用地、交通网络、交通需求、基建设施和社会经济等。但是，大数据容量大但有价值的信息密度不高，对处理速度和精确度都有较高的要求。大数据借助于高性能的处理平台可以实现海量数据中有价值信息的挖掘，大数据的分析技术也在逐步更新发展。从繁多种类的数据中提取合适的数据属性，并针对有效数据进行处理、分析，最后将结果呈现给用户。大数据分析技术的发展满足了更多的用户需求，常用技术有机器学习、知识计算、可视化等。

大数据相较于传统型数据，被归纳为五个特点，也称为五个 V，通常理解为大容量(volume)、高速性(velocity)、多种类(variety)、真实性(veracity)以及高价值(value)。智能网联驾驶系统记录了这些车辆在七个月内每天的行驶数据，包括时间、电机类数据(瞬时扭矩、转速、瞬时功率)、电池类数据(电池瞬时温度、瞬时电压、瞬时电流、电池荷电状态(state of charge，SOC)、充电状态)、汽车行驶累积里程数、瞬时车速等多种类型。

6.2.3　云计算技术

云计算(cloud computing，CC)和多接入边缘计算(multi-access edge computing，MEC)在车载云网络中起到了重要作用。其中云计算是指将丰富的存储、计算资源集中部署于远距离的云计算中心处，但由于数据传输需经过核心网而易导致数据拥塞，从而产生较大的时延。车联网与云计算的融合成为交通信息化成功的关键。在云框架下，综合信息采集处理、道路交通状况监测、车辆监管与疏导、信号控制、系统联动以及预测预报、信息发布与诱导等都必须做到与整体情报系统的融合、共享和统一决策[98]。

通过将计算迁移应用于车联网中，可以较好地突破车载终端自身可用资源的不足，大大提高其智能性，对提升用户体验、改善交通状况具有重要意义。但是目前针对车联网中计算迁移的相关研究主要集中在将多接入边缘计算与车联网结合，而忽略了云计算强大的计算资源。车载云网络技术平台如图 6.3 所示。

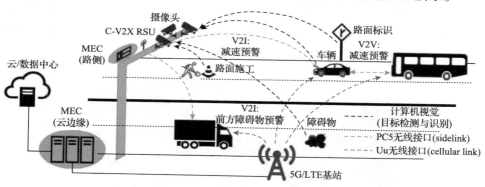

图 6.3　车载云网络技术平台

1)车载与路侧终端

通过传感技术进行车辆和路况信息感知，车载单元可实现车与车(V2V)、车与路及车与云之间通信。因此，将具有车载数据融合计算、位置定位、路况感知、周期性或事件性数据收发及支撑自动驾驶融合决策等功能的微服务部署到车载和路侧终端上。

2)边缘云

边缘云平台作为车联网系统中靠近服务终端的数据处理中心和应用软件部署平台，将承载绝大部分的车联网应用微服务，如车路协同、车辆编队、安全预警、远程驾驶、交通信息服务等。由于其部署在网络边缘，能极大地缩短车联网应用的响应时间。

3)中心云

中心云负责全局算法，实现全局交通管控，故将交通区域决策、规划等全局性车辆网应用微服务部署在中心云。

支撑车辆的智能驾驶及智能交通网络的车联网环境中，基于容器的微服务的特性，按照不同应用的类型将微服务分配到各个层级，根据任务变化进行动态部署。网联驾驶应用微服务部署到边缘云平台上，既可以降低响应时间、降低带宽成本、提升服务质量，又能满足系统动态弹性的资源需求。智能驾驶车辆可通过路侧终端以及车载终端，在交通云平台采集丰富的信息，以此详细地了解实时车辆的位置、路径以及状态等各项信息，可以通过与路侧终端的交互，进一步实现不停车收费，还可以为拥挤收费提供有力信息，进而实现更有效的管理。

6.2.4　自动驾驶技术

自动驾驶技术是一种通过计算机系统实现无人驾驶的智能技术，它依靠人工智能、视觉计算、雷达、监控装置和全球定位系统协同合作，让计算机可以在没有任何人类主动操作下自动安全地操作机动车辆，如图 6.4 所示。自动驾驶需要多种技术的支撑，其中主要涉及传感器、高精度地图、车辆与外界信息交换（vehicle to everything, V2X）、人工智能（artificial intelligence, AI）算法，并且需要将这些技术集成到汽车中。

图 6.4　自动驾驶技术

自动驾驶技术与 5G 车路协同技术相结合，充分利用 5G 的高带宽、低时延、高可靠性、海量互联的特点，同时利用北斗的高精度定位、精细化导航、精准度授时特点和人、车、路、网相融合等领域的优势。通过车内、车与车、车与路、车与人、车与服务平台的全方位连接和数据交互，提供综合信息服务，形成汽车、电子、信息通信、道路交通运输等行业深度融合的新型产业形态，如图 6.5 所示。未来的 5G 车路协同自动驾驶示范区将推进网联自主汽车与智慧交通、智慧城市融合发展，形成涵盖下一代汽车研发设计、智能终端制造、智慧交通和智慧城市应用的完备产业体系。

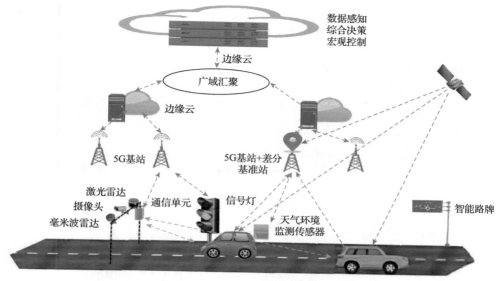

图 6.5　自动驾驶与车路协同

　　基于车路协同的自动驾驶包括感知、决策和控制三个子系统。感知系统是实现自动驾驶的前提和基础，自动驾驶汽车的感知系统中常配备多种传感器，传感器相当于自动驾驶汽车的眼睛，通过传感器，自动驾驶汽车能够识别道路其他车辆、行人、障碍物和基础交通设施。感知系统以多种传感器捕获的数据能够在各类路况下实现高度精准的感知并结合高清地图数据作为补充输入。这些信息经过一系列的计算和处理，不仅能预测车辆自身状态，还能对车辆周边环境细节进行精确识别与理解，可以为下游决策系统模块提供丰富的信息，使得计算机进行准确恰当的决策。传感器分别有激光雷达、毫米波雷达、超声波雷达、视觉传感器等，如图 6.6 所示。

　　决策系统是指融合多传感信息、根据驾驶需求而进行的控制决策，包括行为预测、任务决策、路径规划、行为决策等多个方面，是汽车实现自动驾驶的"大脑"。动态的车道级路径规划是智能决策的基本需求，从空间尺度上看，路径规划可分为全局路径规划和局部路径规划，目前传统的路径规划属于全局路径规划，以道路为最小单元，而不考虑车道的方向、宽度、曲率、斜率等信息。自动驾驶在全局规划下还需要车道级的局部路径规划，以提供车道级别的行驶路线。从时间尺度上看，路径规划可分为静态规划和动态规划，传统路径规划已经能够实现实时性不强的动态规划功能，如躲避拥堵、路线调整等，而自动驾驶需要更具实时性的路径规划能力。任务决策使自动驾驶的汽车融入整个交通流。

　　控制系统是指运用车载传感器感知车辆周围环境，并根据感知所获得的道路、车辆位置和障碍物信息，控制车辆的转向和速度，从而使车辆能够安全、可靠地在道路上行驶，自动驾驶智能控制系统的关键技术包括 V2X、高精度地图、AI 算法、5G 云控等，其工作原理如图 6.7 所示。

(a) 激光雷达　　　　　　　　　　　　　　(b) 毫米波雷达

(c) 某超声波雷达系统　　　　　　　　　　(d) 某视觉传感器

图 6.6　车路协同感知技术

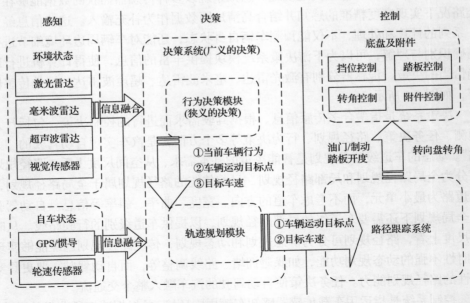

图 6.7　自动驾驶感知、决策与控制系统

6.3　智能网联驾驶测评平台

6.3.1　测试流程

网联自主汽车产品测试评价流程主要研究内容包括：应用场景（测试什么）、测试场景（在什么环境下测试）、测试方法与技术（用什么方法和手段测试）、评价方法（如何评价），如图 6.8 所示。

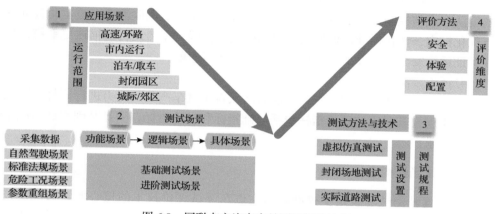

图 6.8　网联自主汽车产品测试评价流程

1）应用场景

本测试评价流程优先重点考虑五大连续运行场景：高速/环路、市内运行、泊车/取车、封闭园区和城际/郊区，其中高速/环路为封闭道路，城际/郊区为半封闭道路，具有连接性的道路。不同应用场景具有相对应的连续测评场景、测试方法和评价方法。

2）测试场景

综合应用驾驶模拟仿真实验平台、浮动车调查、区域雷达检测及高清交通视频采录等方法。仿真实验平台通过自然驾驶数据、标准法规场景、危险工况场景和参数重组场景等数据来源构建测试场景库，包括基础测试场景和进阶测试场景，满足基础测试和优化引导的需求。浮动车安装车载数据采集器和车载激光测距雷达，前后安装距离传感器，采录车辆的坐标、速度、加速度和车间距等数据。区域多目标雷达采集车辆的速度、全息数字化相对位置坐标和行驶的轨迹曲线。在区域雷达检测路段同步采录车流高清视频，对比分析视频与雷达检测数据。交通仿真软件辅助实验验证分析。

3）测试方法与技术

采用虚拟仿真测试、封闭场地测试、实际道路测试相结合的测试方法，通过设置测试条件、测试规程、测试通过条件等，搭建可实现自动驾驶功能与道路信息、环境信息和交通参与者信息全覆盖的测试方法。

人工驾驶行为实验数据作为标准数据，驾驶人的驾驶风格分类及判别根据传统车实验数据进行参数标定及样本验证。目前智能网联车已有跟驰策略，智能网联自动驾驶正处于技术优化的发展阶段，因此智能网联自动驾驶车实验数据作为对照数据，网联车的跟驰模型、换道模型对照自动驾驶车实验数据进行优化标定。混合车辆簇中的传统车流加速度波动模型和网联车流加速度渐进模型的收敛稳定性条件通过数学理论推导，车流运动形态宏观稳定性通过仿真来验证。网联车辆的编队形成与控制以及混合车辆簇的散点消波算法对照网联混合车流实验数据进行优化标定，优化标准是模型曲线比实验数据曲线对车流运行的描述更平稳，且在保证运行安全的条件下可使车流获得最优运行速度。

4) 评价方法

通过安全、体验和配置三大维度对网联自主汽车产品的能力进行评价，这三大评价维度及其对应的评价指标包括基础指标和进阶指标，满足基础测试和优化引导的需求。

6.3.2　测试场景构建

自动驾驶测试场景是支撑网联自主汽车测试评价技术的核心要素与关键技术，通过场景的解构与重构对网联自主汽车进行封闭场地测试和虚拟测试已成为业内公认的最佳测试手段。

1) 测试场景设计方法

自动驾驶测试场景是一定时间和空间范围内车辆 ODD 元素、OEDR 元素、自车元素的综合信息融合。测试场景元素主要包含 ODD 元素、OEDR 元素、自车元素和失效模式。

ODD 元素：ODD 元素主要包括道路信息、环境信息和交通参与者。

道路信息通常包括道路类型（主车道、主从车道等）、道路表面（摩擦系数、材质等）、道路几何（曲率、坡度、交叉口）、交通标志（交通灯与交通标志牌）、道路设施元素（包括隧道、车站、立交桥、收费站、施工路段）等。

环境信息主要包括天气、光照和连接性等，其中，天气包括晴天、雨天、雪天等不同天气类型以及不同能见度等信息，光照指不同光照度下的环境，如艳阳天、夜晚、黄昏、不同灯光照射下的环境等。连接性指自车所处环境的网络连接性、V2X 连接性以及是否支持高精地图等特性。

交通参与者主要包括机动车、非机动车、行人、障碍物、动物等。

OEDR 元素：OEDR 是指相应测试场景下自动驾驶系统需要探测的物体或者事件以及应做出的响应，作为仿真测试场景的关键考察方面，其主要包括交通参与者的类型、位置运动等信息，如在自车左前方的行人正在横穿、自车前方的机动车减速等。

自车元素：自车元素主要包括车辆类型、位置信息和运动信息等，如自车为乘用车、最高车速为 110km/h、正在进行变道操作。

失效模式：为保证自动驾驶的安全性，需测试车辆的失效响应，通过设置一些失效模式，如注入故障、超出 ODD、传感器失效等，设置超过 ODD 的参数取值等来验证车辆的失效响应能力。

对网联自主汽车进行基于场景的各项测试时，构建场景的数据来源多种多样，通过对数据来源进行分类，可将场景概括为四大类：自然驾驶场景、危险工况场景、标准法规测试场景以及参数重组场景，如图 6.9 所示。

图 6.9　测试场景设计示意图

2) 交通场景库构建流程及要求

如图 6.10 所示，不同数据来源 (自然驾驶、危险工况、标准法规、参数重组) 的场景用例设计首先语义描述其操作场景得到功能场景，然后通过参数化定义操作场景的状态空间得到逻辑场景，接着对操作场景的状态空间参数赋值得到具体场景，最后通过软件建模复现具体场景得到测试用例。

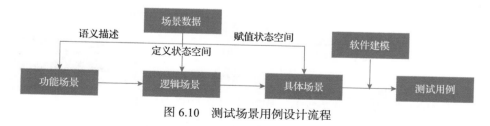

图 6.10　测试场景用例设计流程

自动驾驶测试场景对自动驾驶研发和测试工作起着重要作用。场景库是场景的载体平台，通过场景数据采集、分析挖掘、测试验证等步骤，实现内容闭环。

通过上述场景元素、场景数据来源和场景设计方法得到自动驾驶场景。对自动驾驶场景进行测试验证主要是将场景库内已经构建好的场景抽取出来，用虚拟场景验证、实车场景验证等方法进行验证，确认场景的真实性、代表性和有效性，从而更好地服务于研发和测试工作，包括模型在环、软件在环、硬件在环仿真测试及实车场地和道路测试等。将与场景相关的测试结果反馈给场景库，对场景的分析挖掘方法等进行修正，或者根据需要重构生成场景，更新补充完善场景库。场景库进一步有效支撑测试研发工作，从而形成场景库构建与应用的正向循环。

6.3.3　测试技术分类

场景建设及功能划分与网联自主汽车仿真测试、场地测试、道路测试密不可分，如图 6.11 所示。虚拟仿真测试应覆盖 ODD 范围内可预测的全部场景，包括不易出现的边角场景，覆盖 ODD 范围内全部自动驾驶功能；封闭场地测试应覆盖 ODD 范围内的极限场景，如安全相关的事故场景和危险场景，覆盖自动驾驶系统正常状态下的典型功能，验证仿真测试结果；真实道路测试覆盖 ODD 范围内典型场景组合的道路，覆盖随机场景及随机要素组合，验证自动驾驶功能应对随机场景的能力。

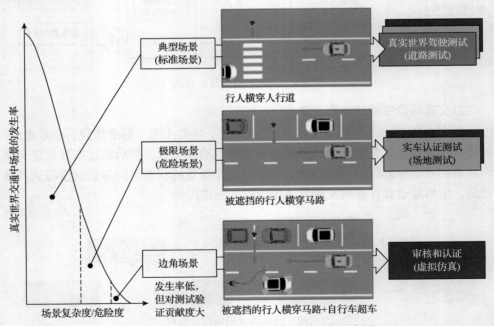

图 6.11　不同测试类型验证不同场景功能示意图

总体上，虚拟仿真测试是加速自动驾驶研发过程和保证安全的核心环节，封闭场地测试是自动驾驶研发过程的有效验证手段，真实道路测试是检测自动驾驶系统性能的必要环节，也是实现自动驾驶商业部署的前置条件。

图 6.12 给出了审核与虚拟仿真测试、封闭场地测试、真实道路测试的测试流程。测评车型选定后，首先进行审核与虚拟仿真测试，根据是否具备仿真测试条件进行虚拟仿真测试或者审核。如果具备虚拟仿真测试条件，则在虚拟仿真测试用例库中依据虚拟仿真测试流程验证全部声明的 ODD 和自动驾驶功能；如果不具备虚拟仿真测试条件，则依据评价指标审核全部声明的 ODD 和自动驾驶功能。

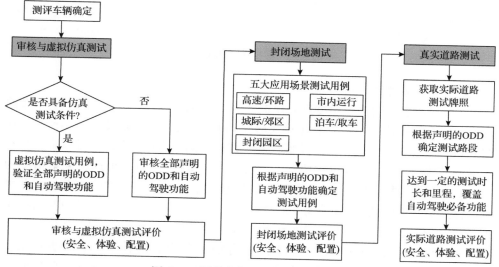

图 6.12　网联自主汽车产品测试流程

其次进行封闭场地测试，封闭场地测试用例围绕五大应用场景建设，即高速/环路、市内运行、城际/郊区、泊车/取车、封闭园区，依据声明的 ODD 和自动驾驶功能在五大应用场景测试用例库中选取确定测试用例。

真实道路测试首先需要获取实际道路测试牌照，然后根据产品声明的 ODD 确定测试路段。在测试过程中，必须达到一定的测试时长和里程，覆盖自动驾驶必备功能，充分验证自动驾驶的功能和性能表现。

6.3.4　虚拟仿真测试

1）虚拟仿真测试地点

驾驶模拟仿真实验在青岛理工大学智能网联交通与生态驾驶研究中心进行；实验车道拟选取青岛市海尔路快速通道，研究测试较高车速的车辆驾驶行为；选取青岛市胶州湾环湾大道作为中低车速驾驶行为的实验示范线路（图 6.13）。与百度 Apollo 智能驾驶研究中心合作，选取其自动驾驶实验车及实验场地进行网联车实验。

(a) 青岛市海尔快速路段　　　　　　(b) 青岛市胶州湾环湾大道中低速路段

图 6.13　虚拟仿真测试地点

2) 虚拟仿真测试设备

实验拟准备 1 台多自由度驾驶模拟器、4 辆传统型浮动车(青岛理工大学车路协同与安全控制实验室已配备小型实验车)和 4 辆网联自动驾驶小型浮动车,如图 6.14 所示。车载仪器是六轴陀螺仪和车载激光测距雷达,六轴陀螺仪采集行驶车辆的速度、加速度变化(主要取 x 坐标和 y 坐标方向),加速度采集精度为 $0.001g$(g 为重力加速度);车载激光测距雷达检测实时车间距,测距精度高,并可以进行数字信息处理和连机传输。道路检测设备是区域多目标雷达(兼具高清视频采录),可有效检测实验车道 200m 以内车辆全息数字化运行数据,速度精度为 0.1m/s,相对坐标精度为 0.2m;区域雷达分别安装于海尔路快速通道的龙门架、滨海大道示范路段的电子警察杆件和自动驾驶实验场的高点位,采集实验数据。

(a) 多自由度驾驶模拟器　　　　　　(b) 自动驾驶开发测试平台

图 6.14　虚拟仿真测试设备

3) 虚拟仿真测试流程

网联自主汽车自动驾驶功能的虚拟仿真测试流程如图 6.15 所示,包括测试需求分析、测试资源配置、接口定义、设计测试用例、执行测试、出具测试报告以及形成评价结论[99]。网联驾驶测试项目都应由驾驶自动化系统和算法完成,测试期间不应对系统和算法进行任何变更调整;应说明测试系统的组成及工作原理,自动驾驶功能及设计运行范围、风险减缓策略及最小安全状态等。

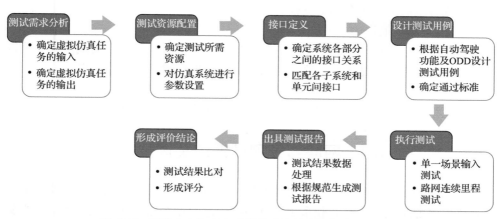

图 6.15　网联自主汽车自动驾驶功能的虚拟仿真测试流程

（1）测试需求分析。

针对自动驾驶功能，规范对应的测试对象、测试项目、测试方法、测试资源配置、接口规范、数据存储、评价方案和结果展示的具体要求，确定虚拟仿真任务的输入（如虚拟仿真测试对象的数学模型、驾驶自动化系统指标、自动驾驶功能要求以及相应文档）；确定虚拟仿真任务的输出（如仿真数据、仿真结果分析以及相应文档），指导测试工作的开展。

（2）测试资源配置。

根据自动驾驶功能确定虚拟仿真测试所需资源，如人员需求、人员责任、仿真模型要求、场地要求、设备需求等；对虚拟仿真系统进行参数设置，包括车辆模型配置、静态场景配置、动态场景配置、传感器模拟配置、控制器配置等主要过程。

（3）接口定义。

根据模拟仿真测试对象确定用软件或者实物来实现驾驶自动化系统的各部分，确定仿真系统各部分之间的接口关系，匹配各子系统和单元间接口，包括车辆模型、环境模型、传感器模型、执行器和控制器之间的接口等。

（4）设计测试用例。

根据自动驾驶功能及 ODD（五大应用场景）设计测试用例，确定测试方案，确定虚拟仿真测试平台依据的测试规则，先基础后进阶高级增加测试场景，制定通过条件。

（5）执行测试。

虚拟仿真测试包括单一场景输入测试和路网连续里程测试，通过单一场景输入测试后进行路网连续里程测试。当发现某测试场景结果为不通过时，可终止单项测试或者重启虚拟仿真测试流程。

（6）出具测试报告。

通过软件进行自动化测试结果的数据处理，并根据规范生成测试报告，报告应包括测试对象、测试人员、测试时间、测试结果和测试数据等内容。

（7）形成评价结论。

测试结果应比对标准值和历史数据，形成评价结果的评分。

6.4　网联驾驶测试系统关键技术

网联驾驶测试平台检测系统由各类型检测器、传输设备、综合服务器、工作站及供电电源组成，网联驾驶系统车辆检测信息数据经路口交换机上传至核心交换机传输系统，核心交换机将接收的数据传输至综合服务器，对采集数据进一步处理，提供所需的车辆状态参数。

6.4.1　环形感应线圈检测技术

如图 6.16 所示，感应线圈检测技术运用电磁感应工作原理，将此类检测器埋于路面下面。当有车辆从线圈上方驶过时，会改变感应线圈回路的电感量，车辆信息被传达至检测器，检测出车辆的存在，车流信息便通过检测器成功被采集。

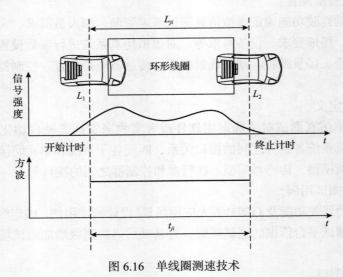

图 6.16　单线圈测速技术

6.4.2　视频检测技术

视频检测技术检测范围更广，所能够采集的交通参数也更加具有可视度，检测范围如图 6.17 所示。配置好检测区域及系统之后，检测器会统计被检测区域的背景图像灰度值，将其与预置数据进行比对，然后经内部系统计算得出检测到的各类参数。

图 6.17　视频检测技术

6.4.3　微波检测技术

微波检测器通常被安装在道路两侧的立柱上，向道路中检测区域发射两道微波波束，如图 6.18 所示，两道微波波束具有一定张角，其被通过检测区域的车辆反射，由于多普勒效应，反射波频率会发生偏移，检测器就能检测出车辆状态。

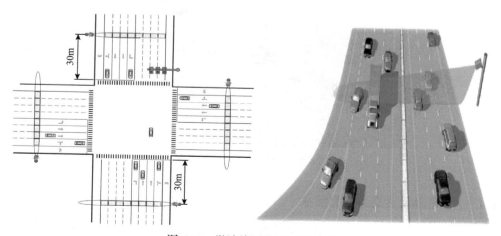

图 6.18　微波检测器投影截面图

　　微波检测器通过发射与接收电磁波来检测车辆的通过，检测器设置于道路一旁的立柱上，微波检测器安装高度需高于行驶的最高车辆，确保发射的电磁波能够覆盖所有检测区域，如图 6.19 所示。

图 6.19　微波检测器安装截面图

6.4.4　地磁检测技术

　　地磁检测器通常埋设在车道内，一般检测系统由主控器、中继器、地磁检测器组成，如图 6.20 所示。中继器用于转发无线信号，用于地磁检测器与主控器之间的通信；地磁检测器检测到的数据通过无线通信方式被持续传输至主控器。

图 6.20　地磁检测技术示意图

6.4.5　多普勒雷达交通检测技术

　　将微波的多普勒效应运用到交通参数检测中，多普勒阵列式雷达能够识别覆盖范围内的道路渠化并检测所有目标车辆通行状态，实时获取每辆车的坐标和车速、车头时距等交通参数，并将数据信号以动态画面形式实时显示于雷达车辆运行显示屏。其检测原理与车道检测示意图分别如图 6.21 和图 6.22 所示。

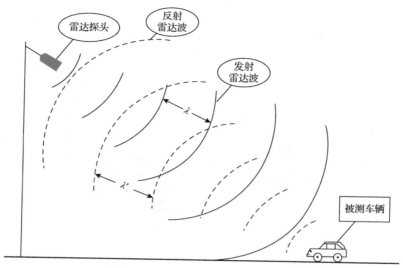

图 6.21　多普勒雷达交通检测技术

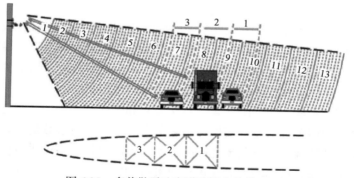

图 6.22　多普勒雷达车道检测安装截面图

多普勒雷达检测器完成数据采集后，采用无线数据传输方式进行数据传输，如图 6.23 所示。无线传输模块通过移动数据中心和 GSM 基站将数据传输到本地的中心控制系统。从设备的异步传输标准接口到本地的控制系统之间是一个透明的无线数据通道，只需要双雷达微波交通检测器采集终端的无线传输模块配置成控制系统的固定 IP 地址，由此控制系统中任何一台配置该 IP 地址的服务器都可以接收到双雷达微波交通检测器采集的数据。

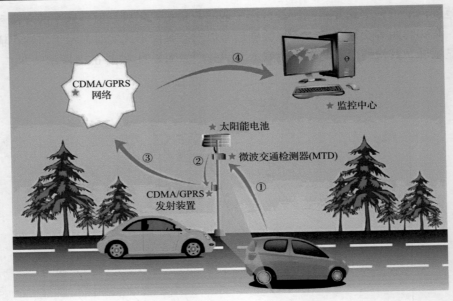

图 6.23　无线数据传输方式示意图

6.5　本章小结

面向智能网联环境下基于深度学习的个性化驾驶风格分类及在线识别、CAV拟人化决策行为模型、网联混合车辆簇二维稳态特性的表征模型、稳态响应的速度优化模型等问题设计了智能网联驾驶系统，在进行参数标定后需要实验验证及数值仿真分析，检验模型体系的合理性、实用性和可靠性。

基于 ODD 元素、OEDR 元素、自车元素和失效模式等场景搭建智能网联驾驶测试平台。利用多自由度驾驶模拟仿真平台对车辆运行参数进行采集和样本的筛选，应用六轴陀螺仪、车载激光测距雷达和道路多目标雷达进行实际测试和数据采集。通过网联自动驾驶实验场进行决策行为实验测试，分析实验数据，以曲线描述符合程度为标准或参考对照数据优化标定模型参数。运用收敛稳定的标定模型，通过示范场景的条件设定，验证模型曲线对场景描述的符合性和内在机理描述的合理性，检验模型的实用性。

第7章　考虑驾驶风格的车辆换道博弈行为及模型

随着车联网、云计算、大数据等高新技术的推进式发展，智能网联环境氛围也更加浓厚。对于车辆特别是自动驾驶车辆，智能网联技术的注入使其功能不断得到改进与完善，在提升用户体验感的同时，也缓和了一些交通问题。随着汽车用户的不断增加，交通方面也相应产生了拥堵、事故等一系列问题，且相关问题有愈演愈烈的态势。在这种背景下，自动驾驶技术随之产生并不断得到发展。在智能网联技术的支持下，自动驾驶技术可以在一定程度上减轻驾驶人的驾驶任务，从而提升出行效率与安全性。自动驾驶车辆通常被分成六个等级，且自动驾驶的等级越高，其智能化与自动化的程度就越高。

自动驾驶技术分为环境感知、决策规划以及执行控制三个主要流程。其中，决策规划部分直接体现了自动驾驶车辆的智能性，其对整车的性能以及行驶的安全性均起着至关重要的作用。一般期望实现的功能越丰富，自动驾驶决策就越重要且难度越大。换道决策是自动驾驶决策中极其重要的一部分，而且更换车道会增加交通事故的发生率，更容易造成交通拥堵，同时也是交通领域的研究热点之一，故本章对自动驾驶车辆的换道决策进行研究。

智能网联车和人工驾驶车交互渗透组成的新型混合车流中，行驶车辆具有独立性、制约性和传递性；智能自动驾驶、网联通信等技术使网联汽车具备高精度感知、高速度通信和超快速反应的特性，相较于传统人工驾驶车辆，其感知和反应时间均大幅缩减。智能网联技术一直是智能交通领域研究的重点，近几年来，随着城市污染、交通拥堵、交通事故等问题的日益凸显，智能网联技术的研究变得尤为重要。虽然对智能网联自主车辆的研究从 20 世纪就已经开始，期间也攻克了无数的难关，但是距真正完全自动化的自主车辆的普及还需要经历很长的研究实验过程，传统人工驾驶车辆还是会存在。因此，在未来很长一段时间内，将会存在传统人工驾驶车辆和智能网联自动驾驶车辆并存的混合交通环境。CAV 驾驶行为研究尚需充分考虑信息实时可靠和驾驶辅助可控等要求更高的城市环境与交通场景。现有车流微观模型体系中跟驰模型和换道模型的分离度较高，且换道场景中多车交互影响较为明显，而多数模型参数反映的是单一驾驶人的行为特征。因此，从微观车辆间交互行为探讨换道行为特性更符合内在特征规律。

7.1　换道行为的博弈策略分析

博弈论一般基于其理论和方法来研究含有竞争性的问题，因其处理问题的思路具有明显的博弈与权衡的特点而日益引起重视，从而被应用到众多领域。

7.1.1　博弈的分类

根据所研究问题的不同性质与意义，可以建立不同的博弈模型。一般博弈模型在形式上可能会有所不同，但都包括博弈过程的参与对象、各个参与对象选择的策略以及各个参与对象进行相应的策略选择后所获得的收益函数三个构成要素[100]。根据博弈参与者之间是否存在具有合作关系的特定约束力协议，可以将博弈区分为合作博弈类型和非合作博弈类型两种。此外，依据参与者动作方面的顺序性及信息方面的完整性，又可将非合作博弈细分为四类，与之分别对应四种均衡，它们的具体关系见表 7.1。

表 7.1　非合作博弈下的博弈类型划分及对应均衡

信息	行动顺序	
	静态	动态
完全信息	完全信息静态博弈 （纳什均衡）	完全信息动态博弈 （子博弈精炼纳什均衡）
不完全信息	不完全信息静态博弈 （贝叶斯纳什均衡）	不完全信息动态博弈 （精炼贝叶斯纳什均衡）

由于研究的博弈对象为自动驾驶车辆，博弈双方对于策略及收益均有清晰的了解，所以博弈首先是一个完全信息博弈。此外，在博弈的过程中，博弈双方同时进行自动驾驶车辆的操作时仅有一次博弈，所以博弈又是一个静态博弈。基于此，本章建立一个完全信息静态博弈模型。

7.1.2　纳什均衡

假设在一个博弈过程中，共有 n 名参与者，第 i 名参与者的策略集合可用 S_i 表示，则总的策略集合为

$$S = \{S_1, S_2, \cdots, S_n\} \tag{7.1}$$

双人非合作博弈收益矩阵见表 7.2。假设参与者 A 的策略集合为 $S_a = \{r_1, r_2\}$，参与者 B 的策略集合为 $S_b = \{t_1, t_2\}$。将参与者 A 和 B 采用不同策略时所获得的收益函数记为 u。例如，$u_a(r_1, t_1)$ 代表参与者 A 采用策略 r_1 以及参与者 B 采用策略 t_1

时使得参与者 A 获得的收益函数。

表 7.2　双人非合作博弈收益矩阵

参与者及其策略		参与者 B	
		t_1	t_2
参与者 A	r_1	$u_a(r_1,t_1)$，$u_b(r_1,t_1)$	$u_a(r_1,t_2)$，$u_b(r_1,t_2)$
	r_2	$u_a(r_2,t_1)$，$u_b(r_2,t_1)$	$u_a(r_2,t_2)$，$u_b(r_2,t_2)$

当有纯策略 (r_n,t_n) 满足下列公式时，则称 (r_n,t_n) 为博弈纯策略下的纳什均衡：

$$\begin{cases} u_a(r_n,t_n) \geqslant u_a(r,t_n), & \forall r \in S_a \\ u_b(r_n,t_n) \geqslant u_b(r_n,t), & \forall t \in S_b \end{cases} \tag{7.2}$$

在给定双人博弈中，非合作博弈中可能存在纯策略下的纳什均衡，也可能存在混合策略下的纳什均衡[101]。混合策略描述了参与者在给定信息下以某种概率随机选择不同策略的情况。双人非合作混合策略博弈收益矩阵见表 7.3。

表 7.3　双人非合作混合策略博弈收益矩阵

参与者及其策略		参与者 B		概率
		d_1	d_2	
参与者 A	c_1	$u_{a'}(c_1,d_1)$，$u_{b'}(c_1,d_1)$	$u_{a'}(c_1,d_2)$，$u_{b'}(c_1,d_2)$	p
	c_2	$u_{a'}(c_2,d_1)$，$u_{b'}(c_2,d_1)$	$u_{a'}(c_2,d_2)$，$u_{b'}(c_2,d_2)$	$1-p$
概率		q	$1-q$	

基于上述收益矩阵中的策略博弈收益，参与者 A 和参与者 B 的收益可分别表示为

$$\begin{cases} \varphi_{a'} = u_{a'}(c_1,d_1)pq + u_{a'}(c_1,d_2)p(1-q) + u_{a'}(c_2,d_1)(1-p)q + u_{a'}(c_2,d_2)(1-p)(1-q) \\ \varphi_{b'} = u_{b'}(c_1,d_1)pq + u_{b'}(c_1,d_2)p(1-q) + u_{b'}(c_2,d_1)(1-p)q + u_{b'}(c_2,d_2)(1-p)(1-q) \end{cases}$$
$$\tag{7.3}$$

将参与者 A 的收益 $\varphi_{a'}$ 对 p 求导并使导数为 0，可得 q：

$$q = \frac{u_{a'}(c_2,d_2) - u_{a'}(c_1,d_2)}{u_{a'}(c_1,d_1) - u_{a'}(c_1,d_2) - u_{a'}(c_2,d_1) + u_{a'}(c_2,d_2)} \tag{7.4}$$

将参与者 B 的收益 $\varphi_{b'}$ 对 q 求导并使导数为 0，可得 p：

$$p = \frac{u_{b'}(c_2,d_2) - u_{b'}(c_2,d_1)}{u_{b'}(c_1,d_1) - u_{b'}(c_1,d_2) - u_{b'}(c_2,d_1) + u_{b'}(c_2,d_2)} \tag{7.5}$$

　　综上所述，当纯策略下的纳什均衡在非合作博弈中不存在时，参与者 A 和参与者 B 应分别进行随机策略概率化选择，进而得到混合策略下的纳什均衡。

7.2　换道博弈决策行为建模

　　自动驾驶车辆的换道过程一般是协作换道，故基于博弈论思想对自动驾驶车辆换道行为过程进行建模。为了更好地对自动驾驶车辆换道行为进行建模，先做以下假设：

　　(1) 自动驾驶车辆的自动化级别较高，车辆能自行完成驾驶操作。

　　(2) 自动驾驶车辆能够获取自身与周围车辆的位置、速度及加速度等信息。

　　(3) 自动驾驶车辆为统一标准小汽车，且能实现互相通信。

7.2.1　换道意图的产生

　　目标车道前车的速度与当前车道前车的速度对换道意图的产生与否起到了极其重要的作用。基于自动驾驶车辆对周围车辆速度信息的获取来对换道意图进行客观性量化表示：

$$k = \frac{v_{\mathrm{F}}}{v_{\mathrm{P}}} \tag{7.6}$$

式中，k 为当前车道自动驾驶换道车辆的换道意图；v_{F} 为目标车道自动驾驶前车的速度；v_{P} 为当前车道自动驾驶前车的速度。

　　通过目标车道自动驾驶前车的速度与当前车道自动驾驶前车的速度的比值来对自动驾驶车辆的换道意图加以确定，换道意图的产生与否通过 k 值来体现。$k > 1$ 时，目标车道的速度条件更好，随即产生换道意图，自动驾驶车辆可以通过换道来收获速度收益；$k < 1$ 时，当前车道的速度条件仍较好，因此无换道意图，车辆保持跟驰。

7.2.2　换道博弈决策行为模型

　　换道意图产生后，还需要进行换道条件的判断以确保换道的安全性，若不满足换道条件，则车辆只能放弃换道，并继续在当前车道跟驰。将车辆换道视为二维平面上的动态变化行为，将运动时的车辆视为质点，从安全性的角度考虑其换道的合理与否，而车辆间的距离影响着车辆的安全性，故而引入换道碰撞概率模型：

$$\begin{cases} p(x, y) = \exp\left[-\frac{1}{2\sigma_{\mathrm{g}}^2}(x^2 + \mu y^2 \sin^2 \theta)\right] \\ \sigma_{\mathrm{g}} = e\left(m\sqrt{v^2 + a^2} + \varepsilon\right) \end{cases} \tag{7.7}$$

式中，θ 为车辆最大转向角；μ 为横向稳定系数；σ_g 为车辆运行过程中速度方向的分布因子；e 和 ε 为非零常数；v 与 a 分别为车辆的速度与加速度；m 为车辆自身的质量。

在注重换道安全性的同时，也将换道的舒适性考虑在内，而车辆的冲击度影响着换道的舒适性。因此，在换道碰撞概率模型的基础上结合车辆运行时的冲击度，进一步引入换道动态风险系数[102]，以此作为判断换道与否的条件：

$$\begin{cases} \xi = \alpha p(x,y)G\sqrt{1+j^2} \\ j = \dfrac{\mathrm{d}^2 v(t)}{\mathrm{d}t^2} = \dfrac{\mathrm{d}a(t)}{\mathrm{d}t} \end{cases} \tag{7.8}$$

式中，α 为固定常数；G 为车辆尺寸系数；j 为车辆运行时的冲击度。

当 $\xi \le 1$ 时，车辆可以进行换道。换道动态风险系数如图 7.1 所示，设车辆做匀速直线运动，所以加速度 a 与冲击度 j 均为 0，速度则沿着 x 的正方向。由图 7.1 可得，在 $(0,0)$ 位置处的换道动态风险系数最大，且其值随着距离的增加而减小，最终接近于零。

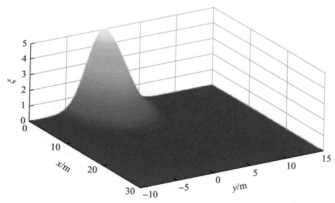

图 7.1　换道动态风险系数

在智能网联环境下，自动驾驶车辆之间具有一定的交互作用，换道即为协作式换道，故而引入博弈论思想建立模型。自动驾驶车辆在产生换道的意图后，获取周围车辆的相关信息，在明确博弈对象后形成博弈系统，并将速度收益作为收益函数，进而得到属于该博弈的混合策略下的纳什均衡[103]。自动驾驶车辆换道博弈决策流程如图 7.2 所示。

在换道博弈决策行为模型下，当前车道自动驾驶换道车辆 L 的策略集合表示为{换道，不换道}，选取"换道"策略的概率为 p；目标车道自动驾驶后车 R 的策略集合表示为{避让，不避让}，选取"避让"策略的概率为 q。此外，将速度收益作为博弈获得的收益函数。模型博弈收益矩阵见表 7.4。

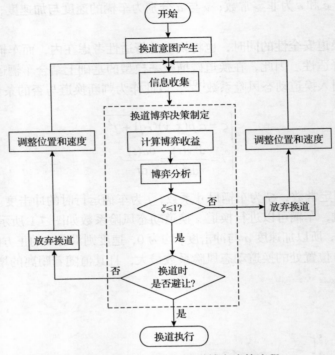

图 7.2　自动驾驶车辆换道博弈决策流程

表 7.4　模型博弈收益矩阵

博弈对象及其策略		自动驾驶后车 R		概率
		d_1（避让）	d_2（不避让）	
自动驾驶换道车辆 L	c_1（换道）	$u_L(c_1,d_1)$，$u_R(c_1,d_1)$	$u_L(c_1,d_2)$，$u_R(c_1,d_2)$	p
	c_2（不换道）	$u_L(c_2,d_1)$，$u_R(c_2,d_1)$	$u_L(c_2,d_2)$，$u_R(c_2,d_2)$	$1-p$
概率		q	$1-q$	

　　自动驾驶换道车辆在选择不同的策略时会获得不同的收益，从模型博弈收益矩阵中可以看出，自动驾驶换道车辆 L 共有 $u_L(c_1,d_1)$、$u_L(c_1,d_2)$、$u_L(c_2,d_1)$ 以及 $u_L(c_2,d_2)$ 四种不同的收益，且收益函数会随着概率的变化而变化[104]。

　　当自动驾驶换道车辆在 t_0 时刻产生换道意图并选择"换道"策略，且自动驾驶后车选择"避让"策略时，博弈双方可进行协作式换道。当前车道自动驾驶换道车辆做匀加速直线运动，而目标车道自动驾驶后车做减速运动来进行避让，进而为自动驾驶换道车辆提供合适的换道空间。在博弈换道时首先考虑安全性，但不仅仅考虑安全性。对于安全性而言，换道动态风险系数 $\xi=1$ 为临界值，在 $\xi \leqslant 1$

时均可换道。因为又考虑到博弈收益以及车道利用率等因素，所以在换道动态风险系数ξ=1 时可考虑换道。在当前车道自动驾驶换道车辆 L 与当前车道自动驾驶前车 P 在距离上满足换道动态风险系数ξ=1 时，可以根据自动驾驶车辆的功能以及上述公式求得时间 Δt。基于换道博弈收益最大化的理念，应使速度上的损失尽可能减少，因此在经过时间 Δt 后，当前车道自动驾驶换道车辆 L 与目标车道自动驾驶后车 R 在距离上应该满足换道动态风险系数ξ=1。在换道博弈决策结束后可得到自动驾驶车辆的加速度、在 t_1 时刻的速度以及速度收益。

在博弈换道的过程中，自动驾驶车辆换道动态风险系数的分布范围存在相应的变化，具体变化情况如图 7.3 所示。当前车道自动驾驶换道车辆 L 车速增大而使得换道风险系数的分布范围相应变大，目标车道自动驾驶后车 R 车速减小而使得换道风险系数的分布范围又相应变小。

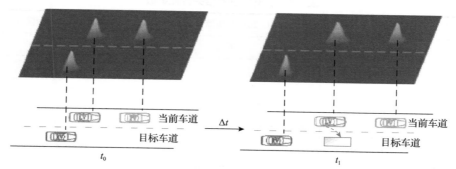

图 7.3　博弈换道动态风险示意图

同时，在经过时间 Δt，且当前车道自动驾驶换道车辆 L 与当前车道自动驾驶前车 P 在距离上满足换道动态风险系数ξ=1 后，若当前车道自动驾驶换道车辆 L 与目标车道自动驾驶后车 R 在距离上不满足换道动态风险系数$\xi\leqslant1$，则当前车道自动驾驶换道车辆 L 为避免碰撞事故的发生应放弃换道。此外，时间 Δt 的值也不宜过大，当 Δt 超过一定阈值时，考虑到时间、道路空间利用率以及安全性等方面的因素，当前车道自动驾驶换道车辆 L 也应放弃换道，可寻找合适的机会重新进行换道。

7.2.3　实验结果与分析

1）仿真平台与环境

本节使用 SUMO 仿真软件对上述换道博弈决策行为模型的性能进行实验验证。SUMO 是一款开源微观连续交通流仿真软件，其丰富的功能吸引着一些交通研究者的使用。SUMO 含有交通仿真路网编辑器，可添加道路、编辑车道的连接关系等。同时，SUMO 还可以定义出发与到达属性，如车道、速度或位置。此外，SUMO 还可以与第三方仿真程序实现联合运行。随着智能网联环境的推进式发展，

SUMO 开始逐渐对自动驾驶进行仿真，也为自动驾驶的模型以及算法提供了多样化的动态环境。

2) 仿真结果分析

为了使模型问题得以简化，仿真场景设定为一条长度为 3000m、限速为 120km/h 的单向三车道路段。将实验分为 A 组与 B 组，其中 A 组采用的换道模型为 SUMO 软件中默认的 LC2013 换道模型，LC2013 换道模型的换道过程为瞬时换道，在道路网络中通过对有效路径的计算来完成换道的选择；B 组采用的换道模型为上述提出的换道博弈决策行为模型。此外，划定交通流密度范围为 10～100 辆/km，以 10 辆/km 为间隔，对两组模型分别进行 10 次仿真实验，每次仿真时间为 360s。两组实验换道模型的相关特征参数见表 7.5。

表 7.5   换道模型的相关特征参数

特征参数	LC2013 换道模型	换道博弈决策行为模型
车辆长度/m	4	8
车辆宽度/m	1	8
车辆颜色	灰色	红色
最大速度/(m/s)	33	33
最大加速度/(m/s^2)	2	61

首先，对换道博弈决策行为模型实验组的自动驾驶车辆的换道动态风险系数 ξ 及碰撞概率 $p(x, y)$ 进行提取，具体结果如图 7.4 所示。通过分析可知，换道动态风险系数稳定在 0.5～1.5 范围内波动变化，碰撞概率稳定在 0.5 附近波动变化，表明换道博弈决策行为模型具有较好的稳定性。

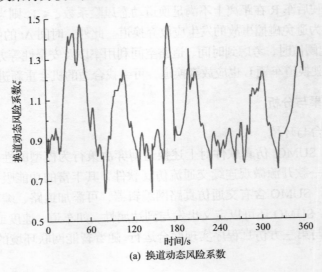

(a) 换道动态风险系数

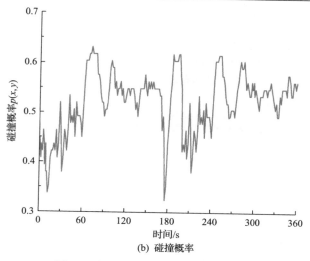

(b) 碰撞概率

图 7.4　换道动态风险系数与碰撞概率

此外，在两组模型实验中，分别采用两种不同颜色的车流来进行区别仿真，在不同交通流密度下依次采用车辆的平均速度、360s 内的车辆通过数以及车辆的事故数等指标来对比分析模型的性能。

不同交通流密度下的车辆平均速度如图 7.5 所示。在交通流密度小于 70 辆/km 的情况下，换道博弈决策行为模型实验组的车辆平均速度要明显高于 LC2013 换道模型，随着交通流密度的不断增加，换道机会逐渐减少，两种模型下的车辆平均速度差距呈现出减小的趋势，但换道博弈决策行为模型实验组的车辆平均速度仍高于 LC2013 换道模型。故总体上而言，在本章提出的换道博弈决策行为模型下的交通流有着更好的运行效率。

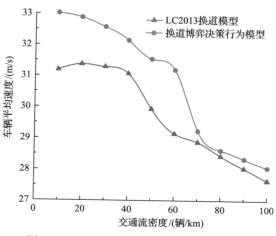

图 7.5　不同交通流密度下的车辆平均速度

　　不同交通流密度下的车辆通过数如图 7.6 所示。换道博弈决策行为模型实验组的车辆通过数始终多于 LC2013 换道模型，特别是在交通流密度大于 50 辆/km 时，换道博弈决策行为模型在车辆通过数上的优势有着进一步的明显体现，同时也表明了换道博弈决策行为模型具有较好的道路利用率，可以使车辆高效运行。

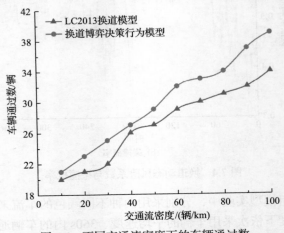

图 7.6　不同交通流密度下的车辆通过数

　　不同交通流密度下的车辆事故数见表 7.6。在车流较少的情况下，LC2013 换道模型与换道博弈决策行为模型均未有事故发生。但随着交通流密度的不断增加，特别是在 40～80 辆/km，LC2013 换道模型的车辆事故数呈现出增加的趋势，而换道博弈决策行为模型将车辆事故数控制在极低的数量，几乎没有事故发生，从而使得交通流平稳运行。在交通流密度不断增加的情况下，换道博弈决策行为模型以极小的概率出现了一次(换道，不避让)的状况，表明换道博弈决策行为模

表 7.6　不同交通流密度下的车辆事故数

交通流密度/(辆/km)	LC2013 换道模型	换道博弈决策行为模型
10	0	0
20	0	0
30	0	0
40	0	0
50	1	0
60	1	0
70	2	0
80	3	1
90	2	0
100	1	0

型还存在一定的改进空间。总的来说，换道博弈决策行为模型具有较好的可靠性与安全性。

7.3　考虑驾驶风格的换道博弈决策行为建模

7.3.1　个性化驾驶风格的换道行为分析

智能网联技术的研究目的和意义在于减少日常交通中人为因素引起的事故，提高车辆在行驶过程中的效率。因此，车辆之间的协作能力尤为重要，换道行为是车辆行驶过程中的基本行为，车辆在行驶过程中需要获取更好的行驶环境，以产生换道的意图，从而进行换道。

传统意义上根据车辆换道的动机，将车辆的换道行为划分为自由换道和强制换道[105]。自由换道是驾驶人实施的非必要换道行为，具有较强的主观性和随意性，大多在决策过程中受到环境的影响而放弃。自由换道的场景如图 7.7 所示，在一条单向四车道道路中，车道 3 上的车辆 S 的行驶速度受到前车的限制，达不到驾驶人的期望速度，从而产生换道意图，但是在换道过程中存在与车道 2 上的滞后车辆 F 发生碰撞的风险从而取消换道行为，因此自由换道行为是非必要性的，本书主要研究的是自由换道。

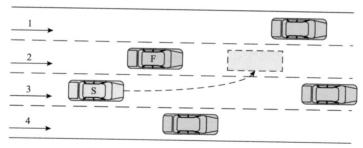

图 7.7　考虑驾驶风格的自由换道场景

通过第 2 章中不同驾驶风格下换道行为差异的研究，发现不同风格驾驶人在驾驶过程中具有不同的需求，具体表现在期望速度方面。当前导车速度小于跟随车的期望速度时，跟随车倾向于换道超过前导车以获取更高的车速，并且在第 2 章中对不同风格驾驶人换道前后速度比的研究也进一步证实了风格越激进的驾驶人通过换道获取更高速度的意图更加强烈。

间隙接受模型能够较准确地反映车辆在换道过程中的安全性评价标准，其中最简单的间隙接受模型为二值选择模型，即先设好最小安全距离，通过对比受试车与目标车之间的纵向距离和最小安全距离之间的关系对换道行为进行决策。这种间隙接受模型将驾驶人换道意图以及换道决策分开考虑，虽然可以保证换道的安全性，但是忽略了驾驶风格的多样性以及驾驶人之间相互竞争和协作的关系。因此，此类间隙接受模型受制于交通流密度因素，在交通流密度较大的情况下，换道行为不会发生。

本节通过研究不同驾驶风格对换道行为的影响，提出一种考虑驾驶风格的换道模型，将换道意图和换道安全性统一考虑，通过博弈论的思想描述驾驶人在换道过程中的博弈和竞争行为。

7.3.2　HV-CAV 换道模型

考虑到智能网联技术的发展现状以及自主车辆的普及程度，分别针对 CAV 与 HV 以及 CAV 之间的换道行为进行建模。由于 CAV 与 HV 之间不存在网联环境下的交互作用，即无法构成换道时的博弈。根据车辆换道时的状态参数建立动态风险模型，求得车辆的换道动态风险系数，当受试车辆的换道动态风险系数满足一定阈值时，车辆可以进行换道；CAV 之间存在行为交互作用，对其采用博弈论的思想进行建模。受试车辆与目标车辆组成非合作混合策略博弈，以执行策略后的速度增益为该策略下的博弈收益。当博弈达到纳什均衡后，执行相应的策略。

车辆在行驶过程中，若前方出现大型车辆或前方车辆行驶速度过慢达不到自己的期望速度时，会产生换道的意图，此种换道类型属于自由换道。如图 7.8 所示单向双车道环境，车辆 S 在车道 1 行驶时识别到前方车辆 L 的速度达不到自己的期望速度，于是以车道 2 为目标车道产生换道意图。经时间 Δt 后，到达 t_1 时刻位置，准备执行换道行为。

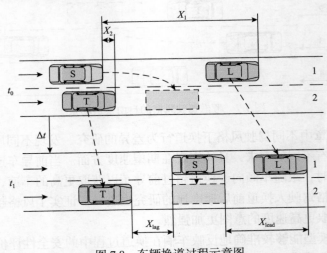

图 7.8　车辆换道过程示意图

车辆换道属于二维平面上的变化行为，基于第 2 章中对不同风格换道行为差异的研究以及第 3 章中对车辆行驶状态下纵向期望安全距离的分析，建立不同驾驶风格车辆在行驶过程中的安全区域模型。车辆行驶过程中的横向稳定性随着速度的增加而下降，基于此思想，车辆换道时的碰撞概率模型可表示为

$$p(x,y) = \exp\left[-\frac{1}{2\sigma_g^2}(x^2 + \lambda y^2 \sin^2\theta)\right] \tag{7.9}$$

式中，θ 为车辆的最大转向角；σ_g 为车辆运行过程中速度方向的分布因子，由车辆运行参数决定；λ 为横向稳定系数，由驾驶风格决定。

车辆换道时的碰撞概率如图 7.9 所示。

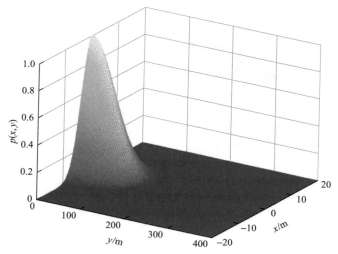

图 7.9　车辆换道时的碰撞概率

图 7.10 为相同行驶状态下不同驾驶风格的碰撞概率。由图可知，不同风格驾驶人在换道过程中的碰撞概率与横纵向距离的关系存在差异，具体表现为风格越激进的驾驶人在换道过程中的横向碰撞概率越大，而纵向碰撞概率越小。

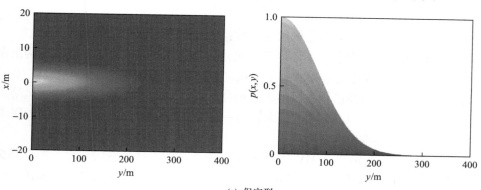

(a) 保守型

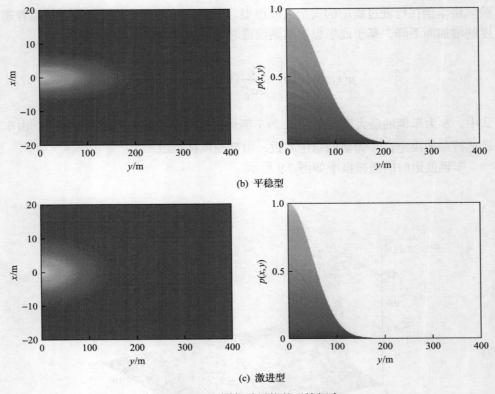

(b) 平稳型

(c) 激进型

图 7.10 不同驾驶风格的碰撞概率

车辆换道动态风险系数如式 (7.10) 所示，当满足前车质点位置 $\xi_{lc} \leqslant 1$ 时，允许车辆换道。

$$\begin{cases} \xi_{lc} = \alpha p(x,y)Z\sqrt{1+j^2} \\ j = \dfrac{d^2 v(t)}{dt^2} = \dfrac{da(t)}{dt} \end{cases} \tag{7.10}$$

式中，α 为固定常数；Z 为车辆尺寸系数；j 为车辆运行时的冲击度。

图 7.11 为相同驾驶状态下不同驾驶风格的换道动态风险系数，设该车辆正在做匀速直线运动，故加速度和冲击度为 0，速度 v 沿 x 正方向。由图可知，在 (0,0) 处即车辆所在位置的换道动态风险系数最高，随着距离的增加，换道动态风险系数逐渐减小至接近于 0。车辆的最大转角一般为 30°~40°，所以车辆的横向影响范围要小于纵向影响范围。

假设图 7.8 中车辆 T 为 HV，S 为 CAV，两车之间不具备网联环境下的车辆交互作用，当 S 产生换道意图后建立动态风险模型。S 以最大加速度做匀加速直线运动，经过 Δt 后到达 t_1 时刻位置，此时目标车道上的滞后车辆 T 在 S 处的换道动态风险系数 $\xi_{lc}=1$。T 与 S 之间的纵向距离 X_{lag} 可表示为

$$X_{lag} = \Delta t(v_T - v_S) + \frac{\Delta t^2(a_T - a_S)}{2} + X_2 \tag{7.11}$$

式中，v_T 和 v_S 分别为车辆 T 和 S 的速度；a_T 和 a_S 分别为车辆 T 和 S 的加速度；X_2 为决策时车辆 T 和 S 的纵向车头间距。

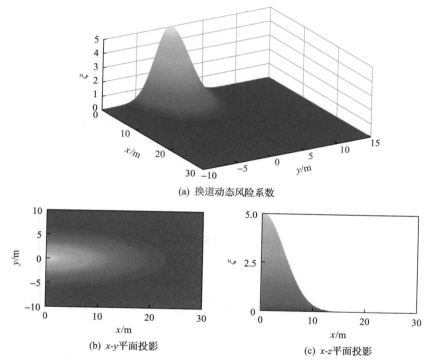

(a) 换道动态风险系数

(b) x-y 平面投影

(c) x-z 平面投影

图 7.11　相同驾驶状态下不同驾驶风格的换道动态风险系数

结合换道动态风险系数公式可求得 Δt 的值，t_1 时刻 S 与 L 之间的纵向距离 X_{lead} 可根据式(7.12)求出：

$$X_{lead} = \Delta t(v_L - v_S) + \frac{\Delta t^2(a_L - a_S)}{2} + X_1 \tag{7.12}$$

式中，v_L 和 v_S 分别为车辆 L 和 S 的速度；a_L 和 a_S 分别为车辆 L 和 S 的加速度；X_1 为决策时车辆 L 和 S 的纵向车头间距。

将 X_{lead} 代入式(7.10)可求得 t_1 时刻 S 在 X_{lead} 处的换道动态风险系数 ξ_{lc}，若

满足 $\xi_{lc} \leqslant 1$，则允许 S 换入目标车道。

7.3.3　CAV-CAV 换道模型

在智能网联技术下，CAV 之间存在行为交互作用，自主车辆之间的换道也称为协作换道。基于博弈论思想进行建模，车辆换道决策流程如图 7.12 所示。当车辆产生换道意图后，首先选择效益最高的目标车道，然后受试车辆获取目标车道上的车辆信息，确定博弈对象组成博弈，以决策后的速度增益作为收益函数，从而得到该博弈的混合策略纳什均衡。

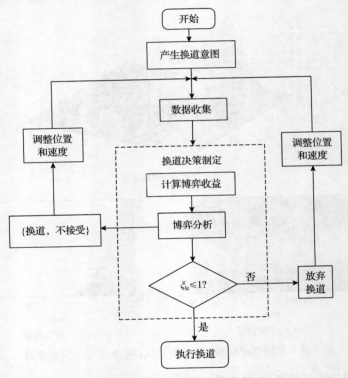

图 7.12　车辆换道决策流程

模型中受试车辆拥有{换道，不换道}策略集，"换道"策略的选择概率为 p；目标车道上的车辆具有{接受，不接受}的策略集，其中"接受"策略的选择概率为 q。

收益函数是博弈中不可或缺的成分，采用换道后的速度增益作为博弈收益，这样既能描述车辆换道的竞争性，又能表达驾驶人个体的多样性。

若受试车辆选择"换道"策略，目标车辆选择"接受"策略，两车达成协作换道。受试车辆以最大加速度进行匀加速直线运动，目标车辆减速为受试车辆提供换道空间。当两车的距离满足 $\xi_{lc}=1$ 时，根据式(7.12)和式(7.10)可求得匀加速运动时间 Δt。为使目标车辆收益函数最大化，尽量减少速度损失，经过 Δt 后，两车之间的距离满足 $\xi_{lc}=1$。可求得目标车辆的加速度以及 t_1 时刻速度，进而求得执行策略后的速度增益。

博弈收益矩阵见表 7.7，其中 s_1、s_2 分别代表受试车辆的"换道"和"不换道"策略，c_1、c_2 分别代表滞后车辆的"接受换道"和"不接受换道"策略。u 为车辆在对应策略集下的收益函数，例如，$u_1(s_1,c_1)$ 代表受试车辆选择"换道"策略，滞后车辆选择"接受换道"时受试车辆的收益函数。

表 7.7　CAV-CAV 换道模型博弈收益矩阵

博弈对象及策略		滞后车辆		概率
		c_1(接受)	c_2(不接受)	
受试车辆	s_1(换道)	$u_1(s_1,c_1),u_2(s_1,c_1)$	$u_1(s_1,c_2),u_2(s_1,c_2)$	p
	s_2(不换道)	$u_1(s_2,c_1),u_2(s_2,c_1)$	$u_1(s_2,c_2),u_2(s_2,c_2)$	$1-p$
概率		q	$1-q$	

受试车辆的收益函数共有 $u_1(s_1,c_1)$、$u_1(s_1,c_2)$、$u_1(s_2,c_1)$ 和 $u_1(s_2,c_2)$ 四种情况。图 7.13 为一博弈中受试车辆的收益函数随 p 和 q 值的变化。在四种情况下，受试车辆的速度收益分别为 5m/s、−6m/s、−20m/s、−6m/s。

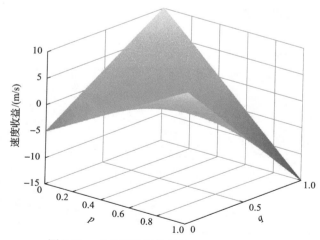

图 7.13　考虑驾驶风格的换道博弈收益图像

如图 7.14 所示，当受试车辆 S 采取"换道"策略且滞后车辆 L 采取"接受"策略时，L 加速使 S 具有足够的空间换入车道 2。因为车速增加，两车的换道动态风险系数分布范围也相应变大。当受试车辆 S 采取"换道"策略且滞后车辆 L

采取"不接受"策略时，为避免碰撞的发生，博弈结果作废，受试车辆调整速度和位置，寻求机会重新换道。

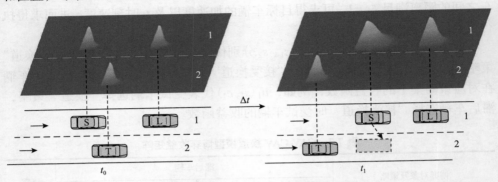

图 7.14　动态换道风险示意图

7.3.4　实验结果与分析

1）仿真平台与环境

本节使用 SUMO 软件对模型的性能进行仿真实验，SUMO 是一个交通流仿真软件，其道路路网可以通过应用程序 OSM Web Wizard 生成，也可通过外部导入数字路线图生成，最多可管理 10000 条道路，图 7.15 为仿真界面。SUMO 的微观属性可以定义每辆车的出发时间，详细描述每个车辆节点的出发和到达属性，如要使用的车道、速度和位置。

图 7.15　仿真界面

为了区别不同风格驾驶人的行为特性，通过改变 SUMO 中的驾驶人特征参数来模拟不同驾驶风格的个体，见表 7.8。

表 7.8　SUMO 中驾驶风格特征参数

参数名称	描述	驾驶风格		
		保守型	平稳型	激进型
accel	车辆加速能力	2	2.5	2.9
decel	车辆减速能力	4	4.5	5
sigma	驾驶行为评价标准	1	0.8	0.5
tau	期望车头时距/s	3	2	1
emergencyDecel	紧急制动加速度/(m/s^2)	6	6	6
maxSpeed	最大车速/(m/s)	40	40	40
lcStrategic	换道策略参数	0.3	0.6	1
lcCooperative	协作换道的意愿	1	0.6	0.1
lcSpeedGain	为增加速度而改变车道的意愿	0.5	1	5
lcAccelLat	最大横向速度/(m/s)	0.8	1	1.2
lcAssertive	愿意接受目标车道上较低的前后间隙	1	3	5
lcSigma	横向稳定性参数	0.3	0.5	0.8

2)仿真结果分析

为避免目的地、信号灯以及行人等因素的影响，本次仿真的场景为一条限速120km/h、长度为 2000m 的单向 4 车道路段。根据车流的组成及车辆换道策略，将实验分为 A、B、C 三组，其中 A 组车流使用 SUMO 中默认的 LC2013 换道模型；B 组车流中 CAV 与 HV 的比例为 1∶1，其中 HV 的换道模型为 LC2013 换道模型，CAV 使用本节提出的动态风险模型；C 组车流使用本节提出的博弈换道决策行为模型。提取 B 组实验中 CAV 的碰撞概率和换道动态风险系数，结果如图 7.16 所示，可见车辆行驶过程中的碰撞概率一直稳定在 0.5 左右，换道动态风险系数在 0.5～1.5 浮动，说明动态风险模型具有良好的稳定性。根据交通流密度区间为10～90 辆/km 对每一组车流进行 9 次实验，每次仿真时间为 6min。仿真车辆的特征参数见表 7.9。

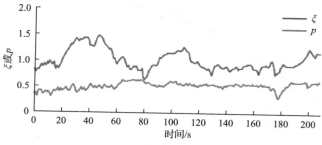

图 7.16　CAV 碰撞概率和换道动态风险系数

表 7.9　仿真车辆的特征参数

相关参数	HV	CAV	
颜色	灰色	激进型	蓝色
		平稳型	绿色
		保守型	粉色
最大加速度/(m/s²)	2.6	2.6	
最大速度/(m/s)	33.33	33.33	
长度/mm	4800	4800	
换道模型	LC2013 换道模型	动态风险模型/换道博弈决策行为模型	

　　本次实验以车辆的平均速度、事故数以及 6min 内的车辆通过数作为评定目标来分析模型的性能，仿真实验界面如图 7.17 所示，仿真结果如图 7.18、图 7.19、表 7.10 所示。

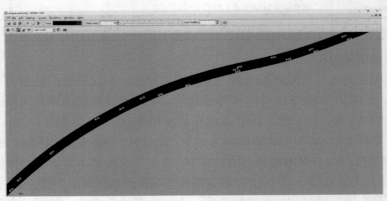

(a) A组(LC2003换道模型)传统车流

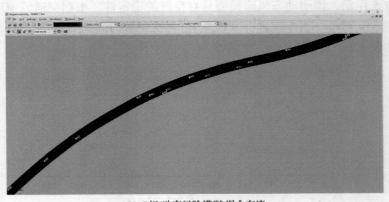

(b) B组(动态风险模型)混合车流

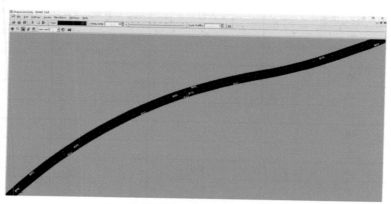

(c) C组(换道博弈决策行为模型)网联车流

图 7.17　仿真实验界面

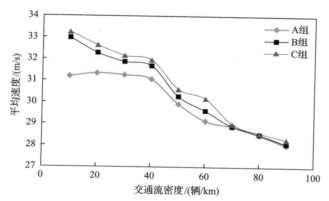

图 7.18　三组实验的车辆平均速度对比

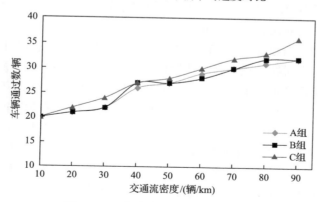

图 7.19　三组实验的车辆通过数对比

表 7.10　三组实验的事故数对比

交通流密度/(辆/km)	A组	B组	C组
10	0	0	0
20	0	0	0
30	0	0	0
40	0	0	0
50	1	0	0
60	1	1	0
70	3	2	1
80	3	2	1
90	2	1	0

实验结果显示，当交通流密度小于 90 辆/km 时，换道博弈决策行为模型和动态风险模型的车辆平均速度均明显高于 LC2013 换道模型，其中换道博弈决策行为模型更具优势，随着交通流密度的提高，车辆间的换道次数减少，换道博弈决策行为模型的优势变得不那么明显，三个模型的车辆平均速度趋于相同水平；当交通流密度在 40 辆/km 以上时，换道博弈决策行为模型的优势变得明显，换道博弈决策行为模型的车辆通过数始终高于前两种模型，说明换道博弈决策行为模型对道路有更高的利用效率；随着交通流密度的提高，三种模型均有碰撞事故发生，动态风险模型的事故数保持为较低的状态，而换道博弈决策行为模型事故数始终为最低，说明换道博弈决策行为模型具有更好的安全稳定性。

7.4　本章小结

本章引入了换道碰撞概率和换道动态风险系数，对换道意图进行客观性量化，建立了自动驾驶车辆换道博弈决策行为模型。

（1）自动驾驶车辆的换道具有协作式的特点，运用博弈论思想可以合理地展现其交互性行为。在对换道意图客观性量化的基础上，引入换道碰撞概率与换道动态风险系数来保证换道决策的安全性，并建立换道博弈决策行为模型。仿真实验表明，换道博弈决策行为模型与传统换道模型相比具有更好的安全性与稳定性。同时，本研究在一定程度上可以为自动驾驶车辆的换道研究提供理论依据。

（2）未来将对自动驾驶车辆换道博弈决策行为进行进一步研究，考虑综合多种收益函数，使得博弈换道行为更加合理化，同时改善换道博弈决策行为模型，使其更加适用于实际的复杂化交通场景，以期促进自动驾驶技术的发展。

（3）智能网联环境下的车辆换道行为存在博弈性质，运用博弈论的思想对车辆的换道行为进行建模，根据车辆的当前行驶状态求得车辆换道时的动态风险系数，建立了自主车辆换道行为的博弈策略模型。运用 SUMO 软件对换道行为模型进行仿真实验，结果表明，提出的基于新型混合车流和自主车流的建模方法能够客观描述网联自动驾驶场景下的交通行为特性，建立的车辆换道安全区域模型能够较准确地区分不同风格驾驶人的换道行为特性，建立的换道博弈决策行为模型在车道利用率和行驶安全性方面均优于传统的间隙接受模型。

第 8 章　网联车队纵向博弈决策行为建模

网联自动驾驶车辆通过车车通信及车路通信等技术可以实现车辆安全、快速地运行，减少交通拥堵、交通事故等，但由于通信延时或丢包等问题，网联自动驾驶车辆之间的联系会减弱，车辆之间的协同跟驰可能会发生改变。由于网联自动驾驶车辆配备有各种传感信息，可准确获取前车的交通信息，本章通过主从博弈方法研究网联自动驾驶车辆之间的跟驰行为。

8.1　基于主从博弈的跟驰行为分析

1）主从博弈

主从博弈也称 Stackelberg 问题，是指一方先行动、一方后行动的博弈。它是一个两阶段的完全信息动态博弈，博弈的时间是序贯的[106]，主要思想是双方都是根据对方可能的策略来选择自己的策略以保证自己在对方策略下的利益最大化，从而达到纳什均衡。在该博弈中，先做出决策的一方称为领导者，在领导者之后，剩余的跟随者根据领导者的决策进行决策，然后领导者再根据跟随者的决策对自己的决策进行调整，如此往复，直到达到纳什均衡。

主从博弈是一类呈递阶结构的博弈，其中简单的两级静态博弈中上层参与者只是通过自己的策略去指导（或引导）下层参与者而不直接干涉下层参与者；下层参与者只需把上层的策略作为参数或约束，可以在自己的可能范围内自由选择。二者之间按如下过程进行策略选择：上层给下层一定的信息，下层在这些信息下按自己的利益或偏好做出反应，上层再根据这些反应做出符合全局利益的策略选择。上层给出的信息是以一种可能选择策略的形式给出的，下层的反应实际上是对上层策略的最优反应。为了使整个博弈参与者获得最佳的利益，上层必须综合下层的策略，调整自己的策略。

主从递阶决策问题具有以下四方面的特征：

（1）有多个相互独立的决策人参与决策，他们各自都有自己可控的决策变量。

（2）某个决策者或某些决策者的决策一般会影响其他（某个或某些）决策者的利益。

（3）决策系统为主从递阶结构，即多个决策者处于不同的决策层次，而不同层次上的决策者具有不同的权利，居于较高层次的决策者一般具有较大的权利，可以根据自己的决策目标对下级决策进行调控，下级决策也会对上级决策产生影响，上下级之间具有一种相互制约的主从关系。

(4)由各决策者共同做出的最后决策(或解)应当是各决策者均可接受的满意决策(或满意解)。具有主从递阶结构的决策问题可以是简单的一般多人两级决策问题,其数学模型为

$$
\begin{cases}
\min_{x} F(x, y) \\
\text{s.t.}\ \ G(x, y) \geqslant 0 \\
x \in X = \{x : H(x) \geqslant 0\} \\
\min_{y_i} f_i(x, y_i) \\
\text{s.t.}\ \ g_i(x, y_i) \geqslant 0 \\
y_i \in Y_i = \{y_i : h_i(y_i) \geqslant 0\} \\
i = 1, 2, \cdots, p
\end{cases}
\tag{8.1}
$$

式中,$F(x, y)$ 为上级决策者的目标函数;x 为上级决策者的决策变量;X 为上级决策者的决策空间或 x 的可行域;$f_i(x, y_i)$ 为下级决策者的目标函数;y_i 为下级决策者的决策变量;Y_i 为下级第 i 个决策者的决策空间或 y_i 的可行域。

该模型的决策机制是上级决策者首先宣布它的决策 x,这一决策将影响下级各决策者在这一前提下选取使自己目标函数最优的决策 y_i,这一过程也会影响到上级决策问题的约束集与目标函数,因为在下级决策汇总形成向量 $y = (y_1, \cdots, y_p)$,上级决策可以再调整它的决策变量 x,直至它的目标函数达到最优化状态。

2)跟驰行为分析

在均为网联车辆跟驰的交通流中,CAV 跟驰 CAV 运行的行为近似符合主从递阶决策博弈的特征,即车辆之间的速度和安全车距是完全可知的,CAV 在行驶过程中对道路交通信息都达到共同认知的水平,则 CAV 行驶所做的决策侧重于不同需求或期望的驾驶行为,包括驾驶人对车辆驾驶风格偏好的设置、驾驶速度的设定和驾驶安全车距的界限[107]。

8.2　跟驰收益函数的建立

收益函数充分考虑了道路及行驶环境信息显式地量化博弈参与者的目标,因此本节用速度收益、安全车距收益和驾驶风格收益来体现决策主体的驾驶收益函数。

1)速度收益

在网联车驾驶行为的博弈中,基于行车速度的期望,把前后车在跟驰过程中速度的变化量看成收益,收益的参数设置如下:CAV 前车的速度为 v_1,CAV 后车

的速度为 v_2；CAV 前车的期望速度为 v_1^*，CAV 后车的期望速度为 v_2^*。v_1^* 和 v_2^* 是指网联车辆在实际驾驶过程中的期望速度，不同的驾驶环境会导致不同的期望速度。当驾驶人达到期望速度时，就能满足网联车辆基于速度行驶的期望程度。基于速度的收益矩阵见表 8.1。

表 8.1　基于速度的收益矩阵

前车	后车	
	匀速	变速
匀速	$(0, v_1 - v_2)$	$(v_1 - v_1^*, v_2^* - v_2)$
变速	$(v_1^* - v_1, v_2 - v_2^*)$	$(0, v_1^* - v_2)$

表 8.1 中收益矩阵的对策值为 CAV 前车速度与 CAV 后车速度的收益量，左上括号内第 1 项指前车匀速行驶、后车也保持匀速行驶时前车的速度收益为 0；第 2 项指前车匀速行驶、后车也匀速行驶时相对于前车，后车的速度收益为 $v_1 - v_2$。左下括号内第 1 项指前车变速行驶、后车仍保持匀速行驶时前车的速度收益为 $v_1^* - v_1$；第 2 项指前车变速行驶、后车匀速行驶时相对于前车，后车的速度收益为 $v_2 - v_2^*$。右上括号内第 1 项指前车匀速行驶、后车变速行驶时前车的速度收益为 $v_1 - v_1^*$；第 2 项指前车匀速行驶、后车变速行驶时相对于前车，后车的速度收益为 $v_2^* - v_2$。右下括号内第 1 项指前车变速行驶、后车也变速行驶时前车的速度收益为 0；第 2 项指前车变速行驶、后车也变速行驶时相对于前车，后车的速度在变速后依旧跟驰前车，将趋近于前车追求的期望速度 v_1^*，后车的速度收益为 $v_1^* - v_2$。

假设 CAV 前车在行驶过程中变速的概率为 p，则匀速的概率即为 $1-p$；CAV 后车在跟驰行驶过程中变速的概率为 q，则匀速的概率即为 $1-q$。CAV 后车跟驰行驶过程中变速和匀速的期望收益分别为

$$U_{cf匀速} = (v_1 - v_2)(1 - p) + (v_2 - v_2^*)p \tag{8.2}$$

$$U_{cf变速} = (v_2^* - v_2)(1 - p) + (v_1^* - v_2)p \tag{8.3}$$

式中，$U_{cf匀速}$ 为 CAV 后车匀速跟驰的期望收益；$U_{cf变速}$ 为 CAV 后车变速跟驰的期望收益。

则 CAV 后车期望收益为

$$\begin{aligned} U_{cf} &= U_{cf匀速}(1 - q) + U_{cf变速}q \\ &= \left[(v_1 - v_2)(1 - p) + (v_2 - v_2^*)p \right](1 - q) + \left[(v_2^* - v_2)(1 - p) + (v_1^* - v_2)p \right]q \end{aligned} \tag{8.4}$$

2）安全车距收益

CAV 前后车之间的安全车距是博弈跟驰决策过程中两车博弈跟驰安全的重要因素。为避免 CAV 后车跟驰行驶中与 CAV 前车发生碰撞，这里主要考虑的是两车之间的安全车距。基于最小安全车距模型，安全车距的收益函数为 CAV 前车与后车的相对车距与最小安全车距的比值。安全车距收益函数[108]可以表示为

$$U_{\mathrm{s}} = \frac{X_l - X_f}{d_{\mathrm{s}}} \tag{8.5}$$

式中，U_{s} 为安全车距收益；X_l 为 CAV 前车的位置；X_f 为 CAV 后车的位置；d_{s} 为最小安全车距，且有

$$d_{\mathrm{s}} = v_2 t + \frac{v_2^2}{2a_2} - \frac{v_1^2}{2a_1} \tag{8.6}$$

式中，a_1 为 CAV 前车的加速度；a_2 为 CAV 后车的加速度；t 为 CAV 后车从制动到停止的时间。

3）驾驶风格收益

即使是 CAV，驾驶人仍是车辆运动的主体，其驾驶风格与驾驶行为对驾驶安全的重要性不言而喻。驾驶风格为短时间内的驾驶模式或驾驶行为表征，在驾驶安全方面，驾驶风格可以更加准确地预测车辆的运行状态。根据现有对驾驶风格的研究，对驾驶风格的识别还没有统一的定论，但研究过程中的相关指标仍是目前研究驾驶风格可以借鉴的方法，驾驶风格的相关指标包括车辆工况参数（如燃油率、发动机转速等）、油门及刹车开度、车速标准差、加速度变化率（冲击度）、碰撞时间等。驾驶风格在跟驰过程中车距表现为近跟随、远跟随等行车模式，速度表现为匀加速、急加速等操作方式偏好，为了更好地表征这一现象，采用碰撞时间收益来量化跟驰驾驶行为。

碰撞时间收益 U_{ttc} 与自车、前车的行驶状态信息（前车行驶速度 v_1、前车加速度 a_1、自车行驶速度 v_2、自车加速度 a_2、相对距离 d_{rel}）有关，可以表示为

$$U_{\mathrm{ttc}} = \begin{cases} \dfrac{\sqrt{v_{\mathrm{rel}}^2 + 2a_{\mathrm{rel}} d_{\mathrm{rel}}} - v_{\mathrm{rel}}}{a_{\mathrm{rel}}}, & v_{\mathrm{rel}} \geqslant 0, a_{\mathrm{rel}} \neq 0 \text{ 或 } v_{\mathrm{rel}} < 0, a_{\mathrm{rel}} > 0 \\ \dfrac{d_{\mathrm{rel}}}{a_{\mathrm{rel}}}, & v_{\mathrm{rel}} > 0, a_{\mathrm{rel}} = 0 \end{cases} \tag{8.7}$$

$$v_{\mathrm{rel}} = v_2 - v_1 \tag{8.8}$$

$$a_{\text{rel}} = a_2 - a_1 \tag{8.9}$$

$$d_{\text{rel}} = X_l - X_f \tag{8.10}$$

式中，U_{ttc} 为碰撞时间收益；v_{rel} 为 CAV 前后车相对速度；a_{rel} 为 CAV 前后车相对加速度；d_{rel} 为 CAV 前后车相对距离。

4) 车辆跟驰总驾驶收益

总收益是上述三个收益的线性组合，可以表示为

$$U = P_1 U_{\text{cf}} + P_2 U_s + P_3 U_{\text{ttc}} \tag{8.11}$$

式中，U 为车辆跟驰总驾驶收益；P_i 为各收益的权重，$P_1 + P_2 + P_3 = 1$。

其中，通过对 P_i 调整可模拟不同风格驾驶人主导的 CAV 跟驰决策的影响。对激进型驾驶人而言，P_1 较大而 P_3 较小，相反，对保守型驾驶人而言，P_1 较小而 P_3 较大。

8.3　CAV 与 CAV 的跟驰模型建立

模型构建的前提是前导车为 CAV，跟驰车也为 CAV，该情况下跟驰车可直接通过车车通信或车载传感器等技术设备获得前导车的驾驶行为信息。在完全信息下，CAV 跟驰车根据 CAV 前导车的信息做出驾驶行为的决策，理论上可以实现同步改变驾驶行为，但是考虑到车辆同步变化对驾驶人的舒适性有着较大的限制，除非跟驰车驾驶人与前导车驾驶人的驾驶行为具有高度的一致性，但是每个驾驶车的驾驶习性由于生活经历、年龄、性格等因素的影响还是不一样的，前导车属于优先决策者，而跟驰车类似跟随决策者，整体类似斯塔克伯格博弈问题，故通过主从博弈论对 CAV 跟驰车的跟驰行为决策进行建模。

两 CAV 车辆之间的跟驰模型可以表示为

$$\begin{cases} \max_{a_l} R_0(S, a_l, a_f) \\ \text{s.t.} \quad (a_l, a_f) \in \Omega_0 \\ \max_{a_f} R_1(S, a_l, a_f) \\ \text{s.t.} \quad (a_l, a_f) \in \Omega_1 \end{cases} \tag{8.12}$$

式中，a_l 为 CAV 前导车的决策变量，$a_l \in X^0$，X^0 为 CAV 前导车的决策集；R_0 为 CAV 前导车的目标函数；Ω_0 为 CAV 前导车的约束集；a_f 为 CAV 跟驰车的决策变量，$a_f \in Y^0$，Y^0 为 CAV 跟驰车的决策集；R_1 为 CAV 跟驰车的目标函数；Ω_1

为 CAV 跟驰车的约束集。

在跟驰博弈中，CAV 前导车与跟驰车通过选择合适的策略最大化收益函数，CAV 前导车的收益函数用 $R_0(S, a_l, a_f)$ 表示，CAV 跟驰车的收益函数用 $R_1(S, a_l, a_f)$ 表示，其中 $S = \{(s_l, s_f)_t\}$ 为时刻 t 的车辆状态集空间。根据主从博弈均衡解的概念，对两车博弈进行建模，并得到 CAV 前导车的均衡解 γ_l 与 CAV 跟驰车的均衡解 γ_f，则有

$$\begin{cases} \gamma_l \in \arg\max_{a_l \in X^0} \left(\min_{a_f \in A_f^*(s, a_l)} R_0(S, a_l, a_f) \right) \\ \gamma_f \in \arg\max_{a_f \in Y^0} \left(\min_{a_l \in X^0} R_1(S, a_l, a_f) \right) \\ A_f^*(S, a_l) = \left\{ a_f' \in Y^0 : R_1(S, a_l, a_f') \geqslant R_1(S, a_l, a_f), \forall a_f \in X^0 \right\} \end{cases} \tag{8.13}$$

式中，S 为车辆状态集空间；γ_l 为 CAV 前导车的均衡解；γ_f 为 CAV 跟驰车的均衡解；$A_f^*(S, a_l)$ 为完全信息环境下跟驰车辆的最优决策集；a_f' 为完全信息环境下跟驰车辆最优决策集中的具体决策。

由主从博弈模型可知，CAV 前导车与 CAV 跟驰车的决策相互影响，这与现实中的车辆跟驰行为相一致。由于主从博弈的特性，CAV 前导车具有优先决策的优势，CAV 前导车的决策变量 a_l 将直接决定 CAV 跟驰车的最优决策集 $A_f^*(S, a_l)$。

多 CAV 车辆之间的跟驰模型可以表示为

$$\begin{cases} \max_{a_l} R_0(S, a_l, a_{f1}, \cdots, a_{fp}) \\ \text{s.t.} \quad (a_l, a_{f1}, \cdots, a_{fp}) \in \Omega_0 \\ \max_{a_{fi}} R_i(S, a_l, a_{fi}) \\ \text{s.t.} \quad (a_l, a_{fi}) \in \Omega_i \\ i = 1, 2, \cdots, r \end{cases} \tag{8.14}$$

当跟驰场景中有多车辆进行跟驰时，现有方法先通过建立两两跟驰之间的博弈模型再通过均衡解得到最优决策，但该方法随着跟驰车辆数目的增加，计算复杂度将呈指数级增长。考虑到车车通信的范围以及 CAV 车辆的传感器感知范围有限，并结合前导车与跟驰车的从属关系，有效地提高多车博弈模型的求解速度，则跟驰车辆对之间的均衡解可以表示为

$$
\begin{cases}
Q_{p,q}(S_{p,q}(t),a_p) = \begin{cases} R_p(S_{p,q}(t),a_p,\gamma_f), & p\in \text{前导车} \\ \min\limits_{a_l\in X^0} R_p(S_{p,q}(t),a_l,a_p), & p\in \text{跟驰车} \end{cases} \\
Q_{p,q}(S_{p,q}(t),a_p) = \min\limits_{i\in E_p(t)} Q_{p,q}(S_{p,q}(t),a_p) \\
\gamma_p = \arg\max\limits_{a_p\in Y^0} Q_p(S(t),a_p) \\
E_p(t) = \{q\in\{1,2,\cdots,n\}\,|\,(q\neq p)\text{且}\,|X_q(t)-X_p(t)|\leqslant l_p\}
\end{cases} \tag{8.15}
$$

式中，$Q_{p,q}(S_{p,q}(t),a_p)$ 为 t 时刻第 p 辆车在与第 q 辆车相对状态下的策略集；$S_{p,q}(t)$ 为 t 时刻第 p 辆车与第 q 辆车之间的相对状态；$S(t)$ 为 t 时刻环境中所有车辆的状态；$E_p(t)$ 为 t 时刻第 p 辆车的期望距离；$X_q(t)$ 为 t 时刻第 q 辆车的位置；$X_p(t)$ 为 t 时刻第 p 辆车的位置；l_p 为第 p 辆车的极限感知范围。

8.4　稳定性分析

基于主从博弈的网联车跟驰模型是否稳定在于主从博弈是否存在均衡解，即模型稳定性与否在于主从博弈模型的均衡解存在与否。一辆前导车和 N–1 辆跟驰车的一主多从博弈模型可以表示如下：前导车的策略集是 X^0，记 $I\in\{1,2,\cdots,N\}$ 为跟驰车的集合，$\forall i\in I$，第 i 辆跟驰车的策略集为 Y_i^0，记 $Y=\prod\limits_{i=1}^N Y_i^0$，$Y_{-i}^0=\prod\limits_{j\in I\setminus\{i\}} Y_j$，前导车的目标函数为 R_0，第 i 辆跟驰车的目标函数为 R_i，定义含有前导车策略参数 a_l 的跟驰车的纳什均衡点集值映射 $K:X^0\to 2^Y$ 为 $K(x)=\Big\{y\in Y\,|\,R_i(a_l,a_{fi},$

$a_{-fi}) = \max\limits_{u_i\in Y_i} R_i(a_l,a_{fi},a_{-fi})\Big\}$。

前导车首先做出策略 $a_l\in X^0$，N 辆跟驰车在知道前导车的策略 $a_l\in X^0$ 后，从含有前导车策略参数 a_l 的跟驰车的纳什均衡点集中选择策略 $y=(y_1,y_2,\cdots,y_n)\in Y$，假设均衡点存在，即 $\exists y^*=(y_1^*,y_2^*,\cdots,y_n^*)\in Y$，使得 $\forall i\in I$，则有 $R_i(a_l,a_{fi}^*,a_{-fi}^*)=\max\limits_{u_i\in Y_i} R_i(a_l,u_i,a_{-fi}^*)$，其中 $-i=I\setminus\{i\}$。对 $\forall a_l\in X^0$，$\forall a_{-fi}\in Y_{-i}^0$，$u_i\to R_i(a_l,a_{fi},a_{-fi})$ 在 Y_i 上是拟凹的，则主从博弈的纳什均衡点必存在。

均衡点一般是不唯一的，所有均衡点的集合依赖于 a_l，由 $a_l\to K(a_l)$ 定义了一个集值映射 $K:X^0\to 2^Y$，记 $V(a_l)=\max\limits_{a_f\in K(a_l)}\varphi(a_l,a_f)$，存在 $a_l^*\in X^0$ 满足 $V(a_l^*)=$

$$\max_{a_l \in X^0} V(a_l) = \max_{a_l \in X^0} \max_{a_f \in K(a_l)} R(a_l, a_f) , \ R(a_l^*, a_f^*) \geqslant R(a_l^*, a_f) , \ \forall a_f \in K(a_l^*) , \ a_f^* \in K(a_l^*) ,$$

则 (a_l^*, a_f^*) 为此一主多从博弈的均衡点。

8.5　决策模型求解方法

根据当前车道车辆路权确定其在主从博弈中的决策地位，以当前时刻本车道环境下获取的车辆运行状态参数为输入，随后根据环境观测生成轨迹后，计算从当前时刻向前推演的博弈参与者收益，基于主从博弈的车辆跟驰决策方法流程如图 8.1 所示。

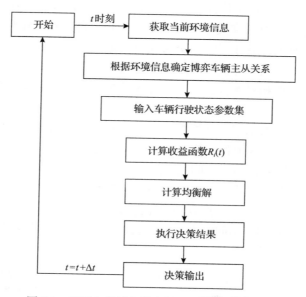

图 8.1　基于主从博弈的车辆跟驰决策方法流程

计算均衡解的步骤如下：

（1）选取初始博弈点，置博弈次数 $k=1$，获取前导车初始策略解 a_l^k，在前导车初始策略解确定的同时，以跟驰车选择策略 a_f^k 作为博弈的基准对比点。

（2）前导车策略固定 a_l^k，求解跟驰车决策问题得到解 a_f^{k+1}。

（3）固定 a_f^{k+1}，求解前导车决策问题得到解 a_l^{k+1}。

（4）若前导车对 a_l^{k+1}、a_f^{k+1} 满意，则博弈停止，a_l^{k+1}、a_f^{k+1} 即为原主从博弈下跟驰模型决策的均衡解；否则，置博弈次数 $k=k+1$，转至步骤（2）。

8.6　网联车辆簇纵向控制策略设计

　　车辆跟驰的安全性与车流的稳定性息息相关，本章通过对网联环境下车辆跟驰行为建模，分析车辆跟驰模型的稳定性。基于车辆跟驰模型的稳定性分析，本节针对网联车辆簇纵向速度协调控制策略展开研究，分别利用模型预测控制（model predictive control，MPC）方法和 PID 方法设计控制器，并进行仿真实验。

8.6.1　纵向控制策略分析

　　通常的策略都是假设车辆的每个驾驶人都以某种特定的方式对来自其他车辆的刺激做出反应，反应通常用加速度来表示且加速度是驾驶人唯一可以直接控制的量[109]。一般来说，刺激和灵敏度可能是车头间距及其时间导数等函数，通过假设驾驶人在任何时候都遵守假定的交通规则来避免交通事故，故控制策略有两种主要方式。第一种方式是每辆车都必须保持与前面车辆合适的安全距离，这取决于这两辆连续车辆的相对速度；第二种方式是每辆车都有期望的速度，这取决于与前一辆车的跟驰距离。

　　网联车的控制策略基于上述控制策略，根据前方车辆的运行状态，CAV 车辆以两种不同模式运行：巡航控制模式和加速控制模式，即距离跟踪模式，如图 8.2 所示。当 CAV 车辆前方道路畅通时，即前方车辆与本车没有影响时，它在巡航控制模式下运行。在这种情况下，车辆以驾驶人理想的巡航速度行驶，一旦接近其他低速行驶的车辆，它就会切换到距离跟踪模式。在这种模式下，该策略通过控制车速将车辆保持在期望车间距内，通过考虑前方的交通状况和期望的巡航速度，自动执行模式之间的转换。

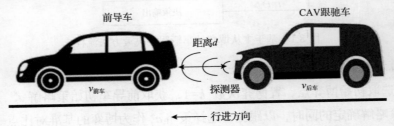

图 8.2　前导车与 CAV 跟驰车

　　稳态控制策略由两个控制子系统组成。内环子系统是典型的巡航控制器，该控制器用作速度跟踪控制器，它利用调节制动器和油门来跟踪参考速度。当系统需要更快的反应时，需要使用制动器。这种情况发生在前车快速减速时，这时制动器和油门之间的同步切换至关重要。外环子系统即外环控制器将新的（预调整速度)参考速度引入内环子系统, 以保持跟驰的期望车间距。外环根据跟驰车辆的速度、与前导车的距离、期望速度和期望车间距来计算需要调整的跟驰速度[110]。为了实现跟驰车与前导车之间的精确交互, CAV 速度跟踪控制器和距离控制器转换的原理如图 8.3 所示。

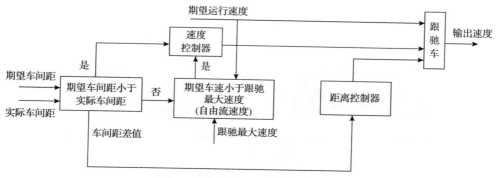

图 8.3　速度与距离控制状态转换

如果实际车间距小于期望车间距, 系统将切换到距离控制模式, 否则跟驰车保持驾驶人期望的速度行驶。此外, 如果前导车增加速度, 则跟驰车保持跟踪, 直到其速度达到期望的巡航速度。期望距离间隔 D_{des} 可以表示为

$$D_{des} = l + D_{min} + hv \tag{8.16}$$

式中, l 为车辆长度; D_{min} 为避免碰撞的两车之间的最小距离, 即跟驰车从制动到停车的时间内所行驶的最小距离; v 为跟驰车的速度; h 为跟驰车的车头时距。

内环子系统包括两个不同的控制器, 即节气门控制器和制动控制器。当 CAV 跟驰车的实际速度小于外环子系统通过对前导车状态进行计算给出的 CAV 跟驰车预调整速度时, 油门控制器激活进行加速; 反之, 制动控制器被激活用于车辆减速。制动控制器或油门控制器被激活的逻辑条件见表 8.2。

表 8.2　制动控制器或油门控制器被激活的逻辑条件

逻辑条件	$v > v_{ref}$	$v < v_{ref}$
$D < D_{min}$	制动	制动
$D_{min} < D < D_{max}$	制动	加速
$D > D_{max}$	加速	加速

注: D_{min} 和 D_{max} 分别是车辆之间的最小距离和最大距离, D_{max} 定义为车辆从最大速度达到静止所需的距离。

外环子系统功能是计算新的预调整速度 $v_{ref}(t)$, 用以给内环子系统进行参考。如图 8.4 所示, 外环控制器包含切换功能, 如前所述, 通过验证各种参数, 即期

望车间距、实际车间距、期望速度和跟驰车辆的速度，对车辆进行加速或减速切换。

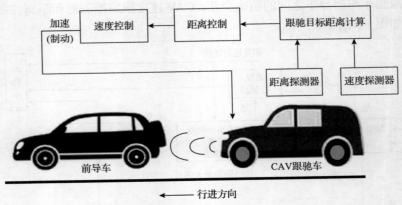

图 8.4　外环子系统流程

8.6.2　基于 MPC 的控制器设计

车辆的纵向控制可表示为

$$\dot{a} = \frac{K}{t_d}(a_{des} - a) \tag{8.17}$$

式中，$K = 1$ 为系统增益；t_d 为时间常数。

车辆纵向运动的连续系统状态方程可表示为

$$\dot{x} = Ax + Bu \tag{8.18}$$

式中，$x = \begin{bmatrix} v & a \end{bmatrix}^T$ 为系统状态向量；$A = \begin{bmatrix} 0 & 1 \\ 0 & -1/t_d \end{bmatrix}$；$B = \begin{bmatrix} 0 \\ K/t_d \end{bmatrix}$；$u = a_{des}$ 为系统控制输入。

通过向前欧拉法可得离散系统状态方程[111]：

$$x(k+1) = A_k x(k) + B_k u(k) \tag{8.19}$$

式中，k 为当前采样时刻；$k+1$ 为下一采样时刻；$A_k = \begin{bmatrix} 1 & T_s \\ 0 & 1 - T_s/t_d \end{bmatrix}$；$B_k = \begin{bmatrix} 0 \\ KT_s/t_d \end{bmatrix}$，$T_s$ 为采样周期。

系统输出 y 可表示为

$$y(k) = Cx(k) \tag{8.20}$$

式中，$y(k)$ 为输出变量；$C = \begin{bmatrix} 1 & 0 \end{bmatrix}$。

目标函数是为了保证网联车辆能够快速、稳定地跟随前方车辆，主要通过对系统状态量的偏差和控制量的优化进行设计，为避免过大的加速度，目标函数可表示为

$$J(x(t), u(t-1), \Delta u(k)) = \sum_{i=1}^{N_p} \| y_p(k+i\,|\,k) - y_{\mathrm{ref}}(k+i\,|\,k) \|_Q^2 + \sum_{i=1}^{N_c} \| \Delta u(k+i\,|\,t) \|_R^2 \tag{8.21}$$

式中，$t-1$ 为上一采样时刻；N_p 为预测步长；N_c 为控制步长；$y_p(k+i\,|\,k)$ 为控制输出预测值；$y_{\mathrm{ref}}(k+i\,|\,k)$ 为控制输出参考值；$(k+i\,|\,k)$ 表示根据 k 时刻的信息预测 $k+i$ 时刻的值；$\Delta u(k+i)$ 表示 $k+i$ 时刻控制输入增量，其中，$i = 1, 2, \cdots, N_c$；Q 为系统状态量的权重矩阵；R 为系统控制量的权重矩阵。

目标约束为加速度及其变化率，可表示为

$$u_{\min}(k+i) \leqslant u(k+i) \leqslant u_{\max}(k+i), \quad i = 0, 1, \cdots, N_c - 1 \tag{8.22}$$

控制输入增量约束表达式为

$$\Delta u_{\min}(k+i) \leqslant \Delta u(k+i) \leqslant \Delta u_{\max}(k+i), \quad i = 0, 1, \cdots, N_c - 1 \tag{8.23}$$

针对离散系统状态方程 (8.19)，构建新的状态向量 $\xi(k\,|\,t) = [x(k) \quad u(k-1)]^{\mathrm{T}}$，可得一个新的状态空间表达式：

$$\xi(k+1) = \check{A}_k\, \xi(k) + \check{B}_k\, \Delta u(k) \tag{8.24}$$

$$\eta(k) = \check{C}_k\, \xi(k) \tag{8.25}$$

式中，$\check{A}_k = \begin{bmatrix} A_k & B_k \\ 0_{m \times n} & I_m \end{bmatrix}$；$\check{B}_k = \begin{bmatrix} B_k \\ I_m \end{bmatrix}$；$\check{C}_k = \begin{bmatrix} C_k & 0 \end{bmatrix}$；$I_m$ 为单位矩阵，$m = 1$，$n = 2$。

根据式 (8.24) 进行状态预测，可得

$$\begin{aligned} \xi(k+2) &= \check{A}_k\, \xi(k+1) + \check{B}_k\, \Delta u(k+1) \\ &= \check{A}_k^2\, \xi(k) + \check{A}_k\, \check{B}_k\, \Delta u(k) + \check{B}_k\, \Delta u(k+1) \end{aligned} \tag{8.26}$$

$$\xi(k+3) = \overset{\vee}{A}_k\, \xi(k+2) + \overset{\vee}{B}_k\, \Delta u(k+2) \tag{8.27}$$

$$= \overset{\vee}{A}{}_k^3\, \xi(k) + \overset{\vee}{A}{}_k^2\, \overset{\vee}{B}_k\, \Delta u(k) + \overset{\vee}{A}_k\, \overset{\vee}{B}_k\, \Delta u(k+1) + \overset{\vee}{B}_k\, \Delta u(k+2)$$

以此类推，可得

$$\xi(k+N_p) = \overset{\vee}{A}_k\, \xi(k+N_p-1) + \overset{\vee}{B}_k\, \Delta u(k+N_p-1)$$

$$= \overset{\vee}{A}{}_k^{N_p}\, \xi(k) + \overset{\vee}{A}{}_k^{N_p-1}\, \overset{\vee}{B}_k\, \Delta u(k) + \overset{\vee}{A}{}_k^{N_p-2}\, \overset{\vee}{B}_k\, \Delta u(k+1) + \cdots + \overset{\vee}{B}_k\, \Delta u(k+N_p-1) \tag{8.28}$$

根据式 (8.25) 可知，新的状态空间方程的系统输出量为

$$\eta(k+1) = \overset{\vee}{C}_k\, \xi(k+1) = \overset{\vee}{C}_k\, \overset{\vee}{A}_k\, \xi(k) + \overset{\vee}{C}_k\, \overset{\vee}{B}_k\, \Delta u(k) \tag{8.29}$$

$$\eta(k+2) = \overset{\vee}{C}_k\, \overset{\vee}{A}_k\, \xi(k+1) + \overset{\vee}{C}_k\, \overset{\vee}{B}_k\, \Delta u(k+1)$$

$$= \overset{\vee}{C}_k\, \overset{\vee}{A}{}_k^2 \xi(k) + \overset{\vee}{C}_k\, \overset{\vee}{A}_k\, \overset{\vee}{B}_k\, \Delta u(k) + \overset{\vee}{C}_k\, \overset{\vee}{B}_k\, \Delta u(k+1) \tag{8.30}$$

同理，可得

$$\eta(k+N_p) = \overset{\vee}{C}_k\, \overset{\vee}{A}_k\, \xi(k+N_p-1) + \overset{\vee}{C}_k\, \overset{\vee}{B}_k\, \Delta u(k+N_p-1)$$

$$= \overset{\vee}{C}_k\, \overset{\vee}{A}{}_k^{N_p} \xi(k) + \overset{\vee}{C}_k\, \overset{\vee}{A}{}_k^{N_p-1}\, \overset{\vee}{B}_k\, \Delta u(k) + \cdots + \overset{\vee}{C}_k\, \overset{\vee}{B}_k\, \Delta u(k+N_p-1) \tag{8.31}$$

为了简化表达，系统预测模型输出量可表示为

$$Y = \Psi \xi(k) + \Theta \Delta U \tag{8.32}$$

式中

$$Y = \begin{bmatrix} \eta(k+1) \\ \eta(k+2) \\ \vdots \\ \eta(k+N_c) \\ \vdots \\ \eta(k+N_p) \end{bmatrix}, \quad \Psi = \begin{bmatrix} \overset{\vee}{C}_k\, \overset{\vee}{A}_k \\ \overset{\vee}{C}_k\, \overset{\vee}{A}{}_k^2 \\ \vdots \\ \overset{\vee}{C}_k\, \overset{\vee}{A}{}_k^{N_c} \\ \vdots \\ \overset{\vee}{C}_k\, \overset{\vee}{A}{}_k^{N_p} \end{bmatrix}, \quad \Delta U = \begin{bmatrix} \Delta u(k) \\ \Delta u(k+1) \\ \vdots \\ \Delta u(k+N_c-1) \\ \vdots \\ \Delta u(k+N_p-1) \end{bmatrix}$$

$$
\Theta = \begin{bmatrix}
\check{C}_k \check{B}_k & 0 & 0 & \cdots & 0 \\
\check{C}_k \check{A}_k \check{B}_k & \check{C}_k \check{B}_k & 0 & \cdots & 0 \\
\vdots & \vdots & \vdots & & \vdots \\
\check{C}_k \check{A}_k^{N_c-1} \check{B}_k & \check{C}_k \check{A}_k^{N_c-2} \check{B}_k & \check{C}_k \check{A}_k^{N_c-3} \check{B}_k & \cdots & \check{C}_k \check{B}_k \\
\check{C}_k \check{A}_k^{N_c} \check{B}_k & \check{C}_k \check{A}_k^{N_c-1} \check{B}_k & \check{C}_k \check{A}_k^{N_c-2} \check{B}_k & \cdots & \check{C}_k \check{A}_k \check{B}_k \\
\vdots & \vdots & \vdots & & \vdots \\
\check{C}_k \check{A}_k^{N_p-1} \check{B}_k & \check{C}_k \check{A}_k^{N_p-2} \check{B}_k & \check{C}_k \check{A}_k^{N_p-3} \check{B}_k & \cdots & \check{C}_k \check{A}_k^{N_p-N_c-1} \check{B}_k
\end{bmatrix}
$$

定义参考输出变量为 $Y_{\text{ref}}(k) = \begin{bmatrix} \eta_{\text{ref}}(k+1) & \cdots & \eta_{\text{ref}}(k+N_p) \end{bmatrix}^T$，令 $E = \Psi \xi(k)$，联立式（8.21）、式（8.32）可得

$$
J = (Y - Y_{\text{ref}})^T Q_Q (Y - Y_{\text{ref}}) + \Delta U^T R_R \Delta U \tag{8.33}
$$

整理可得

$$
J = \Delta U^T (\Theta^T Q_Q \Theta + R_R) \Delta U + 2(E^T Q_Q \Theta - Y_{\text{ref}}^T Q_Q \Theta) \Delta U + E^T Q_Q E + Y_{\text{ref}}^T Q_Q Y_{\text{ref}} - 2 Y_{\text{ref}}^T Q E \tag{8.34}
$$

式中，$Q_Q = I_{N_p} \otimes Q$，$R_R = I_{N_p} \otimes R$，$\otimes$ 为克罗内克积；$E^T Q_Q E + Y_{\text{ref}}^T Q_Q Y_{\text{ref}} - 2 Y_{\text{ref}}^T Q E$ 为常数，在优化求解时可忽略，则目标函数可表示为

$$
J = \Delta U^T (\Theta^T Q_Q \Theta + R_R) \Delta U + 2(E^T Q_Q \Theta - Y_{\text{ref}}^T Q_Q \Theta) \Delta U \tag{8.35}
$$

令 $H = \Theta^T Q_Q \Theta + R_R$，$g = E^T Q_Q \Theta - Y_{\text{ref}}^T Q_Q \Theta$，则式（8.35）为

$$
J = 2\left(\frac{1}{2} \Delta U^T H \Delta U + g \Delta U \right) \tag{8.36}
$$

则约束条件可转化为

$$
U_{\min} \leqslant A_k \Delta U + U_t \leqslant U_{\max} \tag{8.37}
$$

$$
\Delta U_{\min} \leqslant \Delta U_t \leqslant \Delta U_{\max} \tag{8.38}
$$

式中，$U_t = 1_{N_c} \otimes u(k-1)$，$1_{N_c}$ 为行数为 N_c 的列向量；$u(k-1)$ 为上一时刻实际的控制输入量；$U_{\min}$、$U_{\max}$ 为控制时域内控制输入量的最小值、最大值集合；$\Delta U_{\min}$、$\Delta U_{\max}$ 分别为控制时域内控制输入增量的最小值、最大值集合。

$$A_k = \begin{bmatrix} 1 & 0 & 0 & \cdots & 0 \\ 1 & 1 & 0 & \cdots & 0 \\ 1 & 1 & 1 & \cdots & 0 \\ \vdots & \vdots & \vdots & & \vdots \\ 1 & 1 & 1 & \cdots & 1 \end{bmatrix}_{N_c \times N_c}$$

模型预测控制的求解问题可转化为一个标准二次型规划问题[112]:

$$\begin{cases} \min_{\Delta U} \left(\dfrac{1}{2} \Delta U^T H \Delta U + g \Delta U \right) \\ \text{s.t.} \quad \Delta U_{\min} \leqslant \Delta U_t \leqslant \Delta U_{\max} \\ \qquad U_{\min} \leqslant A_k \Delta U + U_t \leqslant U_{\max} \end{cases} \tag{8.39}$$

式(8.39)可使用 MATLAB 的 QP 求解器进行求解[113], 得到控制时域内的一系列控制输入增量:

$$\Delta U^* = \begin{bmatrix} \Delta u^*(k) & \Delta u^*(k+1) & \cdots & \Delta u^*(N_c - 1) \end{bmatrix}^T \tag{8.40}$$

将该控制序列中第一个元素 $\Delta u^*(k)$ 作为实际的控制输入增量作用于系统, 即

$$u(k) = u(k-1) + \Delta u^*(k) \tag{8.41}$$

系统执行这一控制输入量直到下一时刻。在新的时刻, 系统根据状态信息重新预测下一段时域的输出, 通过优化过程得到一个新的控制输入增量序列, 通过循环对系统完成控制。

8.6.3　仿真验证分析

下面的仿真是通过对驾驶人和车辆的性能设置限制, 并使用这些限制来模拟 CAV 跟驰前方车辆的运行而得出的, 仿真暂时未考虑在跟驰过程中有车辆插入的情况。环境设置: CAV 车辆上装有传感器, 可以探测两车的距离和相对速度。CAV 跟驰车可以根据实时传感器进行控制策略的调整, 如果与前导车的距离较小, CAV 跟驰车会对速度进行调整; 如果与前导车的距离较大, CAV 跟驰车会对车间距进行调整, 符合现实情况下跟驰车辆不会较近跟驰前导车行驶, 也不会远远落后于前导车。为了使稳态控制策略能够更加近似真实的驾驶场景, 仿真中的前导车加速度呈正弦变化。仿真时间设置: 样本间隔时间 1s, 模拟持续时间 80s。

1) 城市快速路

根据城市快速路的限速规定, 设置快速路仿真环境下 V_{limit} 为 30m/s, 车辆跟

驰安全间距为 10m，加速度范围为–3～2m/s²，前导车初始速度设置为 25m/s，跟驰车初始速度设置为 20m/s，两车初始间距为 10m。

（1）本章控制策略仿真。

图 8.5～图 8.7 为城市快速路场景下车辆跟驰过程的仿真结果。跟驰车从 0s 开始的跟驰状态变化，同一时间内，车辆的加速度、速度、车间距变化是同步进行的。从 0s 开始可以发现，跟驰车与前导车的间距保持在安全间距的范围内，为了避免碰撞，跟驰车开始调节速度。在探测到前导车加速前进时，车间距逐渐增大，跟驰车又重新加速。在 10～20s 的时间内，不难发现前导车速度超过了道路限制速度，但这只是暂时的，原因可能是前导车行驶的前方空间比较大，这在现实的交通流场景中是存在的，因为每个驾驶人的驾驶风格都不太一样，在短时间内偶尔超速也是正常的。随着前导车再次减速，跟驰车与前导车的间距比较大，

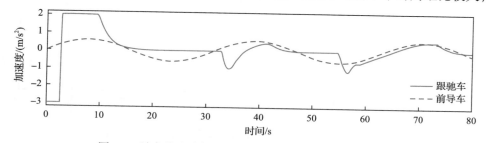

图 8.5　城市快速路场景下的加速度变化（本章控制策略）

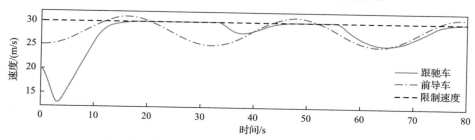

图 8.6　城市快速路场景下的速度变化（本章控制策略）

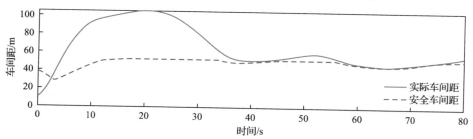

图 8.7　城市快速路场景下的车间距变化（本章控制策略）

不会对跟驰车造成太大的影响，跟驰车保持在最大速度行驶。当车间距再次拉近时，跟驰车的控制策略又会重新调整车辆的速度，保证安全驾驶。在 40～80s 的时间内，车间距逐步稳定在一个范围，两车的速度与加速度变化逐步趋于稳定，通过与现实交通流环境下的跟驰场景进行结合，可以解释为后车逐步适应前车的运行变化，驾驶方式与前车整体保持一致。

（2）PID 控制策略仿真。

为了验证本章提出的稳态控制策略，根据相同场景设置经典 PID 控制对照组。PID 控制算法简单、可靠性高，故选用 PID 控制策略作为对照实验，对照实验初期对增益参数进行调节优化，仿真结果如图 8.8～图 8.10 所示。可以看出，与本章提出的控制策略相似，PID 控制下也达到了速度和车间距控制的目的。

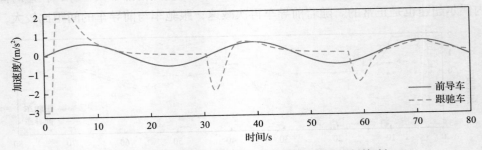

图 8.8　城市快速路场景下的加速度变化（PID 控制策略）

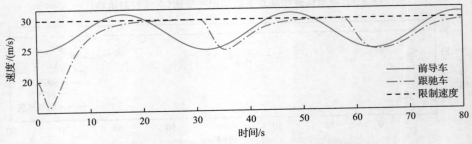

图 8.9　城市快速路场景下的速度变化（PID 控制策略）

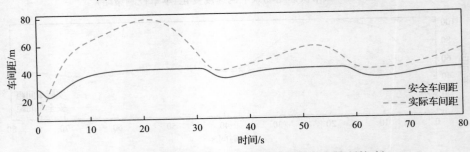

图 8.10　城市快速路场景下的车间距变化（PID 控制策略）

2) 城市主干路

根据城市主干路的限速规定，设置主干路仿真环境下 V_{limit} 为 20m/s，车辆跟驰安全间距为 7m，加速度范围为 $-3\sim2$m/s^2，前导车初始速度设置为 16m/s，跟驰车初始速度设置为 12m/s，两车初始间距为 7m。

(1) 本章控制策略仿真。

图 8.11～图 8.13 为城市主干路场景下车辆跟驰过程的仿真结果，仿真初始车间距保持在安全间距内。随着前导车加速，跟驰车也不想离前导车较远，在行驶过程中总是与前导车保持一定距离，这在现实的跟驰场景下可以解释为后车为了避免其他车道车辆插入，从而紧紧跟着前车。从图 8.12 可以看到，不管前导车加速还是减速，跟驰车基本都是匀速行驶，这与跟驰车的距离把控有关，因为跟驰车总是把距离控制在自己驾驶状态比较舒适的范围内，即使前导车有较大的变动，

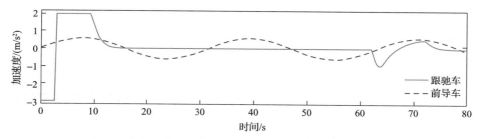

图 8.11　城市主干路场景下的加速度变化(本章控制策略)

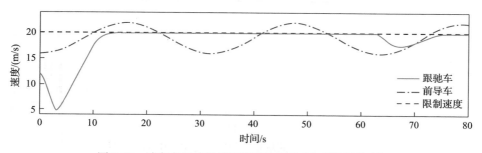

图 8.12　城市主干路场景下的速度变化(本章控制策略)

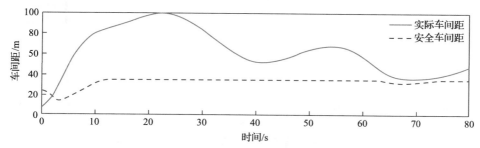

图 8.13　城市主干路场景下的车间距变化(本章控制策略)

跟驰车也有充足的准备去避免前导车造成的影响。在 10~20s 的时间内，两车的实际车间距较大，这可以理解为由于城市主干路与快速路有所不同，车辆行驶速度均小于快速路的行驶速度，且主干路场景下的影响因素较多，车辆行驶较慢，以安全为主。在经过一段时间跟驰车对环境熟悉后，两车间距会缩小，基本也会稳定在正常的跟车距离内。

(2) PID 控制策略仿真。

图 8.14~图 8.16 为 PID 控制下车辆跟驰过程的仿真结果，在城市主干路行驶过程中，速度变化比较缓和，当达到期望速度后，跟驰车基本匀速行驶，当检测到与前导车距离过小时，PID 控制策略通过减速以保持安全距离，也达到了速度和车间距控制的目的。

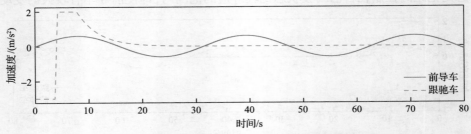

图 8.14　城市主干路场景下的加速度变化(PID 控制策略)

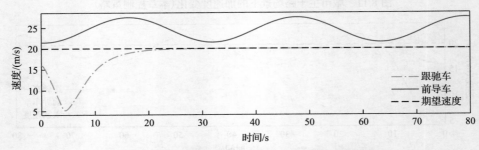

图 8.15　城市主干路场景下的速度变化(PID 控制策略)

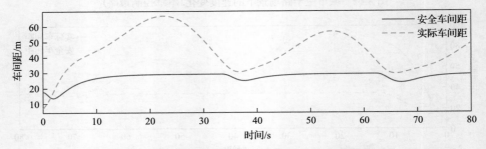

图 8.16　城市主干路场景下的车间距变化(PID 控制策略)

3）方法对比

选取城市主干路的仿真结果对比分析本章提出的控制策略与 PID 控制策略，如图 8.17 和图 8.18 所示。相对于 PID 控制策略，本章提出的控制策略下车辆速度的变化幅度相对平缓，速度波动相对于 PID 控制策略下的速度波动减小了6.55%，对提高车辆平稳性的效果比较明显；本章提出的控制策略对于车辆跟驰间距的阈值较大，但是间距波动相对于 PID 控制策略下的间距波动减小了 36.78%。综合来说，本章提出的控制策略相对较好。

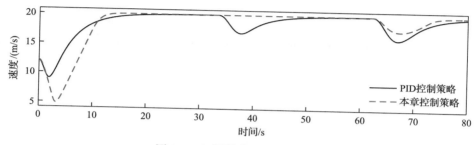

图 8.17 不同控制下的速度对比

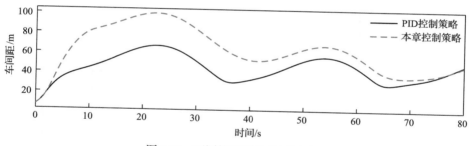

图 8.18 不同控制下的车间距对比

综上所述，仿真实验模拟的车辆跟驰场景与实际交通流环境下的车辆跟驰场景基本贴切，由车辆之间速度与车间距提出的稳态控制策略基本符合实际的交通环境，且大大减少了驾驶人由于信息感知、处理不及时造成的车速波动，对提高驾驶安全和舒适有着重要作用。

4）网联车辆簇纵向控制

根据城市主干路的限速规定，设置主干路仿真环境下限制速度为 20m/s，加速度范围为–3～2m/s²，车辆簇初始速度均为 16m/s，两车初始间距为 7m。

通过比较 PID 方法和 MPC 方法对车辆纵向运动控制的效果，优选 MPC 方法对网联车辆簇进行系统控制，网联车辆簇纵向运动控制效果如图 8.19 所示。可以看出，本章设计的纵向运动控制策略比较合理，能够从车辆的运行轨迹看出车辆跟驰的效果比较稳定。

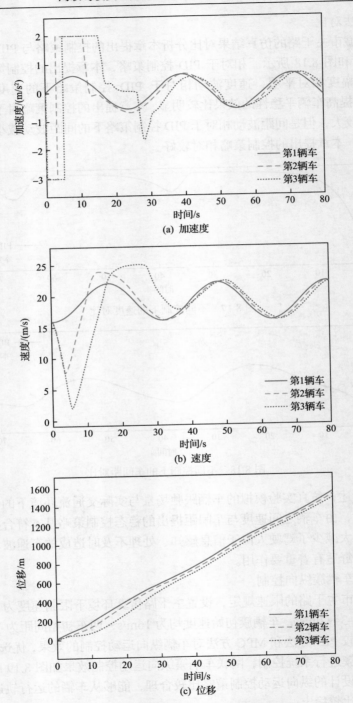

图 8.19　网联车辆簇纵向运动控制效果

8.7　本章小结

本章构建了一个基于主从博弈的网联车跟驰决策模型，包括双车的主从博弈模型以及多车的一主多从博弈模型，用以分析网联环境下车辆跟驰行驶的决策问题。通过设计速度收益、安全车距收益以及驾驶风格收益，显式地构建了车辆跟驰博弈中的目标收益函数，增加了本章所提出的决策模型的合理性与可解释性。基于主从博弈的跟驰决策模型融合基于车车通信、车辆感知等技术获取的驾驶环境信息，有效提升了决策的合理性和安全性。同时，驾驶风格收益的引入可以使网联自动驾驶车辆做出更加拟人化且安全的决策。将一主多从的多车跟驰博弈化解为两两车辆博弈的求解方法大大减轻了车辆决策控制的复杂性，便于车辆在驾驶过程中快速做出决策。另外，采用 MPC 方法对网联车跟驰行为进行稳态控制策略设计，通过对城市快速路和主干路进行仿真，分析控制策略的效果，并与经典 PID 控制方法进行比较，仿真结果表明，与经典 PID 控制方法相比，本章设计的稳态控制策略通过车辆的相对速度和车间距进行迭代控制，对车辆的跟踪性能和舒适性较好。

第 9 章　考虑前车驾驶风格的 ACC 跟驰模型及控制

为了提高自适应巡航控制跟驰模型的效率和安全性，考虑不同驾驶人驾驶行为的差异性，根据车辆历史轨迹数据，利用 K-means 聚类算法对驾驶风格进行判别和分类，作为优化自适应巡航控制跟驰行为的依据；提出网联环境下自适应巡航控制跟驰优化方法，基于对不同驾驶风格车辆的动力学分析，引入驾驶风格修正系数、安全冗余修正系数、响应延迟时间，针对不同前车驾驶风格，建立起考虑驾驶风格的心理场跟驰模型改进的自适应巡航控制跟驰模型；充分考虑到驾驶人心理因素的影响，引入心理场理论对车辆的跟驰行为进行分析，建立起考虑驾驶风格的心理场跟驰模型，并对所建立的模型进行仿真分析。结果表明，相比原自适应巡航控制跟驰模型和对比模型，所建立模型的加速度曲线和车头间距曲线均更平缓，可以有效提高跟驰效率，同时具有更高的安全性。

9.1　基于 K-means 聚类算法的驾驶风格分类

9.1.1　因子分析

真实数据对驾驶风格的分析至关重要，本研究使用 NGSIM 项目 I-80 数据集[114]进行驾驶风格的分析和跟驰模型的验证仿真。数据采集于 2019 年 4 月 13 日 16:00~16:15，随机抽取了其中连续的 500 组数据进行分析。在进行驾驶风格特征提取时，要根据数据类型和具体应用场景进行有针对性的分析。研究旨在依据驾驶风格类型提高 ACC 跟驰模型中后车的效率和稳定性，因此主要考虑车辆的速度、加速度等特征指标，最终选取的特征指标见表 9.1。

表 9.1　特征指标选取

特征指标	单位
速度平均值	m/s
速度标准差	m/s
最小速度	m/s
最大速度	m/s
加速度平均值	m/s^2
加速度标准差	m/s^2

多元化的特征指标参数更易区分和体现出不同驾驶风格的不同动力学特性，但高维度的指标输入会使识别模型复杂化，识别效果可能会不够精准。因此，研究使用主成分分析(principal component analysis，PCA)法对选取的特征指标进行降维，得到主成分与变量之间的相关性。

1) 可行性验证

在使用主成分分析之前，首先利用巴特利特球形检验和 KMO(Kaiser-Meyer-Olkin)检验进行可行性验证。利用巴特利特球形检验可以得到相关矩阵是否为单位矩阵，若是单位矩阵则不能进行因子分析。利用 KMO 检验，通过考察变量间的偏相关关系，可以得到各变量之间的关联性。检验结果见表 9.2，巴特利特球形检验显著性水平为 0，各变量相关性较强；KMO 值为 0.628(>0.6)，各变量之间具有较强的偏相关性，故具备得到结果较好的因子分析模型的可能性。

表 9.2　KMO 检验和巴特利特球形检验结果

检验指标		结果
KMO 值		0.628
巴特利特球形检验	近似卡方	2543.644
	自由度	15
	显著性	0

2) 主成分分析

由于几个指标的量纲不同，首先进行指标的标准化，之后使用 SPSS 软件进行主成分分析，得到总方差解释，见表 9.3。由于前三个主成分的贡献度超过 90%，选取前三个主成分作为特征输入指标。

表 9.3　总方差解释

主成分	总计	方差百分比/%	累积百分比/%
1	3.076	51.262	51.262
2	1.535	25.576	76.838
3	0.915	15.254	92.092
4	0.352	5.867	97.959
5	0.082	1.363	99.322
6	0.041	0.678	100.000

通过因子旋转得到成分矩阵，见表 9.4。根据表 9.4，得到影响第一主成分的主要因素为速度标准差，影响第二主成分的主要因素为加速度均值，影响第三主成分的主要因素为加速度标准差。

表 9.4 旋转后的成分矩阵

特征指标	主成分		
	1	2	3
速度平均值	0.711	0.488	0.440
速度标准差	−0.930	0.281	0.046
最小速度	0.894	0.329	0.246
最大速度	0.107	0.746	0.576
加速度平均值	0.017	0.924	−0.087
加速度标准差	0.137	−0.007	0.946

9.1.2 基于 *K*-means 聚类算法的驾驶风格

选取 NGSIM 项目 US-101 数据集中 500 辆车的驾驶数据进行仿真验证,首先进行数据清洗和异常数据筛选,由于车辆在行进时存在侧前方车辆换道进入本车所在车道、车辆自主换道等打断当前跟驰关系的行为,需要对选取的指标进行二次筛选,最终选择 285 组持续时间足够长(跟驰时间均大于 30s)、有明显跟驰关系的车辆数据作为典型,对其进行驾驶风格分类。

K-means 聚类算法是一种迭代求解的聚类分析算法,其原理和主要步骤为:先根据数据的距离将数据集划分为 *K* 个簇,经过多次聚类迭代,簇内点距离最小、簇间距离最大,最终将数据分为 *K* 类。应用该算法的主要难点之一是如何确定合理的 *K* 值,本研究已将驾驶风格分为 3 个大类,因此可直接取 *K*=3。*K*-means 聚类算法在驾驶风格识别和样本标记的领域中应用很广泛,相较于其他聚类算法效果更好,因此本章选取 *K*-means 聚类算法进行驾驶风格的识别聚类及标记。

利用 SPSS 软件将主成分降维后的数据进行 *K*-means 聚类,得到驾驶风格类型及聚类中心点,如图 9.1 所示。

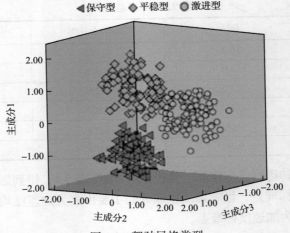

图 9.1 驾驶风格类型

9.2　考虑驾驶风格的改进 ACC 跟驰模型

ACC 是自动驾驶车辆纵向控制的关键技术之一，具备自适应巡航控制的自动驾驶车辆通过传感技术，检测前车的速度、位置等信息，再依据本车当前的运行状态，输出下一时刻的加速度，与前车建立跟驰关系。

考虑驾驶风格的 ACC 跟驰行为建模，即考虑到不同驾驶风格前车在驾驶行为上的差异性，进而有针对性地优化后车的 ACC 跟驰模型，从而提高人工驾驶车辆与自动驾驶车辆的混合交通流的稳定性，降低车辆行驶的能耗、安全风险等。

9.2.1　不同驾驶风格的前车驾驶行为差异分析

将驾驶风格分为激进型、保守型和平稳型，对能够反映其不同驾驶风格的动力学特征进行数理统计分析，结果见表 9.5。

表 9.5　不同驾驶风格的量化特征均值

特征指标	保守型	激进型	平稳型
速度平均值/(m/s)	17.7341	20.3692	16.1772
速度标准差/(m/s)	7.01373	8.55301	7.19961
加速度平均值/(m/s²)	3.07213	3.49011	3.41228
加速度标准差/(m/s²)	2.86151	3.1369	3.01437
减速度平均值/(m/s²)	2.71099	3.17032	3.07327
减速度标准差/(m/s²)	2.82747	3.10156	3.00017

从表 9.5 可以看出，相较于平稳型车辆，激进型和保守型车辆驾驶行为具有以下主要差异：

（1）激进型车辆不仅具有较高的平均速度，加、减速度标准差相对更高说明该种类型车辆加、减速度的烈度也更大，速度标准差更高则说明该类型车辆的加、减速更加频繁，因此后车与之发生追尾事故的风险更高。

（2）保守型车辆的加速度波动区间较小，加减速的频率更低。

9.2.2　PATH 实验室 ACC 跟驰模型

本研究以 PATH 实验室 ACC 跟驰模型为基础，对考虑驾驶风格的 ACC 跟驰行为进行建模。PATH 实验室 ACC 跟驰模型具有结构简单、易于控制的优点，在对 ACC 跟驰行为的研究中应用比较广泛，得到普遍认可。该 ACC 跟驰模型为

$$\dot{v}_n(t) = k_1 \left[h_n(t) - l - S_0 - t_a v_n(t) \right] + k_2 \Delta v_n(t) \tag{9.1}$$

式中，$\dot{v}_n(t)$ 为车辆 n 在 t 时刻的加速度；$v_n(t)$ 为车辆 n 在 t 时刻的速度；$\Delta v_n(t)$ 为车辆 $n-1$ 和车辆 n 在 t 时刻的速度差；$h_n(t)$ 为车辆 n 在 t 时刻的车头间距；S_0 为最小安全停车距离，经实车实验后标定为 2m；l 为车长，取为 5m；t_a 为 ACC 车辆期望车间时距，设定为 1.1s；k_1 为跟车间距误差控制系数，取值为 0.23s^{-2}；k_2 为速度差控制系数，取值为 0.07s^{-1}。

依据 PATH 实验室的实车测试，ACC 车辆期望车间时距 t_a 取值为 1.1s。同时，t_a 可以在 1.1～2.2s 范围内根据不同需求进行调节，经过仿真模拟，研究取值为 1.5s。

9.2.3　基于驾驶风格的 ACC 跟驰决策优化逻辑

目前，智能交通系统呈现出网联化的发展趋势，这为网联自动驾驶车辆依据不同前车的驾驶风格实现定制化的跟驰行为决策优化提供了条件。

根据当前智能交通系统中的传感、计算、通信等关键技术发展应用现状，充分利用 CAV、RSU 的相关功能，提出智能网联环境下基于前车驾驶风格的 ACC 跟驰决策优化逻辑框架，如图 9.2 所示。

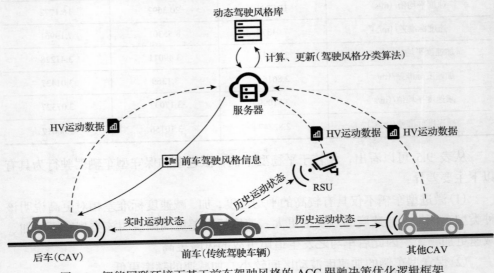

图 9.2　智能网联环境下基于前车驾驶风格的 ACC 跟驰决策优化逻辑框架

在智能网联环境下基于前车驾驶风格的 ACC 跟驰决策优化逻辑框架下，CAV 作为跟驰车能够获取前车驾驶风格信息的过程为：首先采集传统驾驶车辆的运动信息，经通信网络上传至服务器后，使用 9.1 节中 K-means 聚类算法进行判定并将该车或该驾驶人的驾驶风格信息存储到驾驶风格数据库中，当有 CAV 跟随该传统驾驶车辆时便通过通信网络向数据库请求下载其驾驶风格信息。

其中，为确保服务器数据库中驾驶风格信息的时效性，本次 CAV 跟驰过程中采集到的前车运动数据也会上传至服务器，更新数据库中该前车的驾驶风格信息。

9.2.4　模型修正系数

1）驾驶风格修正系数

依据前车的不同驾驶风格，后车应适当地改变自己的车头间距，从而提高跟车效率和安全性。因此，引入驾驶风格修正系数，对考虑到前车不同驾驶风格的后车进行车头间距的调整。

不同驾驶风格的指标分析中，影响较大的主要有减速度平均值、速度标准差、速度平均值和加速度标准差，忽略差异较大的速度平均值的影响，最终使用的驾驶风格量化指标为减速度平均值、速度标准差和加速度标准差。

车头间距是反映跟车关系的一种较为直观的特征指标。针对激进型、保守型与平稳型车辆表现出的不同驾驶行为特性，考虑不同驾驶风格之间动力学特性上表现出的差异性，本研究引入驾驶风格修正系数 λ_i 对 PATH 实验室 ACC 跟驰模型的车头间距进行修正，即

$$\dot{v}_n(t) = k_1 \left[\lambda_i h_n(t) - l - S_0 - t_a v_n(t) \right] + k_2 \Delta v_n(t) \tag{9.2}$$

当 $\lambda_i < 1$ 时，模型判定当前的车头间距偏小，从而主动增加跟车距离，还会使输出的加、减速度绝对值减小，因此比较适用于前车为激进型的情况。反之，当 $\lambda_i > 1$ 时，更适用于前车为保守型的情况。

计算所选的动力学指标对各个主成分的贡献度与各个主成分本身贡献度的乘积之和，再进行归一化，得到指标权重。据此，得到驾驶风格修正系数 λ_i 为

$$\lambda_i = \frac{\sum_{j=1}^n k_j p_{ij}}{\sum_{j=1}^n k_j p_{3j}}, \quad i = 1, 2, 3; \quad j = 1, 2, 3 \tag{9.3}$$

式中，p_{ij} 为驾驶风格类型为 i 的第 j 个驾驶风格量化指标的平均值；k_j 为驾驶风格量化指标 j 的权重，通过计算量化指标对各个主成分的贡献度与各个主成分本身贡献度的乘积之和，再进行归一化得到。其中 $i = 1$ 时定义为激进型，$i = 2$ 时定义为保守型，$i = 3$ 时定义为平稳型；$j = 1$ 时定义为减速度平均值，$j = 2$ 时定义为速度标准差，$j = 3$ 时定义为加速度标准差。

经计算得到驾驶风格修正系数，见表 9.6。

表 9.6　驾驶风格修正系数

驾驶风格	修正系数
保守型	1.06
激进型	0.94
平稳型	1

2) 考虑激进型驾驶风格的响应延迟设置

对不同驾驶风格的前车使用 PATH 实验室 ACC 跟驰模型进行跟驰仿真的测试中发现，跟随激进型车辆时，后车的加速度更易出现小幅度、快速的加速度波动问题（图 9.3），而频繁地加、减速将一定程度增加后车的能耗，影响车辆寿命和乘员的舒适度。

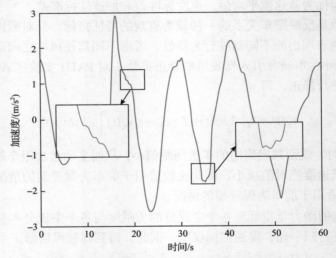

图 9.3　原 ACC 跟驰模型后车加速度仿真图像

分析发现，产生上述问题的原因是后车对于车辆间距、前车的速度变化过于敏感。针对此问题，研究通过在保证安全的前提下适度增加后车加速度响应延迟的方式，以消除或减弱后车的加速度波动。

经数值仿真验证，本研究将延迟设置条件确定为：当实时车头间距大于 20m 时，跟车距离每增加 0.1m，后车的加速度响应时间延迟增加 1ms，而当实时车头间距超过自由流速度下 PATH 实验室 ACC 跟驰模型的稳态车头间距的 2 倍后，可认为两车已不具备明显的跟驰关系，如式(9.4)所示。

$$T_\mathrm{p} = \begin{cases} \Delta t(L - S_\mathrm{p}), & S_\mathrm{p} < L < 2L_\mathrm{f} \\ 0, & L \leqslant S_\mathrm{p} \text{ 或 } L \geqslant 2L_\mathrm{f} \end{cases} \tag{9.4}$$

式中，T_p 为设置的对前车速度响应延迟时间；Δt 为模型控制步长；L 为当前车头间距；S_p 为延迟设置车头间距阈值。

3）跟车距离安全冗余修正系数

跟驰的安全冗余距离，即依据运动学分析和对行驶安全考虑，车辆与前车保持跟驰关系时，为了确保前车遇到意外时能够降低发生追尾事故的风险，跟车距离中会留有一定冗余距离。随着车辆速度的提高，跟车距离会扩大，安全冗余距离也会提高。但对保守型驾驶人来说，一方面他们对本车前方道路交通环境的判断更加保守、敏感，另一方面他们驾驶的车辆的速度变化也更缓慢、平稳。

因此，在后车跟随保守型车辆行驶且跟车距离较大时，可以在保证安全的前提下对安全冗余距离进行缩减，以提高后车的行驶效率。因此，本研究引入跟车距离安全冗余修正系数 γ，当跟车距离足够大时，降低期望车间时距 t_a，以适当减少与保守型前车的跟车距离安全冗余。根据上述要求，构建以车头间距为自变量的线性函数作为安全冗余修正系数 γ，其数学表达式为

$$\gamma = \frac{2b}{L_f}L + b + 1, \quad L < 2L_f \tag{9.5}$$

式中，L_f 为自由流速度下最小跟车距离；L 为当前车头间距；b 为安全冗余修正浮动界限值。

9.2.5　考虑驾驶风格的 ACC 跟驰模型

综上所述，基于式（9.2）所示的 PATH 实验室 ACC 跟驰模型，引入驾驶风格修正系数 λ_i 与延迟时间 T_p，得到前车驾驶风格为激进型的改进 ACC 跟驰模型，即

$$\dot{v}_n(t) = k_1\left[\lambda_i h_n(t) - l - S_0 - t_a v_n(t)\right] + k_2 \Delta v_n(t - T_p) \tag{9.6}$$

式中，λ_i 为驾驶风格修正系数；T_p 为设置的对前车速度响应延迟时间。由于前车驾驶风格为激进型，加、减速较为频繁，后车也会产生频繁的小幅波动。本模型引入 T_p，在实时车头间距大于一定阈值后，增加后车对前车变速行为的响应延迟时间，从而抑制后车随前车频繁加、减速的行为。

引入驾驶风格修正系数 λ_i 和安全冗余修正系数 γ，得到前车驾驶风格为保守型的改进 ACC 跟驰模型，即

$$\dot{v}_n(t) = k_1\left[\lambda_i h_n(t) - l - S_0 - \gamma t_a v_n(t)\right] + k_2 \Delta v_n(t) \tag{9.7}$$

式中，λ_i 为驾驶风格修正系数；γ 为安全冗余修正系数。γ 会随着跟车距离的

增大而增加，期望车间时距 t_a 则会随 γ 的增大而减小，通过缩小模型的总期望跟车距离，以减少与保守型前车的跟车距离安全冗余，提升该情况下车辆的行驶效率。

9.2.6　仿真验证分析

利用 MATLAB 软件建立仿真模型，对后车的跟驰行为进行对比。经过相关计算与测试，模型参数取值见表 9.7。

表 9.7　模型参数取值

参数名称	符号	取值
模型控制步长	Δt	10ms
延迟设置车头间距阈值	S_p	20m
自由流速度下最小跟车间距	L_f	56.95m
安全冗余修正浮动界限值	b	0.9
车长	l	5m
最小安全停车距离	S_0	2m
期望车间时距	t_a	1.5s
跟车间距误差控制系数	k_1	0.23s^{-2}
速度差控制系数	k_2	0.07s^{-1}

仿真实验从激进型和保守型的驾驶风格车辆中各选择 4 组具有代表性的数据，为更直观地评价改进模型的优化效果，选择 PATH 实验室 ACC 跟驰模型作为对比模型，一并参与模型的数值仿真实验，最终各选择一组进行对比分析。

在前车为激进型的情况下，对各模型进行仿真，得到后车加速度和车头间距的变化如图 9.4 所示，后车加速度、速度和车头间距标准差的变化见表 9.8。

从图 9.4 和表 9.8 可以看出，与 PATH 实验室模型相比，改进模型的加速度标准差和平均值分别降低了 0.0451 和 0.0069，因此乘员的舒适度与车辆能耗得到了一定程度的改善；当跟车距离较大时，改进模型由于人为增加了对前车速度变化响应的延迟，加速度随前车的小幅连续波动的情况相较于 PATH 实验室模型和对比模型都有明显改善。

相比于普通型车辆，激进型车辆响应速度更快，加速度变化也更剧烈，存在跟驰的安全冗余距离不足的隐患，追尾事故风险较高。分析图 9.4(a) 和 (b) 可以发现，改进模型跟随不同的前车速度，加速度会有不同程度的增加，平均增加了 6.39%，增幅最高可达 10.49%。

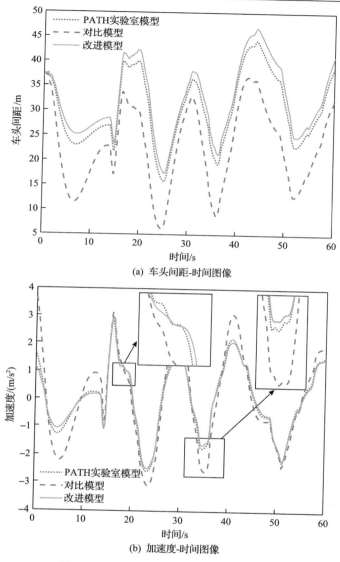

(a) 车头间距-时间图像

(b) 加速度-时间图像

图 9.4　改进前后跟驰仿真对比 (激进型)

表 9.8　模型仿真数据对比 (激进型)

模型	标准差		
	加速度/(m/s²)	速度/(m/s)	车头间距/m
PATH 实验室模型	1.5651	9.7668	17.3597
对比模型	1.5103	9.3199	33.6707
改进模型	1.5200	9.7071	17.3463

　　总体而言，对比模型的通行能力明显提高，但是对于激进型车辆，一味缩短跟车距离容易造成一定的安全风险，本章改进模型具有更高的安全性，且速度和加速度浮动小，跟随车辆的舒适性会更高。

　　在前车为保守型的情况下，对各模型进行仿真，得到车头间距的变化如图 9.5 所示，后车加速度、速度和车头间距标准差的变化见表 9.9。

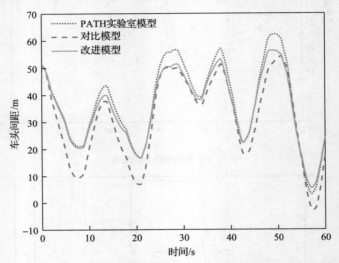

图 9.5　改进前后跟驰仿真对比 (保守型)

表 9.9　模型仿真数据对比 (保守型)

模型	标准差		
	加速度/(m/s^2)	速度/(m/s)	车头间距/m
PATH 实验室模型	2.4735	7.0856	14.7800
对比模型	2.5124	6.9668	15.5225
改进模型	2.3708	6.7857	13.0345

　　从图 9.5 和表 9.9 可以看出，改进模型和对比模型相较于 PATH 实验室模型，车头间距变化趋势更为平缓。本章改进模型的车头间距和加速度标准差分别减少了 11.81% 和 4.15%，对比模型的车头间距和加速度标准差则分别增大了 5.02% 和 1.57%。本章改进模型在车头间距较大时有效缩减了部分跟驰安全冗余距离，进一步提升了车辆行驶效率。对比模型的最小跟驰距离和最大跟驰距离略高，而改进模型的最大跟驰距离缩减了 9.69%，可认为改进模型在保证安全的前提下进一步提升了车辆的行驶效率。

9.3　考虑驾驶风格的心理场跟驰模型

9.3.1　心理场效应分析

心理场理论[115]运用心理学的有关概念以及个人对外界的主观感受对心理场进行研究，借由物理场的研究方法，可以将这种用逻辑和概念表达的理论量化为数学化的模型。物理场中的场源会对场中的其他物体产生力的相互作用，心理场则是以人作为场源，因此人会因受到自身和外界环境的影响而改变自身的状态，但不会对心理场环境中的其他物体产生作用。心理场环境对于处于其中的人产生影响的现象，称为心理场效应。车辆运行过程中，驾驶人与周围环境会形成驾驶心理场，其基本数学关系可以表示为

$$B = f(PE) \tag{9.8}$$

式中，B 表示驾驶人所受到的心理压力；P 表示驾驶人个人内在心理特性；E 表示行车环境影响。

由式(9.8)可以看出，驾驶人行为由三方面因素共同决定，即行车环境 E、个人内在心理特性 P 以及行为的产生法则 f，因此在同一个行为产生法则(如前方出现险情而紧急制动等)下，驾驶人最终产生的行为不仅受到环境因素的影响，也随不同驾驶人心理特性的不同而表现出差异。

1) 驾驶人特性影响分析

驾驶人是驾驶心理场的场源，会因外界环境影响改变自身状态，但驾驶人的年龄、情绪、风险及危险感知、驾驶目的等也在一定程度上影响着驾驶人的跟驰决策。通过对大量驾驶人历史行车状态信息(包括跟车距离、速度、加速度等)的深入分析，可以得到各驾驶人驾驶风格的差异性具体表现。根据既有的驾驶风格研究与驾驶行为的产生过程机制，引入感知系数和反应系数两个指标来表征驾驶人特性。感知系数反映了驾驶人对于前方车辆的速度感知敏感性，感知系数越大表示驾驶人对于前方车辆速度更加敏感，反应更迅速；反应系数则反映了驾驶人感知到前方车辆变化并做出制动反应的效率，驾驶人对获取信息做出反应越迅速，反应系数越大。

2) 客体车辆的影响分析

将行驶中的车辆 n 作为研究对象，心理场影响范围如图 9.6 所示。在车辆均没有换道意图的驾驶场景下，主体车辆发生跟驰行为时，对主体车辆的心理压力基本只来自于本车道正前方车辆。

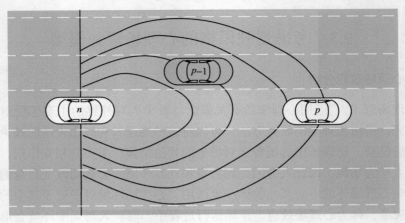

图 9.6　心理场影响范围

　　与主体车辆相似，前方车辆的驾驶风格不同时，对后车产生的影响也会存在差异。对于跟驰车辆，无法直接得知前方车辆的驾驶风格。在此情况下，可通过分析前方车辆的动力学特征，使用数学形式表示不同车辆的驾驶风格表现，因此引入前方车辆驾驶风格修正系数：

$$\beta = \frac{1}{b|a_{\mathrm{L}}|+1} \tag{9.9}$$

式中，β 为驾驶风格修正系数；b 为待标定的加速度敏感参数；a_{L} 为前车的加速度。前车加速度越大，可认为前车的驾驶风格一般更加激进，故设置的 β 会随着前车加速度绝对值的增大而减小。

　　3）道路条件的影响分析

　　道路条件包括路面状况、几何线形与标志标线等，对于道路上的车辆主要存在安全范围影响。驾驶人行车时会因道路条件的不同而采取不同的措施，形成的驾驶心理场的范围也会有区别。

　　单车道发生跟驰行为时，对外界交通条件的要求更低，在不涉及换道的跟驰行为研究中，车辆均行驶于笔直的单车道道路中央的理想环境下，因此在建模过程中不再过多考虑道路条件的影响。

9.3.2　驾驶风格心理场模型基本框架

　　基于心理场效应，考虑到驾驶人特性和前方客体车辆的影响，建立考虑驾驶风格的心理场跟驰模型，简称驾驶风格心理场（psychological field of driving style，PF-DS）模型，表达式为

$$E(P,M) = P + M \tag{9.10}$$

式中，P 为驾驶人心理特性影响项；M 为客体车辆影响项。

1) 驾驶人心理特性影响项

驾驶人心理压力（即心理场场强）与跟驰车的速度、前方车辆的接近程度密切相关。在车辆行驶方向上，距前方车辆更近的位置、更短的距离与更高的速度均会对驾驶人产生相对更大的心理压力，即具有更高的心理场场强；而在远离前方车辆的位置，充裕的应对时间会使驾驶人对前方车辆的关注程度降低、心理压力减小，在心理场中则对应着具有相对更小的心理场场强。由此，在车辆行驶方向的一维直线上，可仿照电磁场场强的计算方式确定驾驶心理场中心理压力的函数表达形式，称为心理场基础场强函数：

$$E_n = \frac{v_n}{L} \tag{9.11}$$

式中，E_n 为行驶车辆 n 所形成的心理场的基础场强值；v_n 为行驶车辆 n 的速度；L 为沿车辆行驶方向上与车辆出发点之间的距离，在实际应用中定义为行驶车辆与前车的距离。

依据心理场场强与驾驶人反应系数，确定驾驶人心理特性影响项：

$$P = \frac{E_n}{\eta} = \frac{v_n}{\eta L} \tag{9.12}$$

式中，η 为驾驶人反应系数。

2) 客体车辆影响项

驾驶风格是车辆长期形成的一种动态特性，而运行状态能体现出车辆当下的一种动态特性。在本研究的跟驰场景中，客体车辆为前方车辆，前方车辆与主体车辆的相对距离越小，前方车辆的速度越大时，主体车辆会有更大的心理压力，即此时受到的影响更大，反之则更小。由此可知，前方车辆与主体车辆的相对速度和相对位置是表征前方车辆对主体车辆影响的重要特征，故用相对速度和相对距离的比来表示这一影响，即

$$M_0 = \frac{v_i - v_j}{x_i - x_j} = \frac{\Delta v}{\Delta x} \tag{9.13}$$

式中，M_0 为前方车辆影响函数；Δv 为前后车的速度差；Δx 为前后车车头间距。

依据心理场分析中得到的驾驶风格修正系数和驾驶人感知系数，最终得到客体车辆影响项，即

$$M = \gamma\beta M_0 = \gamma\frac{1}{b|a_{\mathrm{L}}|+1}M_0 \tag{9.14}$$

式中，γ 为驾驶人感知系数；β 为前车驾驶风格修正系数。

9.3.3　基于心理场效应的 FVD 跟驰模型改进

1）FVD 模型

全速度差(full velocity difference，FVD)模型通过考虑正、负速度差来修正前车与后车之间的距离，其表达式为[116]

$$a_n(t) = \alpha\left[V(\Delta x_n(t)) - v_n(t)\right] + \delta\Delta v_n(t) \tag{9.15}$$

式中，V 为优化速度函数；$\Delta x_n(t)$ 为车辆 n 与车辆 n–1 之间的车头距离；$v_n(t)$ 为车辆 n 的当前速度；$\Delta v_n(t)$ 为车辆 n 与车辆 n–1 之间的速度差；α 和 δ 为敏感系数，$\alpha = 0.273\mathrm{s}^{-1}$，$\delta = 10\mathrm{m/s}$。

2）基于心理场效应改进的 FVD 模型

在 FVD 模型的第一项中，两个主要影响因素分别是车辆 n 的当前速度 $v_n(t)$ 和两车之间的车头距离 $\Delta x_n(t)$，这与驾驶心理场中个人影响作用相对应，故将第一项作为驾驶人个人行为影响项。FVD 模型的第二项反映的是前车与后车的相对速度关系，可以认为是前车对于后车的影响作用，即此项为前车影响作用项。另外，考虑到驾驶人从接收到刺激信息到驱使车辆产生响应动作之间存在一定的反应延迟，因此对优化速度函数进行改进，同时引入了速度差延迟系数。

最终得到驾驶风格心理场模型的动力学方程为

$$a_n(t) = \alpha\left[V(\Delta x_n(t+\kappa T)) - v_n(t)\right]\frac{v_n}{\eta L} + \gamma\delta\frac{1}{b|a_{\mathrm{L}}|+1}\Delta v_n(t+\mu T) \tag{9.16}$$

式中，κ 为速度差优化系数；μ 为速度差延迟系数；T 为时间步长。

为简化方程，对 $\Delta v_n(t+\mu T)$ 和 $\Delta x_n(t+\kappa T)$ 进行泰勒展开，得到

$$\Delta v_n(t+\mu T) = \Delta v_n(t) + \mu T\Delta a_n(t) \tag{9.17}$$

$$\Delta x_n(t+\kappa T) = \Delta x_n(t) + \kappa T\frac{\mathrm{d}v_n(t)}{\mathrm{d}t} = \Delta x_n(t) + \kappa T\Delta v_n(t) \tag{9.18}$$

对 $V(\Delta x_n(t+\kappa T))$ 进行泰勒展开，得到

$$V(\Delta x_n(t+\kappa T)) = V(\Delta x_n(t)) + \kappa T\Delta v_n(t)V'(\Delta x_n(t)) \tag{9.19}$$

将式(9.17)~式(9.19)代入式(9.16)，得到

$$a_n(t) = \alpha \left[V(\Delta x_n(t)) + \kappa T \Delta v_n(t) V'(\Delta x_n(t)) - v_n(t) \right] \frac{v_n}{\eta L}$$

$$+ \gamma \delta \frac{1}{b|a_L| + 1} \left[\Delta v_n(t) + \mu T \Delta a_n(t) \right] \tag{9.20}$$

优化速度函数 $V(\Delta x)$ 是 FVD 模型中重要的组成部分，其表达式为

$$V(\Delta x) = V_1 + V_2 \tanh \left[C_1(\Delta x - \bar{l}) - C_2 \right] \tag{9.21}$$

式中，$\bar{l}$ 为车辆的平均长度，在模拟中假设为 5m；$V_1 = 6.75\text{m/s}$，$V_2 = 7.91\text{m/s}$，$C_1 = 0.13$，$C_2 = 1.57$。

9.3.4　模型参数标定

选取 NGSIM 项目 I-80 数据集中 500 组数据进行参数标定。由于 NGSIM 项目 I-80 数据集中的原始轨迹数据是通过图像识别技术分析处理之后得到的，存在随机噪声，需要对数据清洗和滤波之后才能进行进一步分析。驾驶风格聚类分析时，已经对数据进行了简单的清洗，本节选择卡尔曼滤波器（Kalman filter）对数据进行滤波处理，滤波效果图如图 9.7 所示。

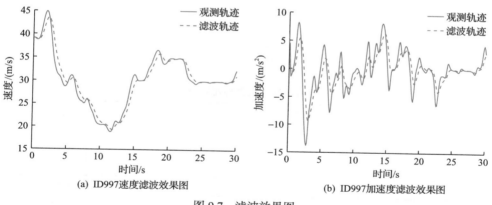

(a) ID997速度滤波效果图　　　　(b) ID997加速度滤波效果图

图 9.7　滤波效果图

提取数据集中跟驰状态时间不低于 25s 的 30 组驾驶风格不同的车辆对，利用模拟退火算法进行参数标定。模拟退火算法是一种经典的搜索优化算法[117]，在工程实践中应用广泛，具体操作流程如图 9.8 所示。

模型标定利用 MATLAB 软件进行，模拟退火算法相关参数如下：马尔可夫链长度设置为 800，衰减参数设置为 0.8，步长因子设置为 0.01，初始温度设置为 100℃，接收差解的容忍度设置为 1×10^{-12}。为了避免算法的随机性造成的误差，对每次标定产生的结果进行了多次优化，最终选出误差值最小的一组。模型标定

结果见表9.10。

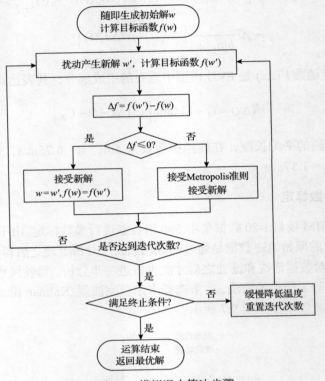

图 9.8　模拟退火算法步骤

表 9.10　模型标定结果

风格类型	激进型	平稳型	保守型
η	1.769	1.334	0.842
γ	0.358	0.668	0.249
κ	0.236	0.461	0.512
μ	0.124	0.156	0.160
b	0.236	0.465	0.541

从反应系数来看，保守型驾驶人的感知程度小于其他类型的驾驶人，且激进程度越高，驾驶人反应系数越大；从驾驶人感知系数来看，平稳型最高，保守型最低；而速度差优化系数、速度差延迟系数和加速度敏感参数都随着激进程度的降低而增加。激进型驾驶人的反应系数和感知系数较高，但对前车速度差优化系数、速度差延迟系数和加速度敏感参数较低；保守型驾驶人则相反；平稳型驾驶人除感知系数较高外，其他参数值都处于中间值。综合来看，标定结果与之前对各类型聚类结果的分析相似，故引入的参数比较契合。

9.3.5　模型评价

为了对所建立的驾驶风格心理场模型进行客观评价，研究设计并进行仿真跟车实验，且选取 FVD 模型[118]与相互作用势模型作为对比参照。相互作用势模型将车道中的车辆类比为管道中运动的分子，利用分子动力学理论解析车辆跟驰行为，与本研究中用人工势场方法进行跟驰行为建模有一定的相似性。

从 NGSIM 项目 I-80 数据集随机抽取 10 组跟驰车辆的运动数据，采用 9.1 节中的方法进行判别，将车辆驾驶人按驾驶风格分为 3 组，再从 3 组数据中各自随机抽取 1 组，分别与研究建立的 3 种驾驶风格的模型仿真车辆进行对比分析。

根据仿真实验结果，分别绘制 3 组模型车辆与真实后车在跟驰过程中的加速度和速度曲线，观察不同模型车辆与实车的运动情况差异。为更为直观地对比不同跟驰模型对实车跟驰行为的拟合程度，引入平均绝对误差（MAE）和均方根误差（RMSE），数学表达式为

$$MAE = \frac{1}{l}\sum_{i=1}^{l}|z_i - \hat{z}_i| \tag{9.22}$$

$$RMSE = \sqrt{\frac{1}{l}\sum_{i=1}^{l}(z_i - \hat{z}_i)^2} \tag{9.23}$$

式中，l 为样本容量；z_i 为实测值；$\hat{z}_i$ 为模型预测值。MAE 反映的是模型与实测数据的偏差程度，数值越小表示与实测数据的偏差越小；RMSE 反映的是误差值变化程度，表征了模型的稳定性，数值越小说明模型越稳定。

1）激进型车辆

激进型车辆仿真效果对比如图 9.9 所示，速度和加速度拟合度评价见表 9.11和表 9.12。

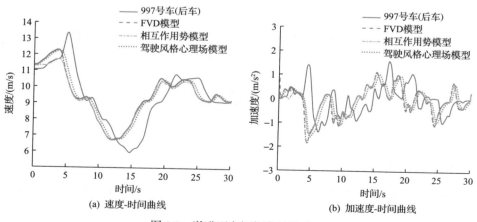

图 9.9　激进型车辆仿真效果对比

表 9.11　激进型车辆速度拟合度评价

模型	MAE	RMSE
FVD 模型	0.8617	1.1241
相互作用势模型	0.7786	1.0956
驾驶风格心理场模型	0.5378	0.7107

表 9.12　激进型车辆加速度拟合度评价

模型	MAE	RMSE
FVD 模型	0.6356	0.8474
相互作用势模型	0.6057	0.8043
驾驶风格心理场模型	0.4476	0.6117

　　对比三个模型的速度-时间曲线可以发现，与 FVD 模型和相互作用势模型不同，驾驶风格心理场模型存在合理的反应延迟，与后车真实速度的表现更为吻合。这是因为驾驶风格心理场模型不仅充分考虑到驾驶人特性的影响，还引入反应延迟系数模拟了后车反应时间带来的影响。

　　模型拟合度对比结果显示，相较于 FVD 模型，驾驶风格心理场模型输出速度和加速度的 MAE 分别下降了 37.6% 和 29.6%，RMSE 分别下降了 36.8% 和 27.8%，故驾驶风格心理场模型能够更加准确地模拟实际激进型车辆的跟驰行为。

　　2) 保守型车辆

　　保守型车辆仿真效果对比如图 9.10 所示，速度和加速度拟合度评价见表 9.13 和表 9.14。

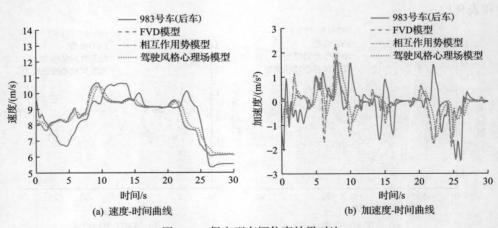

(a) 速度-时间曲线　　　　(b) 加速度-时间曲线

图 9.10　保守型车辆仿真效果对比

表 9.13　保守型车辆速度拟合度评价

模型	MAE	RMSE
FVD 模型	0.9443	1.2055
相互作用势模型	0.8722	1.0939
驾驶风格心理场模型	0.7744	0.9941

表 9.14　保守型车辆加速度拟合度评价

模型	MAE	RMSE
FVD 模型	0.9592	1.6698
相互作用势模型	0.8428	1.3233
驾驶风格心理场模型	0.7578	1.1078

　　FVD 模型和相互作用势模型加速度和速度曲线的振荡幅度都比真实后车大，而驾驶风格心理场模型速度和加速度的振荡程度更接近真实后车，与实际情况中保守型车辆的跟驰行为更加吻合。

　　模型拟合度对比结果显示，相较于 FVD 模型，驾驶风格心理场模型输出速度和加速度的 MAE 分别下降了 18% 和 21%，RMSE 分别下降了 17.5% 和 33.7%，故驾驶风格心理场模型能够更加准确地模拟实际保守型车辆的跟驰行为。

　　3) 平稳型车辆

　　平稳型车辆仿真效果对比如图 9.11 所示，速度和加速度拟合度见表 9.15 和表 9.16。

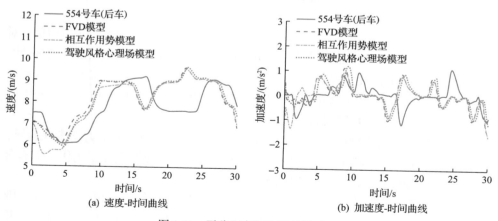

(a) 速度-时间曲线　　　　　(b) 加速度-时间曲线

图 9.11　平稳型车辆仿真效果对比

表 9.15　平稳型车辆速度拟合度评价

模型	MAE	RMSE
FVD 模型	0.8918	1.0676
相互作用势模型	0.8908	1.0478
驾驶风格心理场模型	0.8114	0.9927

表 9.16　平稳型车辆加速度拟合度评价

模型	MAE	RMSE
FVD 模型	0.4573	0.5815
相互作用势模型	0.4549	0.5834
驾驶风格心理场模型	0.4544	0.5772

　　由表 9.15 和表 9.16 可以看出，后车为平稳型时，相比 FVD 模型和相互作用势模型，驾驶风格心理场模型的延迟程度更接近于后车真实数据。模型拟合度对比结果显示，相较于 FVD 模型，驾驶风格心理场模型输出速度和加速度的 MAE 分别下降了 9%和 0.6%，RMSE 分别下降了 7%和 0.7%，故驾驶风格心理场模型能够更加准确地模拟实际平稳型车辆的跟驰行为。

9.4　本　章　小　结

　　本章基于 PATH 实验室模型和心理场基本理论，在其理论框架中建立了车辆跟驰行为发生时跟驰车辆驾驶人与前方车辆以及周围环境之间的关系，提出了基于前车驾驶风格的改进 ACC 跟驰模型和驾驶风格心理场模型，并对模型进行了仿真实验，得到以下主要结论。

　　(1)针对激进型驾驶风格的前车，引入驾驶风格修正系数和响应延迟时间，对模型进行改进，改进模型的仿真车加速度和车头间距变化更为平缓，行驶安全性、乘员舒适度、车辆能耗情况有明显改善。针对保守型驾驶风格的前车，引入驾驶风格修正系数和安全冗余修正系数对模型进行改进，改进模型的仿真车跟随保守型车辆时的行车效率有一定提高。

　　(2)提出的改进模型能够充分考虑由于不同驾驶风格前车的动力学表现差异，CAV 后车能够产生定制化跟驰行为，为智能网联环境下交通流控制优化、车辆自动巡航控制功能设计提供了新的理论依据和研究思路。

　　(3)将复杂的前后车跟驰关系拆解为心理场中驾驶人个人、前方车辆以及周围环境产生的心理压力三部分；对驾驶人驾驶风格利用聚类分析方法实现判别，并据此对跟驰行为进行了对比分析；对驾驶人的感知做出个性化区分，引入感知系数、反应系数和驾驶风格修正系数，使驾驶人对于前车加速度的敏感性会因驾驶风格而改变。

(4) 驾驶风格心理场模型与 FVD 模型和相互作用势模型的对比仿真实验结果显示，对于不同驾驶风格的驾驶人，该模型的精度和稳定性都更高，说明该模型更有区分度且更真实地反映跟驰车辆的运行状况，为心理场方法研究车辆交互行为提供了思路，对微观交通流特性研究有重大意义。

第 10 章　结论与展望

随着智能汽车产业政策不断落地，未来交通面临智能网联交通系统与自动驾驶时代的迫切技术需求，道路交通流将呈现传统驾驶车辆及网联自动驾驶车辆混行的新态势。聚焦未来复杂网联混合环境下的交通流理论，车辆跟驰行为协同与博弈控制呈现新特性，分别从传统驾驶车的跟驰行为和网联自主车辆决策行为入手，挖掘交通运行规律，并根据构建的车辆跟驰行为模型探讨车路协同式的稳态控制策略。主要结论如下。

(1)基于 Transformer 建立个性化驾驶风格动态谱聚类体系，考虑 Attention 机制，采用双向 LSTM 神经网络实时识别驾驶人风格；引入驾驶行为场，运用分子动力学动态模拟不同驾驶风格形成的驾驶风险。

引入驾驶风格修正系数、安全冗余修正系数、响应延迟时间，针对不同前车驾驶风格，建立起考虑驾驶风格的改进 ACC 跟驰模型；充分考虑到驾驶人心理因素的影响，引入心理场理论对车辆的跟驰行为进行分析，建立起考虑驾驶风格的心理场跟驰模型。

通过对车辆跟驰模型进行梳理，总结了各车辆跟驰模型的建模思想及模型对真实交通行为的描述。考虑驾驶人反应时滞的车辆跟驰模型，构建了一个基于驾驶人反应时滞的改进 OV 跟驰模型，利用 NGSIM 项目 I-80 数据集对模型参数进行标定，对参数标定的不同指标和不同方法进行了讨论，并用李雅普诺夫稳定性方法进行分析。考虑前车信息反馈的网联车跟驰模型，构建了一个基于前车信息反馈的 CAV 跟驰模型，研究 CAV 反馈控制系数，提高车辆跟驰模型的稳定性。基于信息反馈控制的 CAV 跟驰模型融合了基于车辆感知技术获取的驾驶环境信息，提高了驾驶人对跟驰行为的精准感知，从被动跟驰到主动控制跟驰，有效提升了驾驶的安全性。

(2)运用相互作用势场理论研究 CAV 与 HV 混合车辆簇动力学特性，结合驾驶行为场建立多交通要素约束下的驾驶安全势场定量模型，系统解析智能网联驾驶拟人化决策行为机理。

通过系统相似性分析探究分子与车辆的相似性，将分子相互作用势理论应用到自动驾驶环境下的交通场景并建立分子相互作用势换道模型。分子相互作用势换道模型在考虑动态影响要素的同时，将吸引作用与排斥作用统一于一个整体，从而形成合理的换道决策机制，使得自动驾驶汽车能安全且高效地实施换道。

考虑网联车通信延迟的特性，构建了一个基于主从博弈的网联车跟驰决策模型，包括双车的主从博弈模型以及多车的一主多从博弈模型，用以分析网联环境下车辆跟驰行驶的决策问题。通过设计速度收益、安全车距收益以及驾驶风格收益，增加了所提决策模型的合理性与可解释性。基于主从博弈的跟驰决策模型融合基于车车通信、车辆感知等技术获取的驾驶环境信息，有效提升了决策的合理性和安全性。

(3) 剖析网联驾驶安全势场的演化规律，从纵横二维稳态特性和时空稳定域层面解析混合车辆簇稳定性和振荡机理，揭示混合车辆簇宏观特性的结构性变化。

解析了不同 CAV 占有率的混合交通流密度与跟驰模型变量之间的关系，推导并验证了不同跟驰关系比例与 CAV 占有率的理论关系。推导了不同 CAV 占有率的混合交通流基本图模型，并进行了模型参数的敏感度分析。研究了交通流在演化过程中的突变特性。通过基本图模型计算，得到了混合交通流中最大交通量在不同 CAV 占有率中的提升幅度。引入 LWR 模型，推导了混合交通流的交通振荡波速度计算公式，数值仿真测试了模型混合交通流的稳定性。

(4) 基于混合车辆簇的稳态特性，提出面向混合队列稳态响应的控制优化方法，建立基于分布式拓扑结构的网联车间距自适应优化模型和混合车辆簇 CAV 速度协调优化模型。

设计了一种网联车辆簇纵向协调控制策略，理论上可实现网联车辆簇柔性跟驰。考虑网联车与网联车完全信息跟驰，基于主从博弈构建了车辆跟驰决策模型，从车车协同向车车博弈进行解析研究。通过对网联车纵向控制策略进行分析，采用 MPC 方法对网联车纵向协调控制策略进行设计。对车辆的相对速度和车间距进行对比，验证所设计策略对车辆簇纵向协调控制的效果。

随着智慧交通、智慧道路、网联自动驾驶的进一步落地，对于网联环境下车辆跟驰行为建模的理解和研究会更加深入和细致[119]。后续对上述问题还需进一步深化研究，拟定在以下三个方面做进一步的深入研究。

(1) 驾驶过程是一个复杂多变的动态系统，不同的驾驶人拥有自己的驾驶习惯和操作模式，拟开展类脑驾驶安全态势深度感知与混行异质车流动力学多目标控制的研究。聚焦驾驶人的情绪变化、生理疲劳和操作习惯对驾驶行为的影响，拟采用状态感知、信号处理与智能学习的方法，在人机交互的框架下开展个性化人车协作驾驶的研究，建立一个能够自主学习的智能驾驶辅助平台，以提升驾驶人与车辆之间的双向交流与协调合作；研究分析人车交互过程中的语音对话和驾驶行为，获取驾驶人身份信息，并建立包括交互模式、情绪负载、肌肉疲劳和驾驶习惯在内的个性化驾驶人模型，进而预测驾驶人的驾驶意图并监测异常驾驶行为。

(2) 面向驾驶安全态势感知，车辆行驶时不仅要确保车辆间的安全车距，更重要的是让车辆行驶在一定的安全区域内。拟开展驾驶安全瞬态感知的混行异质车群动力学耦合机理及多目标博弈控制的学术研究，瞄准城市交通系统中车辆跟驰行驶，在考虑与不考虑自适应巡航控制策略的前提下，重点研究不同交通态势下驾驶安全区域的分布规律、危险范围的界定方法以及相关的实验测试与仿真验证，构建基于安全区域的车辆跟驰模型并进行车辆跟驰行驶的驾驶可信性定量分析，以期为驾驶辅助系统与车辆安全性设计提供理论依据。

（3）借鉴类脑智能和现代交通流理论等相关领域研究的新成果[120]，利用神经信息学这一门新兴的边缘学科的研究方法和手段，与现代交通流理论的研究范畴交叉结合，探索将驾驶人作为复杂交通流系统演化过程的一个变量因素，纳入其理论研究框架中的新方法。拟开展类脑智能驾驶安全态势深度感知与混行异质车辆动力学多目标控制，利用驾驶人心理生理特征分析设备系统，以及各种交通检测设备提供的实际交通流数据，通过设计可控实验，获取不同类型驾驶人在各种交通环境条件下的原始感知数据，探讨驾驶人感知过程的可测性。探讨一种合适的驾驶人感知过程广义度量方法，将驾驶人在驾驶过程中的动态感知行为有机融入交通流微观和宏观模型中，从而构建含有驾驶人行为的新型交通流模型，揭示交通流内在的"自驱动粒子"系统特性。从一个新的角度揭示交通流非线性现象和相变产生机理，解释目前发现的各种交通现象背后的深层次原因。

参 考 文 献

[1] Elander J, West R, French D. Behavioral correlates of individual differences in road-traffic crash risk: An examination method and findings[J]. Psychological Bulletin, 1993, 113(2): 279-294.

[2] Ishibashi M, Okuwa M, Doi S, et al. Indices for characterizing driving style and their relevance to car following behavior[C]//Society of Instrument and Control Engineers Annual Conference, Takamatsu, 2007: 1132-1137.

[3] Chung Y S, Wong J T. Investigating driving styles and their connections to speeding and accident experience[J]. Journal of the Eastern Asia Society for Transportation Studies, 2010, 8: 1944-1958.

[4] 孙龙, 常若松. 驾驶风格研究现状与展望[J]. 人类工效学, 2013, 19(4): 92-95.

[5] 孙龙, 杨程程, 常若松. 多维度驾驶风格量表的修订及初步应用[J]. 人类工效学, 2014, 20(2): 6-9.

[6] Hirose T, Oguchi Y, Sawada T. Framework of tailormade driving support systems and neural network driver model[J]. IATSS Research, 2004, 28(1): 108-114.

[7] Dörr D, Grabengiesser D, Gauterin F. Online driving style recognition using fuzzy Logic[C]//The 17th International IEEE Conference on Intelligent Transportation Systems, Qingdao, 2014: 1021-1026.

[8] 王畅, 付锐, 彭金栓, 等. 应用于换道预警的驾驶风格分类方法[J]. 交通运输系统工程与信息, 2014, 14(3): 187-193.

[9] 万豫, 黄妙华, 王思楚. 基于改进DBSCAN算法的驾驶风格识别方法研究[J]. 合肥工业大学学报(自然科学版), 2020, 43(10): 1313-1320.

[10] 董昊旻, 张维轩, 王文彬, 等. 基于 Tri-Training 的驾驶风格分类算法[J]. 汽车技术, 2021, (4): 6-11.

[11] 张一恒. 基于驾驶风格辨识和运动预测的换道风险评估及决策方法[D]. 西安: 西安理工大学, 2020.

[12] 刘洁莹. 不同驾驶风格下驾驶人换道轨迹分析及辅助换道系统设计[D]. 长沙: 长沙理工大学, 2017.

[13] 毛锦. 考虑驾驶风格的换道预警方法[D]. 西安: 长安大学, 2012.

[14] 王鑫鹏, 陈志军, 吴超仲, 等. 考虑驾驶风格的智能车自主驾驶决策方法[J]. 交通信息与安全, 2020, 38(2): 37-46.

[15] 赵祥模, 连心雨, 刘占文, 等. 基于 MM-STConv 的端到端自动驾驶行为决策模型[J]. 中国公路学报, 2020, 33(3): 170-183.

[16] Sun P, Wang X S, Zhu M X. Modeling car-following behavior on freeways considering driving style[J]. Journal of Transportation Engineering, Part A: Systems, 2021, 147(12): 04021083.

[17] Khatib O. Real-time obstacle avoidance for manipulators and mobile robots[J]. The International Journal of Robotics Research, 1986, 5(1): 90-98.

[18] Sattel T, Brandt T. From robotics to automotive: Lane-keeping and collision avoidance based on elastic bands[J]. Vehicle System Dynamics, 2008, 46(7): 597-619.

[19] Ni D H. A unified perspective on traffic flow theory. Part I: The field theory[J]. Applied Mathematical Sciences, 2013, 7: 1929-1946.

[20] Hsu T P, Weng G Y, Lin Y J. Conceptual structure of a novel car-following model upon gravitational field concept[C]//19th ITS World Congress, Vienna, 2012: 147-152.

[21] Wolf M T, Burdick J W. Artificial potential functions for highway driving with collision avoidance[C]//IEEE International Conference on Robotics and Automation, Pasadena, 2008: 267-273.

[22] 曲大义, 李娟, 刘聪, 等. 基于分子动力学的车流运行动态特性及其模型[J]. 交通运输系统工程与信息, 2017, 17(4): 188-194.

[23] Li C G, Jiang X B, Wang W H, et al. A simplified car-following model based on the artificial potential field[J]. Procedia Engineering, 2016, 137: 13-20.

[24] Yang Z S, Yu Y, Yu D X, et al. APF-based car following behavior considering lateral distance[J]. Advances in Mechanical Engineering, 2013, 5: 1255-1260.

[25] Wang J Q, Wu J, Li Y. The driving safety field based on driver-vehicle-road interactions[J]. IEEE Transactions on Intelligent Transportation Systems, 2015, 16(4): 2203-2214.

[26] Liu W, Li Z H. Comprehensive predictive control method for automated vehicles in dynamic traffic circumstances[J]. IET Intelligent Transport Systems, 2018, 12(10): 1455-1463.

[27] Li L H, Gan J, Yi Z W, et al. Risk perception and the warning strategy based on safety potential field theory[J]. Accident Analysis and Prevention, 2020, 148: 105805.

[28] Li L H, Gan J, Ji X K, et al. Dynamic driving risk potential field model under the connected and automated vehicles environment and its application in car-following modeling[J]. IEEE Transactions on Intelligent Transportation Systems, 2022, 23(1): 122-141.

[29] Li L H, Gan J, Qu X, et al. A dynamic control method for CAVs platoon based on the MPC framework and safety potential field model[J]. KSCE Journal of Civil Engineering, 2021, 25(5): 1874-1886.

[30] Zheng Z D, Ahn S, Chen D J, et al. Freeway traffic oscillations: Microscopic analysis of formations and propagations using wavelet transform[J]. Procedia: Social and Behavioral Sciences, 2011, 17: 702-716.

[31] Chen D J, Laval J A, Ahn S, et al. Microscopic traffic hysteresis in traffic oscillations: A behavioral perspective[J]. Transportation Research Part B: Methodological, 2012, 46(10): 1440-1453.

[32] Laval J A, Toth C S, Zhou Y. A parsimonious model for the formation of oscillations in car-following models[J]. Transportation Research Part B: Methodological, 2014, 70: 228-238.

[33] Treiber M, Kesting A. The intelligent driver model with stochasticity-new insights into traffic flow oscillations[J]. Transportation Research Procedia, 2017, 23: 174-187.

[34] Sun J, Zheng Z D, Sun J. Stability analysis methods and their applicability to car-following models in conventional and connected environments[J]. Transportation Research Part B: Methodological, 2018, 109: 212-237.

[35] Saifuzzaman M, Zheng Z D, Haque M M, et al. Understanding the mechanism of traffic hysteresis and traffic oscillations through the change in task difficulty level[J]. Transportation Research Part B: Methodological, 2017, 105: 523-538.

[36] Chen D J, Laval J, Zheng Z D, et al. A behavioral car-following model that captures traffic oscillations[J]. Transportation Research Part B: Methodological, 2012, 46(6): 744-761.

[37] 鲁斌. 基于数据驱动方法的车辆跟驰行为建模与分析[D]. 成都: 西南交通大学, 2017.

[38] 郁远征. 城市快速路合流区车流停走波生成机理与模拟[D]. 长沙: 长沙理工大学, 2018.

[39] Sun J, Zheng Z D, Sun J. The relationship between car following string instability and traffic oscillations in finite-sized platoons and its use in easing congestion via connected and automated vehicles with IDM based controller[J]. Transportation Research Part B: Methodological, 2020, 142: 58-83.

[40] Li X P, Wang X, Ouyang Y F. Prediction and field validation of traffic oscillation propagation under nonlinear car-following laws[J]. Transportation Research Part B: Methodological, 2012, 46(3): 409-423.

[41] Li X P, Cui J X, An S, et al. Stop-and-go traffic analysis: Theoretical properties, environmental impacts and oscillation mitigation[J]. Transportation Research Part B: Methodological, 2014, 70: 319-339.

[42] 刘聪聪. 移动瓶颈诱发的交通流演化特性分析[D]. 北京: 北京交通大学, 2018.

[43] 黄永现. 交通震荡演化特性的实验研究和建模仿真[D]. 合肥: 中国科学技术大学, 2019.

[44] Sun J, Sun J. Investigating the oscillation characteristics and mitigating its impact with low-penetration connected and automated vehicles[C]//The 21st International Conference on Intelligent Transportation Systems, Maui, 2018: 2339-2345.

[45] 陈广宇, 祝会兵, 范悦悦. 混合 ACC 车辆与人工驾驶车辆的交通流数值模拟[J]. 宁波大学学报(理工版), 2018, 31(2): 101-107.

[46] 秦严严, 王昊, 王炜. 智能网联环境下的混合交通流 LWR 模型[J]. 中国公路学报, 2018, 31(11): 147-156.

[47] Bang S, Ahn S. Platooning strategy for connected and autonomous vehicles: Transition from light traffic[J]. Transportation Research Record Journal of the Transportation Research Board,

2017, 2623 (1): 73-81.

[48] Heinovski J, Dressler F. Platoon formation: Optimized car to platoon assignment strategies and protocols[C]//2018 IEEE Vehicular Networking Conference, Taipei, 2018: 894.

[49] Jing P, Xu G, Chen Y X, et al. The determinants behind the acceptance of autonomous vehicles: A systematic review[J]. Sustainability, 2020, 12 (5): 1719.

[50] Zheng Y, Li S E, Li K Q, et al. Platooning of connected vehicles with undirected topologies: Robustness analysis and distributed H-infinity controller synthesis[J]. IEEE Transactions on Intelligent Transportation Systems, 2018, 19 (5): 1353-1364.

[51] Liu Y G, Pan C, Gao H L, et al. Cooperative spacing control for interconnected vehicle systems with input delays[J]. IEEE Transactions on Vehicular Technology, 2017, 66 (12): 10692-10704.

[52] Gao F, Hu X S, Li S E, et al. Distributed adaptive sliding mode control of vehicular platoon with uncertain interaction topology[J]. IEEE Transactions on Industrial Electronics, 2018, 65 (8): 6352-6361.

[53] Wang P K C. Navigation strategies for multiple autonomous mobile robots moving in formation[J]. Journal of Robotic Systems, 1991, 8 (2): 177-195.

[54] Hogg R W, Rankin A L, Roumeliotis S I, et al. Algorithms and sensors for small robot path following[C]//Proceedings of 2002 IEEE International Conference on Robotics and Automation, Washington DC, 2002: 3850-3857.

[55] Mastellone S, Stipanović D M, Graunke C R, et al. Formation control and collision avoidance for multi-agent non-holonomic systems: Theory and experiments[J]. The International Journal of Robotics Research, 2008, 27 (1): 107-126.

[56] Xiao H, Li Z, Chen C L P. Formation control of leader-follower mobile robots'systems using model predictive control based on neural-dynamic optimization[J]. IEEE Transactions on Industrial Electronics, 2016, 63 (9): 5752-5762.

[57] Yang S C, Cao Y G, Peng Z X, et al. Distributed formation control of nonholonomic autonomous vehicle via RBF neural network[J]. Mechanical Systems and Signal Processing, 2017, 87: 81-95.

[58] Piao J, McDonald M. Safety impacts of variable speed limits—A simulation study[C]//11th International IEEE Conference on Intelligent Transportation Systems, Beijing, 2008: 833-837.

[59] Han Y, Chen D J, Ahn S. Variable speed limit control at fixed freeway bottlenecks using connected vehicles[J]. Transportation Research Part B: Methodological, 2017, 98: 113-134.

[60] Soriguera F, Martínez I, Sala M, et al. Effects of low speed limits on freeway traffic flow[J]. Transportation Research Part C: Emerging Technologies, 2017, 77: 257-274.

[61] Xu Z G, Wang Y, Wang G Q, et al. Trajectory optimization for a connected automated traffic stream: Comparison between an exact model and fast heuristics[J]. IEEE Transactions on Intelligent Transportation Systems, 2021, 22 (5): 2969-2978.

[62] 荆彬彬, 卢凯, 鄢小文, 等. 车路协同下基于速度引导的双周期干道绿波协调控制方法[J]. 华南理工大学学报(自然科学版), 2016, 44(8): 147-154.

[63] 庞明宝, 安少怡. 快速路与邻接交叉口分散换道和速度引导方法[J]. 交通运输系统工程与信息, 2019, 19(6): 168-175.

[64] Pipes L A. An operational analysis of traffic dynamics[J]. Journal of Applied Physics, 1953, 24(3): 274-281.

[65] 何存道, 欣兆生. 道路交通心理学[M]. 合肥: 安徽人民出版社, 1989.

[66] 任福田, 刘小明, 荣建. 交通工程学[M]. 北京: 人民交通出版社, 2003.

[67]《中国公路学报》编辑部. 中国汽车工程学术研究综述·2017[J]. 中国公路学报, 2017, 30(6): 1-197.

[68] 李娟, 曲大义, 刘聪, 等. 基于分子动力学的跟驰特性及其模型[J]. 公路交通科技, 2018, 35(3): 126-131.

[69] Tohidi M, Toghraie D. The effect of geometrical parameters, roughness and the number of nanoparticles on the self-diffusion coefficient in Couette flow in a nanochannel by using of molecular dynamics simulation[J]. Physica B: Condensed Matter, 2017, 518: 20-32.

[70] 曲大义, 杨建, 陈秀锋, 等. 车辆跟驰的分子动力学特性及其模型[J]. 吉林大学学报: 工学版, 2012, 42(5): 1198-1202.

[71] Fullerton M, Krajzewicz D, Nicolay E, et al. Modeling Mobility with Open Data[M]. Berlin: Springer International Publishing, 2015.

[72] 曲大义, 李娟, 刘聪, 等. 基于分层 Logit 模型的车辆换道行为研究[J]. 科学技术与工程, 2017, 17(5): 307-311.

[73] 曲大义, 赵梓旭, 贾彦峰, 等. 基于Lennard-Jones势的车辆跟驰动力学特性及模型[J]. 吉林大学学报(工学版), 2022, 25(3): 1-11.

[74] 张雷, 沈国琛, 秦晓洁, 等. 智能网联交通系统中的信息物理映射与系统构建[J]. 同济大学学报(自然科学版), 2022, 52(11): 2549-2557.

[75] 肖新平, 姜蒙, 文江辉, 等. 基于改进 IDM-GARCH 模型的速度波动不确定性研究[J]. 中国公路学报, 2019, 32(2): 155-164.

[76] 韩祥临, 姜长元, 葛红霞, 等. 基于智能交通系统的耦合映射跟驰模型和交通拥堵控制[J]. 物理学报, 2007, 56(8): 4383-4392.

[77] 李林恒, 甘婧, 曲栩, 等. 智能网联环境下基于安全势场理论的车辆换道模型[J]. 中国公路学报, 2021, 34(6): 184.

[78] Bing Q C, Qu D Y, Chen X F, et al. Short-term traffic flow forecasting method based on LSSVM model optimized by GA-PSO hybrid algorithm[J]. Discrete Dynamics in Nature and Society, 2018, 2018: 1-10.

[79] 贾洪飞, 隽志才, 王晓原. 基于模糊推断的车辆跟驰模型[J]. 中国公路学报, 2001, 14(2): 3.

[80] 贾彦峰, 曲大义, 赵梓旭, 等. 基于安全势场的网联自主车辆跟驰行为决策及模型[J]. 交通运输系统工程与信息, 2022, 22(1): 85-97.

[81] Qu D Y, Zhao Z X, Hu C Y, et al. Car-following dynamics, characteristics, and model based on interaction potential function[J]. Journal of Advanced Transportation, 2022, 2022: 1-11.

[82] 张强, 曲仕茹. 车辆自适应巡航控制系统的模糊 PID 实现[J]. 汽车工程, 2008, 30(7): 569-572.

[83] Qu D Y, Chen W J, Guo T, et al. Analysis on molecular kinetics for traffic flow stability[J]. Journal of Highway and Transportation Research and Development, 2015, 9(2): 84-89.

[84] Qu D Y, Jia Y F, Wang T, et al. Research on coordinated control of vehicle's speed in new mixed traffic flow[J]. Journal of Intelligent Transportation Systems, 2022, 26(6): 704-716.

[85] 罗亚中, 袁端才, 唐国金. 求解非线性方程组的混合遗传算法[J]. 计算力学学报, 2005, 22(1): 109-114.

[86] 贾彦峰, 曲大义, 林璐, 等. 基于运行轨迹的网联混合车流速度协调控制[J]. 吉林大学学报(工学版), 2021, 51(6): 2051-2060.

[87] 陶鹏飞, 金盛, 王殿海. 基于人工势能场的跟驰模型[J]. 东南大学学报(自然科学版), 2011, 41(4): 854-858.

[88] Qu D Y, Liu H M, Song H, et al. Extraction of catastrophe boundary and evolution of expressway traffic flow state[J]. Applied Sciences, 2022, 12(12): 6291.

[89] van Winsum W, de Waard D, Brookhuis K A. Lane change manoeuvres and safety margins[J]. Transportation Research Part F: Traffic Psychology and Behaviour, 1999, 2(3): 139-149.

[90] 曲大义, 万孟飞, 李娟, 等. 基于交通波理论的干线相位差优化及其控制方法[J]. 吉林大学学报(工学版), 2017, 47(2): 429-437.

[91] Qu D Y, Chen K, Wang S J, et al. A two-stage decomposition-reinforcement learning optimal combined short-time traffic flow prediction model considering multiple factors[J]. Applied Sciences, 2022, 12(16): 7978.

[92] 李珣, 曲仕茹, 夏余. 车路协同环境下多车道车辆的协同换道规则[J]. 中国公路学报, 2014, 27(8): 97-104.

[93] 曲大义, 韩乐潍, 林璐, 等. 面向交叉口主动安全的车路协同辅助决策系统设计[J]. 公路交通科技, 2021, 38(5): 100-108.

[94] 龚建伟, 姜岩, 徐威. 无人驾驶车辆模型预测控制[M]. 北京: 北京工业大学出版社, 2019.

[95] 王雪松, 孙平, 张晓春, 等. 基于自然驾驶数据的高速公路跟驰模型参数标定[J]. 中国公路学报, 2020, 33(5): 132-142.

[96] 曲大义, 贾彦峰, 刘冬梅, 等. 考虑多特性因素的路网交叉口群动态划分方法[J]. 吉林大学学报(工学版), 2019, 49(5): 1478-1483.

[97] Qu D Y, Li H Y, Liu H M, et al. Crosswalk safety warning system for pedestrians to cross the

street intelligently[J]. Sustainability, 2022, 14（16）: 10223.

[98] Bing Q, Qu D, Chen X, et al. Arterial travel time estimation method using SCATS traffic data based on KNN-LSSVR model[J]. Advances in Mechanical Engineering, 2019, 11（5）: 127-136.

[99] 曲大义, 杨晶茹, 邴其春, 等. 基于干线车流排队特性的相位差优化模型[J]. 吉林大学学报（工学版）, 2018, 48（6）: 1685-1693.

[100] 郑弘, 荣建, 任福田. 基于效用选择的换车道模型[J]. 公路交通科技, 2004, 21（5）: 88-91.

[101] Qu D Y, Wang S J, Liu H M, et al. A car-following model based on trajectory data for connected and automated vehicles to predict trajectory of human-driven vehicles[J]. Sustainability, 2022, 14（12）: 7045.

[102] Qu D Y, Zhang K K, Song H, et al. Analysis and modeling of lane-changing game strategy for autonomous driving vehicles[J]. IEEE Access, 2022, 10: 69531-69542.

[103] 曲大义, 黑凯先, 郭海兵, 等. 车联网环境下车辆换道博弈行为及模型[J]. 吉林大学学报（工学版）, 2022, 52（1）: 101-109.

[104] 俞建. 博弈论选讲[M]. 北京: 科学出版社, 2014.

[105] Ji A, Levinson D. A review of game theory models of lane changing[J]. Transportmetrica A: Transport Science, 2020, 16（3）: 1628-1647.

[106] 黑凯先, 曲大义, 郭海兵, 等. 网联混合车流车辆换道博弈行为及模型[J]. 科学技术与工程, 2021, 21（6）: 2495-2501.

[107] Drew F, Jean T. Game Theory[M]. 北京: 中国人民大学出版社, 2010.

[108] Qu D Y, Chen X F, Yang W S, et al. Modeling of car-following required safe distance based on molecular dynamics[J]. Mathematical Problems in Engineering, 2014, 14（7）: 1-7.

[109] 盛昭瀚. 主从递阶决策论: Stackelberg 问题[M]. 北京: 科学出版社, 1998.

[110] 李升波, 王建强, 李克强, 等. MPC 实用化问题处理及在车辆 ACC 中的应用[J]. 清华大学学报（自然科学版）, 2010, 50（5）: 645-648.

[111] Qu D Y, Huang R G, Chen X F, et al. Algebraic optimization method for arterial road signal coordination control[C]//ICCTP 2011: Towards Sustainable Transportation Systems, Nanjing, 2011: 923-932.

[112] Ferreau H J, Kozma A, Diehl M. A parallel active-set strategy to solve sparse parametric quadratic programs arising in MPC[J]. IFAC Proceedings Volumes, 2012, 45（17）: 74-79.

[113] Aliprantis C D, Border K C, Botchkarev A. Infinite Dimensional Analysis[M]. New York: Springer, 2006.

[114] 秦严严, 王昊, 何兆益, 等. ACC 车辆跟驰建模及模型特性分析[J]. 重庆交通大学学报（自然科学版）, 2020, 39（11）: 33-37.

[115] 曲大义, 陈文娇, 杨万三, 等. 车辆换道交互行为分析和建模[J]. 公路交通科技, 2016, 33（6）: 88-94.

[116] Qu D Y, Zhao Z X, Song H, et al. Design of vehicle-road cooperative assistant decision system for active safety at intersections[J]. Journal of Transportation Engineering, Part A: Systems, 2022, 148(5): 04022022.

[117] Jia Y F, Qu D Y, Song H, et al. Car-following characteristics and model of connected autonomous vehicles based on safe potential field[J]. Physica A: Statistical Mechanics and its Applications, 2022, 586: 126502.

[118] Qu D, Zhang X, Chen X, et al. Design of long-range distribution traffic signal control system based on the wireless network technology[C]//ICCTP 2010: Integrated Transportation Systems: Green, Intelligent, Reliable, Beijing, 2010: 2232-2238.

[119] Rajamani R. Vehicle Dynamics and Control[M]. Berlin: Springer Science & Business Media, 2011.

[120] Lighthill M J, Whitham G B. On kinematic waves II. A theory of traffic flow on long crowded roads[J]. Proceedings of the Royal Society of London. Series A: Mathematical and Physical Sciences, 1955, 229(1178): 317-345.